Neue
Kleine Bibliothek 218

W0057354

Wolf Wetzel

Der Rechtsstaat im Untergrund

Big Brother, der NSU-Komplex
und die notwendige Illoyalität

PapyRossa Verlag

© 2015 by PapyRossa Verlags GmbH & Co. KG, Köln
Luxemburger Str. 202, 50937 Köln
Tel.:   +49 (0) 221 – 44 85 45
Fax: +49 (0) 221 – 44 43 05
E-Mail: mail@papyrossa.de
Internet: www.papyrossa.de

Druck: Interpress
Umschlag: Verlag, unter Verwendung
               eines Fotos von picture alliance / dpa

Die Deutsche Nationalbibliothek verzeichnet diese Publikation in
der Deutschen Nationalbibliografie; detaillierte bibliografische
Daten sind im Internet über http://dnb.d-nb.de abrufbar

ISBN 978-3-89438-591-0

Inhalt

Vorwort

»Wir leben in einem Überwachungsstaat« | »Die lügen wie gedruckt« | »Die machen doch eh, was sie wollen« | »Das Parlament ist ein Puppentheater | »Die, die wirklich regieren, werden gar nicht gewählt« …

Viele dieser Sätze stehen für schwere Anzeichen von Verschwörungstheorien, für paranoide Wahnvorstellungen, für indiskutable Unterstellungen.

Doch all das, was wir in den letzten paar Jahren geballt erfahren durften, mussten, lässt so manche Verschwörungsfantasie blass aussehen.

Dass ›wir‹ abgehört werden, wenn wir selbst verdächtigt werden oder uns im Umfeld von ›Verdächtigen‹ bewegen, gehört zum Allgemeinwissen. Dagegen kann man sich auf zwei Weisen schützen: Man versucht alles, um nicht verdächtigt zu werden, strengt sich noch mehr an, in der Norm zu bleiben. Die zweite Möglichkeit besteht darin, all das, was man verbergen will, nicht am Telefon zu besprechen oder zu verschlüsseln. Der Kreis derer, die gedrängt sind, sich auf letztere Art zu verhalten, ist – in der Regel – überschaubar.

Gemeinhin spricht man von einer (schwierigen bis notwendigen) Balance zwischen der Achtung der Privatsphäre und den ›Sicherheitsinteressen‹. Doch was passiert, wenn sich diese Balance in ein Fallrohr verwandelt hat? Wenn nicht die Verdächtigen, sondern die Unverdächtigen Basis totaler Überwachung sind, wenn die Erfassung und Auswertung aller digitalen Spuren Grundlage für Profile ist, die über uns mehr verraten, als wir scheinbar selbst über uns wissen?

Dass es diesen Paradigmenwechsel gibt, wissen wir spätestens mit den Enthüllungen von Edward Snowden. Seit 2013 wissen wir dank der veröffentlichten Dokumente, dass der US-amerikanische Geheimdienst NSA und der britische Geheimdienst GCHQ in Quantität und Qualität kriminelle Vereinigungen weit in den Schatten stellen. Aber genauso erdrückend sind die Belege, die das enge politische Geflecht der Zusammenarbeit und Kooperation aufzeigen. Dabei spielt der deutsche Auslandsgeheimdienst BND eine wichtige und verlässliche Rolle, aber auch all die Bundesregierungen, die sowohl die Ziele als auch die eingesetzten Mittel politisch decken. Mittel, die in bestem Wissen illegal sind und Ziele, die man ungern kommunizieren möchte.

Ein transnationales System, das in materiellem Sinne uferlos ist, das keine (nationalen) Grenzen kennt und keine Gesetze, weder die nationalen noch internationalen.

Nichts, aber auch nichts haben diese Überwachungsfabriken ausgelassen, weder die Bevölkerung, noch die Regierung, noch die Wirtschaft, noch die politischen Institutionen (wie die UNO in New York oder das EU-Parlament in Brüssel). Und auch das ist heute mehr als evident: Die deutschen Regierungen sind nicht Opfer, sondern integraler Bestandteil dieses totalitären Überwachungssystems.

Auch hier stellt sich die Frage: Wenn all dies keine Aliens einer unbekannten Galaxie verantworten, organisieren und aufeinander abstimmen: Wer sind dann diese Verfassungsfeinde?

Wenn all dies nicht zufällig, beliebig und ganz spontan geschieht, dann muss man systemische Fragen stellen, Fragen staatstheoretischer Art. Verändern Praktiken, die man unisono einer Diktatur zuweist, die Verfasstheit dieses Landes? Gibt es so etwas wie einen ›Staat im Staat‹?

Weder die Bewaffnung von Faschisten (in sogenannten Stay-behind-Operationsgruppen mit Bezug zur NATO) noch die totale Überwachung im Verbund mit ›unseren‹ Freunden wurden im Parlament diskutiert und beschlossen. Das wäre jemandem aufgefallen. Anders gesagt: Solche Entscheidungen werden in einem rechts- und demokratiefreien Raum gefällt und umgesetzt. Und alle politischen Verantwortlichen (ob als Regierung oder regierungswillige Opposition) wissen darum.

Dass es einen solchen staatseigenen Untergrund gibt, ist mehr als eine implizite Annahme, eine indirekte Schlussfolgerung: Im Dezember 1990 gab die damalige Bundesregierung in einer lapidaren Pressemitteilung bekannt, »dass der deutsche Zweig [von Stay behind, d. V.] im April 1991 vollständig aufgelöst werden solle.«

Was sich wie das Abschalten von ein paar überflüssigen Verkehrsampeln anhört, ist nichts anders als das Eingeständnis, dass man seit den 60er Jahren Neonazis in paramilitärischen Einheiten organisiert hatte – deren Pendant in Italien unter dem Namen ›Gladio‹ relativ bekannt wurde –, um sie als irreguläre Truppen gegen welchen Feind auch immer einzusetzen.

Damit wird die Existenz eines verschwörerischen Gebildes eingestanden, das es in der demokratischen Öffentlichkeit, in den offiziellen Verlautbarungen nie gegeben hat. Und dennoch wurde diese Form von Staatsterrorismus über 40 Jahre praktiziert, über alle Regierungskonstellationen hinweg fortgeführt.

Obwohl dieses Eingeständnis zum Staatsterrorismus für jeden zugänglich ist, ist das politische und journalistische Schweigen geradezu atemberaubend. Warum fragen die ›Qualitätsmedien‹ nicht, wer über 40 Jahre lang Faschisten bewaffnet und rekrutiert hatte? Warum will ›die Politik‹ nicht wissen, welche Taten ihnen zugeordnet werden können und müssen – inwieweit zum Beispiel der Anschlag auf das Münchner Oktoberfest 1980 in diesen Kontext gestellt werden muss? Haben parlamentarische Kontrollgremien von ›Stay behind‹ gewusst und das Ganze für rechtens befunden? Und wenn nein: Wer hat diesen Verfassungsbruch organisiert und gedeckt? Warum sind Justiz, Parlament und Medien hierbei so stumm, als gäbe es sie gar nicht (mehr)?

Dass all dies weder viel zu lange zurückliegt, noch Schnee von gestern ist, führt uns zu einem weiteren Schwerpunkt dieses Buches: Wenn man die Involviertheit staatlicher Behörden und fast aller maßgeblichen politischen Parteien mit der staatsterroristischen Struktur ›Stay behind‹ als Matrix nimmt, reibt man sich bei der bis heute aufrechterhaltene Behauptung, man habe dreizehn Jahre lang nichts vom ›Nationalsozialistischen Untergrund‹ (NSU) gewusst, nur die Augen.

Wenn man um die technischen und operativen Möglichkeiten der Überwachung weiß, um den Einsatz von über 40 V-Männern im Nahbereich des NSU, dann ist die Behauptung von der Ahnungslosigkeit eine Farce, wenn man sich allein die Tatsache vergegenwärtigt, dass zahlreiche V-Leute den neonazistischen Untergrund mit angelegt hatten (durch Bereitstellung von Geld, Papieren und Wohnungen).

Es gehört mittlerweile zum guten Ton, in diesem Kontext von einem »kompletten Behördenversagen« zu sprechen. Manche sprechen von Verselbstständigung der Geheimdienste, andere bemühen das Bild von einem Geheimdienst, der auf ›dem rechten Auge blind‹ sei.

Stimmen diese Bilder und Erklärungen? Führen sie nicht genauso in die Irre, wie die Behauptung, Deutschland sei Opfer befreundeter, ausländischer Geheimdienste? Handelt es bei dem ›NSA-Skandal‹ wirklich um böse US-Agenten, die die gutgläubigen und rechtschaffenen Freunde aus Deutschland hintergangen hätten?

Dass alle westlichen Staaten so etwas wie einen staatseigenen Untergrund haben, der sorgsam vor der Öffentlichkeit abgeschirmt wird, ist sicherlich keine ungeheure Unterstellung – wenn man sich an dieses Wort gewöhnt hat.

Im Amtsdeutsch hat dieser Untergrund längst einen unscheinbaren Namen: Er wird als »Kernbereich exekutiver Eigenverantwortung« umschrieben. Ein Bereich hoheitlichen Handelns, der einvernehmlich mit der parlamentarischen Opposition (vor allem dann, wenn sie Regierungsverantwortung übernehmen will) aller institutioneller Kontrollen und Überprüfungen entzogen ist.

Gibt es für all diese Praxen ein gemeinsames Untergeschoss? Was bedeutet es für ein Staatsverständnis, wenn sich ein Teil des Staates im Untergrund befindet?

Und was passiert, in einer Gesellschaft, in einem Staat, wenn die ›Unbescholtenen‹, die ›Unverdächtigen‹ die digitale Hetzmasse bilden, um die ausfindig zu machen, die all das (vorgeblich oder tatsächlich) in Gefahr bringen?

Die Beantwortung dieser Fragen hilft hoffentlich dabei, nicht an Türen zu klopfen, hinter denen sich nur noch Abstellkammern befinden. Vielleicht bewahrt sie uns auch dabei, mit falschem Werkzeug loszuziehen, wenn man zum Beispiel glaubt, dass ein parlamentarischer Untersuchungsausschuss – wie der NSA-Ausschuss in Berlin – tatsächlich etwas grundlegend aufklären kann und will.

Mit all diesen Ereignissen sind Empörungen, ist aber auch viel Ohnmacht verbunden. Die realen Kräfteverhältnisse kann ein Buch nicht verändern. Aber es kann dazu beitragen, sich einen ›roten Faden‹ zu legen, der uns dabei hilft, sich nicht zu verlieren, sondern zusammenzukommen.

1.
Wann hat ›1984‹ angefangen?

Über Horrorvision und Realität

»Die Gefahren des ›großen Bruders‹ sind nicht mehr bloß Literatur. Sie sind nach dem heutigen Stand der Technik real.«

(Der Spiegel, *Nr. 2/1983*)

Bereits ein Jahr nach Ende des Zweiten Weltkrieges hatte George Orwell damit begonnen, die wohl berühmteste Dystopie, *1984*, zu schreiben – eine schreckliche Vision von einem ›Frieden‹. Ganz offensichtlich traute George Orwell diesem Frieden nicht, auch nicht den Siegermächten.

In *1984* hat der Krieg nicht aufgehört. Die Welt ist in drei Machtblöcke aufgeteilt, und was sich in einem dieser Machtblöcke, in *Ozeanien*, abspielt, ist Gegenstand seines Romans. Im Gegensatz zum allgegenwärtigen, omnipräsenten Faschismus ist die politische Klasse in Ozeanien kaum sichtbar. Man erahnt sie, in Gestalt des ›Großen Bruders‹ (Big Brother). Ähnlich diffus ist die Zustimmung zu dieser Herrschaftsordnung. Eindeutig und allgegenwärtig ist nur die Angst. Eine gut begründete Angst, denn es gibt eine ›Gedankenpolizei‹, die alles zu überwachen versucht, selbst die Mitglieder der ›Partei‹. Dabei wird diese nicht nur aktiv, wenn sich jemand mit Handlungen strafbar macht. In Ozeanien sind auch Gedanken strafbar, die sich in dem Wunsch ausdrücken, gegen das Regime zu opponieren. Dazu gehört auch die als Straftat verfolgte Absicht, sich der allgegenwärtigen Überwachung entziehen zu wollen.

Das Regime bedient sich modernster Technik. Überall, im öffentlichen Raum, in jeder Wohnung befinden sich Teleschirme, offene und verdeckte Überwachungskameras, die jedes noch so intime Ereignis festhalten und auswerten. Der Schutz der Privatsphäre ist vollkommen aufgehoben, das Leben in Ozeanien hat sich in ein lückenloses Panoptikum verwandelt. Daraus machen die Herrschenden auch keinen Hehl: Überall prangen große Plakate, die jeden und jede wissen lassen: ›Big Brother is watching you‹. Während im Innern die Angst regiert, wird außerhalb Ozeaniens unentwegt Krieg geführt. Ein Krieg jedoch, der nicht mehr als Krieg propagiert wird, sondern als *enduring* Friedensmission: ›Krieg ist Frieden‹. Dabei bleibt offen, ob die Kriege eine Antwort auf eine reale Bedrohung sind oder vor allem dem inneren Zusammenhalt der Ordnung dienen, einen permanenten Ausnahmezustand generieren und rechtfertigen sollen.

In *1984* kommen auch Menschen vor, die sich gegen dieses totalitäre Regime auflehnen. Es sind nicht viele und die meisten müssen im Untergrund leben. Doch dieser Widerstand ist erfolglos. Am Beispiel der Hauptfigur Winston Smith wird das Scheitern in all seinen Etappen beschrieben: Er ist Mitglied der ›Partei‹ und bekommt im Laufe seiner Kollaboration immer mehr Zweifel an seinem Tun. Er nimmt Kontakt zum Untergrund auf, gerät dabei an einen Spitzel des Systems und wird wenig später festgenommen und gefoltert. Am Ende zahlreicher Torturen gibt er noch das Letzte preis, woran er sich klammerte, seine Liebe zu einer Frau namens Julia. ›Brainwashed‹, ›geheilt‹ und entlassen, trifft er zufällig Julia in einem Café. Selbst körperlich und seelisch gebrochen, offenbart sie ihm, dass auch sie ein Glied in der Kette des Verrats und des Sich-selbst-Verratens ist. Seine Verhaftung erfolgte aufgrund ihrer Denunziation.

Viel düsterer und aussichtsloser kann man sich die vom Regime ausgegebene Parole ›Widerstand ist zwecklos‹ nicht ausmalen. Ein ganz wenig Trost spendete Orwell seinen LeserInnen dennoch: »Wenn du fühlst, dass es sich lohnt, Mensch zu bleiben, auch wenn damit absolut nichts zu erreichen ist, dann hast du sie besiegt.«

Nach dem Ende des Zweiten Weltkrieges standen nicht nur für George Orwell die Fragen im Raum: Welche Lehren wurden aus die-

sem verheerenden Krieg gezogen? Welche Lehren zogen die jeweils
herrschenden Klassen aus dem Faschismus? Welche Hoffnungen hatten die Menschen, die darunter gelitten, die als Partisanen und Wi-
derstandskämpferInnen aktiv waren?

1984 wurde mit dem Wissen der 1940er Jahre geschrieben. Liegt
diese Horrorvision daneben? Kann sie helfen, das einzuordnen, was
sich hinter dem NSA-Skandal auftut: ein elektronisches Panoptikum?

Zweifellos haben die Enthüllungen des ehemaligen NSA-Mitarbeiters Edward Snowden wesentlich dazu beitragen, über Begründung
und Ausmaß von Überwachung nachzudenken. Gleichfalls kann man
festhalten, dass die Version der deutschen Bundesregierung, sie selbst
wie auch die Bevölkerung seien gleichermaßen Opfer eines ausufern-
den Überwachungssystems befreundeter Staaten (USA und England)
geworden, mehr als Risse bekommen hat.

Dieser Beitrag soll belegen helfen, dass deutsche Bundesregierungen seit Jahrzehnten daran beteiligt sind, materiell und ideologisch das
auf den Weg zu bringen, was Bundeskanzlerin Angela Merkel im Juli
2013 ins Gegenteil zu drehen versuchte: »Deutschland ist kein Überwachungsstaat. Deutschland ist ein Land der Freiheit.« (*FAZ*, 19.7.2013)

Die im selben Kontext ausgesprochene Mahnung: »Nicht alles, was
technisch machbar ist, darf auch gemacht werden.« (*FAZ*, 19.7.2013)
gilt – nicht nur für die ›Freunde‹ – schon lange nicht mehr.

Was der Roman *1984* von George Orwell skizziert hatte, war im
Deutschland der 1970er und 1980er Jahre Gegenstand einer heftigen
Debatte. *Der Spiegel* widmete 1983 dieser Auseinandersetzung eine
Titelgeschichte: »Auf dem Weg in den Überwachungsstaat: Die Ge-
fahren des ›großen Bruders‹ sind nicht mehr bloß Literatur. Sie sind
nach dem heutigen Stand der Technik real.« (Nr. 2/1983)

Der ›deutsche Herbst‹ – oder: die bleierne Zeit

Niemand zweifelt heute daran, dass die 68er-Bewegungen an dem vorangegangenen, über 20 Jahre währenden Zustand des Schweigens,
der mehrheitlich stillen und willigen Konformität, an der »Unfähigkeit

zu trauern« (Mitscherlich) rüttelten, die erdrückende Sprachlosigkeit gegenüber dem, was der Faschismus anrichtete und hinterließ, durchbrachen. Die 68er Revolte versandete, die Aufbruchsstimmung blieb und trat in verschiedenen Wellen und Varianten die Nachfolge an. Vieles, was die autoritäre Nachkriegsordnung in der BRD, die »formierte Gesellschaft« (Ludwig Erhard) ausmachte, wurden nicht länger hingenommen.

Ganz sicher war es keine Mehrheit, die diesen Aufbruch, diesen Ansturm wagte. Aber es war auch keine so kleine Minderheit, dass man sie einfach missachten, totschweigen konnte. Der Wunsch war an vielen Ecken zu spüren: ob als Frauenbewegung, ob als Bewegung für selbstverwaltete Jugendzentren, ob als Kampagne gegen die autoritäre Heimerziehung, als Jungarbeiterbewegung, ob in politisch organisierter Form oder als anderer Lebensentwurf, in Wohngemeinschaften, in anderen Beziehungsformen, abseits der klassischen Ehe. Obwohl minoritär, war die Ansteckungsgefahr kaum zu übersehen. Viele ungelebte Wünsche und Sehnsüchte schlummerten gut verschlossen in den Glasvitrinen.

Die Reaktionen des politischen Establishments waren alles andere als freundlich. Sie schwankten zwischen »repressiver Toleranz« (Herbert Marcuse) und massiven Einschüchterungen.

In diesen vielen Bewegungen und Strömungen entstand auch die RAF, die einen bewaffneten Kampf propagierte, da sie die ›Reformierbarkeit des Systems‹ für ausgeschlossen hielt. Mit ihren Aktionen wollte sie das *wahre* Gesicht dieses Systems zeigen. Auf erschreckende Weise ist ihr das gelungen.

Gesetze wurden verschärft, Grundrechte außer Kraft gesetzt. Selbst das Parlament war bereit, sich selbst aufzugeben, indem es dem parteiübergreifenden ›Krisenstab‹ so gut wie alle exekutiven Vollmachten gab. Das Arsenal an juristischen, polizeilichen und politischen Waffen wäre für einen Massenaufstand ›adäquat‹ gewesen – nicht für den Kampf gegen 30 bis 40 RAF-Mitglieder. Mit dem Kampf gegen die ›Baader-Meinhof-Bande‹ ging es immer auch um die, die man als ›RAF-Umfeld‹ kriminalisieren wollte, als ›Sympathisantensumpf austrocknen‹ oder als ›intellektuelle Brandstifter‹ mundtot machen woll-

te. Aber auch: Um jene Menschen, Gruppen und politische Gesin-
nungen, die den bewaffneten Kampf der RAF (erkennbar) ablehnten
und dennoch grundsätzliche gesellschaftliche Veränderungen für notwendig hielten. All das findet sich in literarischer Form in der bedrü-
ckenden Erzählung *Die verlorene Ehre der Katharina Blum* von Heinrich
Böll wieder, die Volker Schlöndorff und Margarethe von Trotta wenig
später verfilmten.

Herolds Aufstieg

Horst Herold war von 1971 bis 1981 Präsident des Bundeskriminalamtes (BKA). In seine Amtszeit fällt auch der Versuch, auf all diese politischen und gesellschaftlichen Infragestellungen kriminaltechnisch zu
antworten. Die Bereitschaft war groß, Geld spielte dabei keine Rolle.
Das BKA stieg zur Superbehörde auf, der man alle Wünsche von den
Lippen ablas. Das war die Sternstunde des BKA-Chefs Horst Herold
und der Beginn, die Möglichkeiten der Computertechnologie für die
Strafverfolgung zu nutzen. In seiner zehnjährigen Amtszeit verfünf-
fachte sich sein Etat, die Zahl der Mitarbeiter vergrößerte sich um
mehr als das Dreifache.

Es war die Zeit der ›Fahndungscomputer‹. Hunderte von Millionen Mark wurden für die Anschaffung von Computern ausgegeben,
die die Millionen von erfassten Daten systematisch auswerten sollten.
Makabrerweise hatte das BKA ein Computerprogramm ›Golem‹ genannt. Golem verkörpert in einer Legende aus dem 17. Jahrhundert
ein aus Lehm erschaffenes Wesen, das eines Tages seinen Schöpfern
über den Kopf wächst … Was man mit diesem Programm konnte und
wollte, lässt der Name ›Rasterfahndung‹ erahnen.

Rasterfahndung – Die Erfassung der Unauffälligen

Das Prinzip ist so einleuchtend wie rechtswidrig. Man sammelt alle
Daten, die man kriegen kann und erstellt ein Raster, das die riesigen

Datenmengen nach Auffälligkeiten hin durchsucht. Das setzt den Zugriff und die Verwertung von Persönlichkeitsdaten voraus, die ›ver-
dachtsfreie‹ Erfassung von Menschen, die so unauffällig sind, dass es
nicht einmal für einen ›Anfangsverdacht‹ reicht.

Was ›auffällig‹ ist, definierten die BKA-Fahnder verschiedentlich.
Zum Beispiel das angeblich typische Verhalten von RAF-Mitgliedern,
ihre Miete und ihre Stromrechnungen bar zu begleichen. Folglich wurden alle Haushalte einer Stadt auf diese ›Auffälligkeiten‹ hin durch-
gerastert, um so Wohnungen herauszufiltern, deren Mieter Barzahlun-
gen vornahmen.

Das Prinzip, das man in den 1980er Jahren anwandte, war also
nichts anders als das, was der ehemalige NSA-Mitarbeiter Snowden
mit seinen Enthüllungen belegen konnte: *Man muss im Besitz des Heuhaufens sein, um nach der Stecknadel suchen zu können.* Oder anders gesagt: Die umfassende Erfassung der Unverdächtigen ist notwendig,
um die Verdächtigen unter den Unverdächtigen zu extrahieren, herauszufiltern.

Der wesentliche Unterschied zu den heutigen Praktiken bestand
darin, dass man damals noch nicht über die nötigen Speicher- und
Rechnerkapazitäten verfügte. Quantität und Geschwindigkeit setzten
die Grenzen. Es waren also weder Skrupel noch politische Bedenken,
sondern technische Begrenzungen, die dazu zwangen, kleinteilig vorzugehen und die Rasterfahndung auf bestimmte Spezifika zu reduzieren.

Obwohl die Rasterfahndung die Erfassung von Persönlichkeitsdaten von Unbeteiligten geradezu voraussetzt, wurde sie über viele Jahre angewandt, ohne eine entsprechende Rechtsgrundlage. So
wurde 2001 öffentlich, dass das Landeskriminalamt (LKA) Hessen
an der Fachhochschule in Frankfurt Datenträger mit persönlichen
Daten von zahlreichen Studierenden beschlagnahmte. Mithilfe dieser Datensätze wollte man diejenigen, deren Personaldaten die Merkmale ›ausländisch‹ und ›islamisch‹ erfüllten, mit den Attentäter von
11. September 2001 in Verbindung bringen. Ein Jahr später erklärte das Oberlandesgericht Frankfurt diese Fahndungsmethoden für
rechtswidrig.

Erst im Jahr 2006 befand schließlich das Bundesverfassungsgericht die Rasterfahndung für rechts- und verfassungswidrig, wenn eine
»konkrete Gefahr« für die Sicherheit des Bundes oder eines Landes
oder das Leben eines Bürgers nicht dargelegt sei.

Herolds Sonnenstaat: Die computergestützte Gedanken-
polizei – oder: »Die Gefahr geht vom Menschen aus«

Sebastian Cobler war ein hervorragender, brillanter Rechtsanwalt und
verteidigte viele, die in dieser ›bleiernen Zeit‹ als Sympathisanten, als
Unterstützer verfolgt und angeklagt wurden. Dadurch hatte er auch
einen sehr guten Einblick in all das, was die Strafverfolgungsbehörden
taten – mit und ohne Rechtsgrundlage. Diese Erfahrungen mündeten
in dem 1976 veröffentlichten Buch: *Die Gefahr geht vom Menschen aus,*
das dem ›McCarthyismus‹[1] in Deutschland nachging.

Obwohl er sich bereits als linker Rechtsanwalt einen Namen gemacht hatte, unternahm er 1980 etwas, was von vorneherein aussichtslos erschien. Er bat den BKA-Chef Horst Herold um ein ausführliches
Interview. Völlig überraschend willigte dieser ein. Mehr noch: Sie
vereinbarten insgesamt drei Gesprächstermine. Das Interview sollte
unter dem Titel *Sicher in die 80er Jahre* im *Kursbuch 61* erscheinen. Nach
Fertigstellung wurde es dem BKA-Chef zum Gegenlesen zugesandt.
Zurück kam ein Text, der um all die interessanten Passagen ›berei-
nigt‹ wurde, in denen er die Verlautbarungsschablonen hinter sich
ließ. Dermaßen entkernt lehnte es Sebastian Cobler ab, diese Version
zu veröffentlichen. Einige Monate später erschien im Kulturmagazin
TransAtlantik[2] eine unautorisierte Version dennoch – mit einem erklärenden Vorwort von Sebastian Cobler. Es ist ein bemerkenswertes
Dokument, das nicht nur die Stimmung dieser Zeit einfängt. Darin

---

1 In der McCarthy-Ära (1947 – 1956) wurden in den USA massenhaft Kommu-
   nistInnen und Linksintellektuelle verfolgt.

2 Das Kulturmagazin *TransAtlantik*, gegründet 1980 nach einer Konzeption
   von Gaston Salvatore und Hans Magnus Enzensberger, existierte als Mo-
   natszeitschrift bis 1991.

wird ungebremst einer Denkweise freier Lauf gelassen, welche bis in die heutige Zeit hineinstrahlt. Es ist so etwas wie eine CT-Aufnahme des ›Sicherheitsstaates‹. Welche Brisanz dieses Interview hat, belegt ein weiterer Umstand: »Die Transkription des Interviews mit 400 eng beschriebenen Seiten lagert heute in den Tresoren einer Schweizer Bank, nachdem mehrfach in verschiedenen Anwaltskanzleien eingebrochen wurde, wo das Manuskript vermutet wurde.«[3]

Die folgenden Passagen des Interviews (aus: *TransAtlantik* 1980) konzentrieren sich auf die Visionen des ehemaligen BKA-Chefs von dem, was er für nötig und machbar hielt. Bei vielem, was der BKA-Chef damals sagte, mit dem Ziel, die Welt gut zu machen, wird man an einen Bestseller-Roman von 2014 erinnert: *Der Circle* von Dave Eggers.

»*Herold*: Wir haben den Anspruch, die Kriminaltechnik zu einem Instrument der Verobjektivierung des Strafverfahrens zu entwickeln; das heißt, es zu solcher wissenschaftlicher Perfektion und Güte auszugestalten, dass wir den Zeugen überflüssig machen, weil der Zeuge ein absolut untaugliches Beweismittel ist. … Ich meine, dass wir in dem Bereich der Kriminaltechnik eine partielle Verwirklichung eines kulturellen Anspruchs möglich machen können, dass wir hier den gesellschaftlichen Auftrag erfüllen, zur Verobjektivierung beizutragen. Denn je mehr Technik wir haben, um so transparenter kann man es doch machen.

Ich erstrebe einen Strafprozess, der – lassen Sie es mich mal ganz extrem formulieren – frei ist von Zeugen und Sachverständigen. Der sich ausschließlich gründet auf dem wissenschaftlich nachprüfbaren, messbaren Sachbeweis. Nach meiner Theorie wäre, so schrecklich das klingt, auch der Richter entbehrlich.

Cobler: Auch der Richter?
Herold: Ja, ehrlich. … Ich sehe die Hauptaufgabe des Bundeskriminalamtes darin, das in riesigen Mengen angehäufte Tatsachenmaterial zu allen abseitigen, abweichenden Verhaltensweisen in der Gesellschaft forschend

---

3 Detlef Borchers: Kommissar Computer. Horst Herold zum 85. Geburtstag, heise online, 21.10.2008.

zu durchdringen, um rationale Einsichten der Gesellschaft zur Verfügung
zu stellen, ihr eigenes Rechtssystem zu korrigieren und Instrumente be-
reitzustellen, die Kriminalität verhindern. Ein solches Instrument könnte
das BKA sein und ist es nach meiner Auffassung und meinem Selbstverständnis in allererster Linie. Das aber durchzusetzen war keinem Minister möglich, obwohl ich mich bei jedem darum bemüht habe.

Liegt das daran, dass man ihnen keine weiteren Befugnisse zugestehen will?
Herold: Es wäre überhaupt keine Erweiterung nötig. Polizei und Justiz
erheben doch in einem ungeheuren Umfang Daten in jedem einzelnen
Fall: von den Feststellungen der Personalien der Eltern über die Frage
nach dem erlernten und ausgeübten Beruf bis hin zum Hergang der
Tat. Dieses ganze riesige Instrumentarium, tagtäglich von etwa einer
Viertelmillion Polizisten ausgeübt und eingeschwemmt, dieses gewaltige Material wird einfach ignoriert. Ich bin ja einverstanden, dass wir die
Namen streichen. Aber das andere kostbar erhobene Gut müssen wir
ausnützen. Wir müssten zunächst einmal die gewaltige Datenmenge,
die die Polizei ja hat, durchdringen und mehrdimensional verknüpfen
können. Die heutige Technik würde das bewältigen. Wenn die Daten-
neurose nicht wäre, wäre das eine einfache Sache. In der deutschen
Polizei, schätze ich, wird es vielleicht 15 Millionen Kriminalakten geben. Da ist seit Jahr und Tag alles angehäuft darüber, weshalb Leute
Rauschmittel nehmen und weshalb sie in Apotheken einbrechen, um
sich solche zu klauen; weshalb Leute abgetrieben haben und weshalb sie
dieses und jenes tun, wie sie auf eine kriminelle Laufbahn geraten usw.
Das ganze Wissen liegt herum, nur wir wissen nicht, was wir eigentlich
wissen. Dass man dieses Wissen nicht ausschöpfen und verbinden kann
zu einem Gemälde der Gesellschaft! Dies würde doch die Möglichkeit
einer Therapie eröffnen. Oder anders gesagt: Was ich anstrebe, ist die
Polizei als gesellschaftliches Diagnose-Instrument.

*Das also ist die »gesellschaftssanitäre Aufgabe der Polizei«, wie Sie es einmal
genannt haben?*
Herold: Ja. Stellen Sie sich mal vor, was uns da zuwachsen würde: Auf
Knopfdruck kann ich Zusammenhänge feststellen – wie Fingerabdruck

und Vererbung, Körpergröße und Verbrechen. Ich weiß nicht, ob es solche Zusammenhänge gibt, wahrscheinlich ist nichtbiologische Verursachung selten. Aber ich kann auch Zusammenhänge feststellen wie Ehescheidung und Deliktshäufigkeit, Trinker und das verlassene Kind, Drogen – kurz: wie Menschen zu etwas kommen. Ich kann ständig wie ein Arzt – deshalb das Wort gesellschaftssanitär – den Puls der Gesellschaft fühlen und mit Hilfe rationaler Einsichten unser Rechtssystem dynamisch halten. ...

Ich würde keine Arbeitsstunde investieren für einen Computer als Repressionsinstrument. Natürlich: repressive Funktionen wird der Staat nicht ausschalten, denn Gefahrenabwehr ist notwendig. Aber meine Hoffnung gilt dem Computer als einem gesamtgesellschaftlichen Diagnoseinstrument. Das ist eine Prävention neuen Stils, die letztlich auch die Terrorursachen aufhebt, diesen Staat verrückt, ihn andersartig gestaltet, Gleichheit und Gleichrangigkeit im Prozess und in der Ökonomie schafft. Mit Hilfe dieses Mittels kann ich sehen, wo es hakt: Klassen, soziale Unterschiede und Ungleichgewichtigkeiten, Ungerechtigkeit, Armut und Diskriminierung – das kann ich alles ablesen. Hier wird etwas nachgeholt, was für einen Staat dringend notwendig ist, und es wird nicht nachgeholt an Unterdrückungspotenzial, wenn ich mal die gängige Redeweise verwende, sondern an Informationspotenzial und an technischem Potenzial.

Informationspotenziale und Technologien – das ist eine Binsenweisheit – konstituieren Herrschaft und bedingen auch strukturelle Verschiebungen zwischen und innerhalb der ›drei Gewalten‹ und gegenüber den Bürgern. Es könnte hier ein Informationspool entstehen, der die Polizei zu einer politischen Definitionsmacht befördert, die in der Verfassung jedenfalls nicht vorgesehen ist.

Herold: Das ist genau das Problem. Aber ich darf, ich muss die Verfassung auch entwickeln. Ich kann mich doch Erkenntnisquellen zur Gesundung der Gesellschaft, zur Intakthaltung auch der Verfassungsideen und Verfassungsleitziele nicht verschließen! Man muss einen lebenswerten Staat schaffen. Einen Staat der Bürger- einen transparenten Staat. Und den können Sie nur technisch transparent machen. Ja, das ist natürlich ein Sonnenstaat, aber der ist machbar heute.«

2.
»Die Weltherrschaft der Spitzel«⁴

Ein transatlantisches Gemeinschaftsunternehmen

> *FAZ*: »Was hat Snowden bewirkt? Wie haben Sie auf die Enthül-
> lungen reagiert?«
> Isabelle Falque-Pierrotin, Leiterin der französischen Datenschutz-
> behörde CNIL: »Wirklich schockiert hat mich die Einsicht, dass
> offensichtlich jeder systematisch überwacht wird. Die Daten aller
> werden von den Netzunternehmen erfasst und dem Staat zur Ver-
> fügung gestellt. Das ist ein wirklicher Bruch in der Geschichte der
> Überwachung. Und genauso schockiert hat mich das Ausbleiben
> einer Reaktion in Europa…«
> *FAZ*: »Vielleicht haben alle geschwiegen, weil sie es nicht anders
> machen?«
> Isabelle Falque-Pierrotin: »Wenn dem so wäre, hieße das: Wir le-
> ben nicht mehr in einer Demokratie.«
>
> (FAZ-*Interview, 19.2.2014*)

Im Juni 2013 gelangten geheime Unterlagen, die der NSA-Mitarbeiter
Snowden auf seine Flucht mitgenommen hatte, an die Öffentlichkeit.
Aus diesen geht hervor, dass der britische Abhördienst GCHQ seit
Jahren das transnationale See-Glasfaserkabel TAT-14 (Trans Atlantic
Telephone Cable No. 14) ›abschöpft‹, also den kompletten Datenver-
kehr für geheimdienstliche Zwecke ausforscht:

---

4   Frankfurter Rundschau, 28.6.2013.

»Die meisten Internetverbindungen zwischen Deutschland und Amerika laufen dort durch mehrere Glasfaserleitungen; auch Frankreich, die Niederlande, Dänemark und Großbritannien sind durch TAT-14 miteinander verbunden. Etwa 50 internationale Telekommunikationsfirmen, darunter die Deutsche Telekom, betreiben ein eigenes Konsortium für dieses Kabel. Manchmal fließen pro Sekunde Hunderte Gigabyte an Daten durch die Leitungen. Es ist ein gigantischer Datenrausch: Millionen Telefonate und E-Mails schießen durch das Netz. Auch deshalb hat der deutsche Verfassungsschutz stets nachgeschaut, ob in Norden alles in Ordnung ist. Keine Sabotage. Keine Terroristen...«

Das berichtete die *Süddeutsche Zeitung* vom 25. Juni 2013. Von dieser Praxis will also der deutsche Geheimdienst nichts gewusst haben. Auch die Bundesregierung übt sich in Ahnungslosigkeit. Ganz sicher kann man davon ausgehen, dass ein solch kontinuierlicher Zugriff unter dem Decknamen ›Tempora‹ keiner geheimen Kommandoaktion geschuldet ist, sondern nur in gegenseitigem Einverständnis erfolgen kann.

An dem See-Glasfasernetz TAT-14 sind über 50 Telekommunikationsfirmen beteiligt. Sie betreiben das TAT-14, sie warten es, sie sichern es gegen ungewollte Zugriffe, sie stellen gewollte Zugriffe her: »Rechtsgrundlage für die Aktion ›Tempora‹ ist ein sehr weit gefasstes Gesetz aus dem Jahr 2000. Danach kann die Kommunikation mit dem Ausland abgefangen und gespeichert werden. Die privaten Betreiber der Datenkabel, die beim Abhören mitmachen, sind zum Stillschweigen verpflichtet.« (*SZ*, 25.6.2013)

Die Ahnungslosigkeit von Bundesregierung und Geheimdienst ist also Geschäftsgrundlage dieser transnationalen Vereinbarung, ihre Umsetzung – mit Billigung der jeweiligen nationalen Regierungen – ein Kinderspiel: Die großen transatlantischen Seeglasfaserkabel haben Knotenpunkte, spätestens an Land (Seekabelendstelle). Um diese Knotenpunkte abzuschöpfen, braucht man kein U-Boot. Dazu muss man auch keine Glasfaserkabel mit Froschmännern aufschlitzen. Alles, was man dafür braucht, ist die Kooperationsbereitschaft der Unternehmen, die die Glasfaserkabel besitzen und unterhalten. Diese wiederum garantieren Stillschweigen, schon aus Eigennutz. Schließlich müssten sie ihren (Geschäfts-)Kunden andernfalls mitteilen, dass alles sicher ist, nur nicht ihre Kommunikation. Das Jammern ›betroffener‹ Staaten kommentierte Stewart Baker, Ex-Vizeminister im US-Ministerium für innere Sicherheit, mitleidslos so: »Ob die französische, die spanische oder die deutsche Regierung schlicht nicht wusste, dass die elektronische Kommunikation angezapft, abgefangen und ausgespäht wurde oder ob ihr Protest scheinheilig ist … Ich denke, es ist eine Mischung aus beidem. Da ist sicherlich eine Menge Heuchelei im Spiel.« (»Terrorgefahr! Überwachung total?«, *ARTE*-Dokumentation, 2015)

Auch aus einem anderen Grund ist die ›Schutzlosigkeit‹ gewollt, denn selbstverständlich gäbe es politische und technische Möglichkeit, diese Spionage zu unterbinden, wenn man von ihr nicht profitieren würde: »EU könnte Spähangriffe wie *Prism* verbieten – wenn sie wollte. Im EU-Datenschutz war einst vorgesehen, europäische Daten nicht ans Ausland zu geben. Auf Druck der USA verschwand der Satz.« (*zeit.de*, 25.6.2013)

Nur eine Woche nach dieser Enthüllung veröffentlichte der ehemalige NSA-Mitarbeiter Snowden weitere illegale Ausspähungen. Dieses Mal betraf es die Spitzelarbeit des US-Geheimdienstes NSA:

»Die Überwachung Deutschlands durch den US-Geheimdienst NSA ist offenbar umfangreicher als bislang angenommen. Geheime Dokumente der NSA offenbaren nach Informationen des Nachrichtenmagazins ›Spiegel‹, dass die NSA systematisch einen Großteil der Telefon- und Internetverbindungsdaten kontrolliert und speichert. Monatlich würden in der Bundesrepublik rund eine halbe Milliarde Kommunikationsverbindungen – Telefonate, Mails, SMS oder Chats – überwacht. Die dem ›Spiegel‹ vorliegenden Unterlagen bestätigten, ›dass die US-Geheimdienste mit Billigung des Weißen Hauses gezielt auch die Bundesregierung ausforschen, wohl bis hinauf zur Kanzlerin‹. … Die NSA sei in Deutschland so aktiv wie in keinem anderen Land der Europäischen Union. Aber auch die EU werde gezielt ausgespäht – so habe der US-Geheimdienst ihre diplomatische Vertretung in Washington sowie bei den Vereinten Nationen in New York mit Wanzen versehen und das interne Computernetzwerk infiltriert. Somit hätten die

Amerikaner Besprechungen abhören und Dokumente sowie Mails auf den Computern lesen können. Dies werde aus einem Papier der NSA vom September 2010 deutlich, berichtet der ›Spiegel‹ unter Berufung auf geheime Dokumente, die der frühere US-Geheimdienstmitarbeiter Edward Snowden mitgenommen habe.« (*FR*, 30.6.2013)

Wieder sind alle gut abgestimmt und empört: Die Regierung, die Opposition, die Medienöffentlichkeit. Man fordert wieder Aufklärung. Man gibt sich abermals restlos beleidigt. Man bespitzle doch keine Freunde, so der Chor der Entrüsteten. Man fühle sich als »Partner dritter Klasse«, auf einer Stufe mit dem Iran und Nordkorea. Man sehe das Vertrauen tief bis nachhaltig erschüttert und warnt vor einer Kernschmelze der Demokratie. Man redet von der »Weltherrschaft der Spitzel« (*FR*, 28.6.2013).

Wieder begeben sich alle in das ›Tal der Ahnungslosen‹, wollen nichts davon gewusst, nichts davon gedeckt haben. Auch die Geheimdienste schließen sich dem Tross der Ahnungslosen an: Man habe von den systematischen Angriffen von befreundeten Staaten (USA, Großbritannien) nichts gewusst.

Nehmen wir einmal an, dass die Geheimdienste 13 Jahre von der Existenz des NSU nichts gewusst haben und Jahrzehnte nichts von den systematischen Ausspähungen britischer und US-amerikanischer Geheimdienste ... Für diese systematische Ahnungslosigkeit muss man keine Milliarden Euro ausgeben!

Die vermeintliche Ineffizienz deutscher Geheimdienste mag ein haushälterisches Argument sein, um ihre Abschaffung zu fordern. Trotzdem ist genau dieses Argument vor allem eines: falsch.

Das »bekannt Unbekannte« – Der gemeinsame Code für Regierungskriminalität

Wie in zahlreichen Fällen zuvor, wissen Bundesregierung und Geheimdienst immer nur so viel, wie sie wissen wollen. Was nun als transatlantische Verstimmung verkauft, als Vertrauensverlust unter

Freunden beklagt wird, ist eingeübt und wird immer wieder routiniert abgespielt. Der ehemaliger US-Verteidigungsminister Donald Rumsfeld (2001–2006) erklärte:

>»Es gibt bekanntes Bekanntes; es gibt Dinge, von denen wir wissen, dass wir sie wissen. Wir wissen auch, dass es bekannte Unbekannte gibt: Das heißt, wir wissen, es gibt Dinge, die wir nicht wissen. Aber es gibt auch unbekannte Unbekannte – Dinge also, von denen wir nicht wissen, dass wir sie nicht wissen.« (zit. nach *zeit.de*, 17.6.2013)

Fakt ist, dass Bundesregierung und Geheimdienste umfassend in die ›Weltherrschaft der Spitzel‹ integriert sind. Sie liefern, sie werden beliefert, sie tauschen aus, sie lassen zu, sie partizipieren, sie organisieren und outsourcen Rechtsbrüche – und dennoch: sie wollen selbstverständlich nichts von all dem wissen, was sie als Teilhaber und Teilnehmer in geheimen Kommandostäben beschlossen haben. Das Online-Portal *german-foreign-policy.com* berichtete:

>»Massiv ausgebaut worden ist internationale Spionage-Kooperation nach den Anschlägen vom 11. September 2001. Dabei hüllen sich die westlichen Staaten sowohl über den Umfang als auch über die konkreten Foren der Zusammenarbeit bis heute in striktes Schweigen. Ansatzpunkte bietet ein Bericht, den der Schweizer Jurist Dick Marty als Sonderermittler der Parlamentarischen Versammlung des Europarats erstellt und im Jahr 2007 veröffentlicht hat. Anlass und Untersuchungsgegenstand war damals die Folterkooperation auch deutscher Stellen mit der CIA, bei der Terrorverdächtige regelmäßig verschleppt und brutal misshandelt wurden. Marty kam in seinem Bericht zu dem Schluss, die Grundlage für die Folter-Kooperation sei durch einen NATO-Beschluss vom 4. Oktober 2001 gelegt worden. Öffentlich ist bei der NATO zu erfahren, man habe sich an diesem Tag unter anderem darauf geeinigt, den Austausch von Geheimdienst-Erkenntnissen und die geheimdienstliche Kooperation auszuweiten – bilateral, aber auch im NATO-Rahmen. In Brüssel musste Marty sich allerdings bestätigen lassen, dass ein Teil des Beschlusses, der am 4. Oktober 2001

von sämtlichen NATO-Staaten – Deutschland inklusive – gefällt wurde, geheim bleibe. Das ist bis heute der Fall.« (»Befreundete Dienste«,
german-foreign-policy.com, 2.7.2013)

Im Wissen um diese rechtswidrige transatlantische Zusammenarbeit
wirft der ehemalige NSA-Agent Wayne Madsen der Bundeskanzlerin
Merkel Heuchelei vor. So berichtete *Die Welt* im Juli 2013:

> »Deutschland soll den US-Geheimdienst seit Jahren heimlich mit Daten
> versorgen. Das behauptet ein ehemaliger NSA-Agent. Die Empörung
> deutscher Politiker über die USA sei daher pure Heuchelei. Eine Rei-
> he europäischer Länder hat nach Angaben der britischen Zeitung *The
> Guardian* regelmäßig aus digitaler Kommunikation gewonnene Daten
> an die US-Sicherheitsbehörde NSA weitergegeben. Auch Deutschland
> soll sich daran beteiligt haben. Das berichtet das Blatt unter Berufung
> auf Enthüllungen eines ehemaligen NSA-Mitarbeiters in dem Internet-
> Blog ›PrivacySurgeon.org‹.« (*Die Welt*, 30.6.2013)

Der Informant, Wayne Madsen, ein Ex-Offizier der US Navy, habe
»von 1985 an für die NSA gearbeitet und dort in den folgenden zwölf
Jahren mehrere hohe Positionen innegehabt«, so *Die Welt*. Und weiter:

> »Neben Deutschland und Großbritannien sollen Madsen zufolge auch
> Dänemark, die Niederlande, Frankreich, Spanien und Italien entspre-
> chende ›geheime Deals‹ mit Washington haben. Sie sollen sich ver-
> pflichtet haben, auf Aufforderung Daten aus der Internet- und Mobil-
> funkkommunikation an die NSA auszuhändigen. Madsen sagte, er
> habe diese Angaben nun publik gemacht, da europäische Regierungen
> in den vergangenen Wochen ›nur die halbe Wahrheit‹ über ihre Ko-
> operation mit den US-Sicherheitsbehörden erzählt hätten, die Jahr-
> zehnte – teilweise bis in die Zeit des Kalten Kriegs – zurückgehe. Alle
> sieben genannten Länder hätten Zugang zu einem transatlantischen
> Glasfaserkabel, das ihnen erlaube, große Datenmengen, darunter In-
> formationen über Telefonate, E-Mails und die Nutzung von Webseiten
> abzuzapfen, sagte Madsen.« (ebd.)

In die »›geheimen Deals‹ mit Washington« war offenbar auch der deutsche Inlandsgeheimdienst eingebunden. Die Plattform *german-foreign-policy.com* fasste zusammen:

> »Aktuelle Medienberichte bestätigen die Einbindung auch des deutschen Inlandsgeheimdienstes in die Internetspionage-Kooperation mit den Vereinigten Staaten. Demnach verfügt nicht nur der Bundesnachrichtendienst (BND), sondern auch das für die Spionage im Inland zuständige Bundesamt für Verfassungsschutz (BfV) über eine spezielle NSA-Software namens *XKeyscore*, die umfassende Ausspäh-Maßnahmen erlaubt; die Rede ist von annähernder ›Totalüberwachung‹. Das BfV war bereits zuvor eng in die transatlantische Geheimdienstkooperation eingebunden. Die Behörde beteiligte sich mehrfach an Verhören deutscher oder in Deutschland ansässiger Opfer von CIA-Verschleppungen; Klagen von Gefangenen etwa in syrischer Haft über dort erlittene Folter wurden ignoriert. Verhöre eines deutschen Staatsbürgers durch einen BfV-Mitarbeiter in einem – für Folter berüchtigten – Gefängnis in Afghanistan sind zumindest für das Jahr 2010 noch belegt. Der frühere Schweizer Sonderermittler des Europarats Dick Marty bekräftigt seine Ansicht, die zur Zeit scharf kritisierte NSA-Internetspionage gehe – wie die CIA-Verschleppungspraktiken – auf die Ausrufung des NATO-Bündnisfalls am 4. Oktober 2001 zurück. Dass der Bündnisfall bis heute in Kraft ist, hat der Deutsche Bundestag zuletzt im Dezember 2012 bestätigt.« (»Der NATO-Bündnisfall«, *german-foreign-policy.com*, 23.7.2013)

Im Laufe des Jahres 2015 sollte sich noch weiter konkretisieren, wie eng deutsche Geheimdienste mit dem NSA kooperierten – auch bei der Ausspionierung europäischer Unternehmen.

Die große Koalition der legal Illegalen

Wie im Fall der neonazistischen Mordserie wurde der Ruf nach ›lückenloser Aufklärung‹ ins Nirgendwo ausgestoßen. Ein parlamentarischer Untersuchungsausschuss wurde gefordert, damals in Gestalt von SPD, Grünen und der Partei Die Linke. Wie schnell man die Empörung von SPD und Grünen zum Verstummen bringen konnten, zeigte die damalige schwarz-gelbe Regierung mit einigen dezent ausgesprochenen Warnungen: Sollten der Empörung tatsächlich Taten folgen, sollten die Ex-Regierungsparteien tatsächlich darauf bestehen, herauszubekommen, was die gegenwärtige Bundesregierung weiß, würde diese auf das zurückgreifen, was bislang ebenfalls geheim gehalten wird: Die Tatsache, dass das kriminelle Geschäft mit dem »bekannt Unbekannten« keine Domäne der schwarz-gelben Regierung ist. Maßgebliche ›geheime Abkommen‹ zur Totalüberwachung wurden – besonders nach 9/11 – von der rot-grünen Bundesregierung zwischen 1998 und 2005 auf den Weg gebracht.

Der rot-grüne Hunger nach lückenloser Aufklärung war also sehr schnell gestillt. Und tatsächlich hat er sich buchstäblich in Luft aufgelöst, als die SPD ins Regierungslager wechselte und seitdem exakt das fortsetzt, was sie der Vorgängerregierung vorwarf: verdeckte Außenpolitik und vorgetäuschte Ahnungslosigkeit.

Bei tatsächlicher Aufklärung gäbe es »kaum etwas zu gewinnen«

Als wollte ein führendes SPD-Mitglied diese aktive Selbstbeteiligung untermauern, meldete sich auch der ehemalige Bundesinnenminister Otto Schily (1998–2005) zu Wort. Ein Mann, der während der rot-grünen Regierungsära wesentlich an der Demontage von Schutzrechten mitgewirkt hat und im Windschatten von 9/11 zwei Anti-Terror-Pakete (»Otto-Kataloge«) auf den Weg brachte – womit er sich gleich zweimal den Negativpreis »Big Brother Lifetime Award« einhandelte. In der Jury-Begründung von 2005 wurde er gewürdigt »für den Ausbau des deutschen und europäischen Überwachungssystems auf Kosten der Bürger- und Freiheitsrechte und für seine hartnäckigen Bemühungen um die Aushöhlung des Datenschutzes unter dem Deckmantel von Sicherheit und Terrorbekämpfung« (*bigbrotherawards.de*).

Schilys Überzeugung nach trägt die Furcht vor dem Spähprogramm *Prism* »teilweise wahnhafte Züge ... Die größte Gefahr für die Menschen gehe nicht vom US-Geheimdienst sondern ›vom Terrorismus und von der Organisierten Kriminalität aus‹, sagte Schily ... ›Ich finde manches Getöse, was da im Moment zu hören ist, nicht angemessen.‹ Zudem warnte er davor, mit der Diskussion Wahlkampf zu betreiben. Die großen Parteien hätten nach seiner Einschätzung ›bei diesem Thema kaum etwas zu gewinnen‹, sagte Schily.« (*SZ*, 28.7.2013)

Unter Schilys Führung wurde nach 9/11 alles geregelt und vereinbart, sowohl auf Geheimdienst- als auch auf NATO-Ebene, was *Prism* und anderen rechtswidrigen Praktiken den Weg ebnete. Praktiken, die gestern geheim waren und morgen immer noch weitgehend geheim gehalten werden – mit Zustimmung auch jener Parteien, die im Augenblick die Rolle der Opposition mimen, und genau wissen, dass nur der ›Regierungsverantwortung‹ übernimmt, der die ›verdeckte Außenpolitik‹ mitträgt.

Mit seiner Einmischung im Vorfeld der Bundestagswahl 2013 richtete sich Schily sicherlich auch an den ehemaligen Kanzlerkandidaten Peer Steinbrück (SPD), der der damals amtierenden Bundesregierung eine »verdeckte Außenpolitik« und ein »Prinzip der absichtsvollen Ahnungslosigkeit« vorwarf. Zum Umfeld von Steinbrück gehörte auch der zweifache Außenminister Frank-Walter Steinmeier (2005–2009, seit 2013). In der Schröder-Fischer-Schily-Regierung (1999–2005) war dieser nichts weniger als Chef des Bundeskanzleramtes – und damit oberster Dienstherr des Bundesnachrichtendienstes (BND) und des Inlandsgeheimdienstes, des Bundesamtes für Verfassungsschutz (BfV). Sie wissen zusammen, dass auch ihre Empörung über Totalüberwachung so theaterreif ist wie die Aussage von Bundeskanzlerin Angela Merkel: »Deutschland ist kein Überwachungsstaat.« (2013)

Wenn man sich die gigantischen Erfassungs- und Überwachungsprogramme in ihrer Komplexität und Verschränkung vergegenwärtigt, die im gegenseitigen Einverständnis der nationalen Regierungen betrieben werden, mutet die große Empörung derselben Regierungen mehr als heuchlerisch an. Zumal auch dann, wenn die Überwachung des Internets, die Zensur etc. im Iran (mit Hilfe von Siemenstechnik),

in Ägypten oder Türkei als typische Zeichen autoritärer und undemo-
kratischer Regime beklagt werden.

Das Prinzip der absichtsvollen Ahnungslosigkeit ist also nicht nur
schwarz-gelb. Und wenn man das Agieren der amtierenden schwarz-
roten Regierung beobachtet, dann hat man Schwarz auf Weiß, dass
gigantische Überwachungsmaßnahmen und eine »verdeckte Außenpolitik«, die auch im Kontext von offenen Kriegseinsätzen steht, also
verfassungswidrige bis staatsterroristische Handlungen, zum Grund-
konsens aller Parteien gehört, die Regierungsverantwortung übernehmen wollen.

Der ›militärisch-industrielle Komplex‹[5]

Dass die Totalüberwachung unter Umgehung nationaler Gesetzgebun-
gen auch in Deutschland möglich gemacht wurde, belegen vertragli-
che Vereinbarungen zwischen deutschen Unternehmen und US-amerikanischen Behörden. Sie belegen zugleich, dass die rechtswidrige
Totalüberwachung nicht nur eine Domäne der schwarz-gelben bzw.
schwarz-roten Regierung ist, sondern auch unter der rot-grünen Bundesregierung (1998 – 2005) üblich war.

Laut einem Vertrag zwischen der Deutschen Telekom und dem
FBI vom Anfang 2001 ist das deutsche Unternehmen in den USA
verpflichtet, ihre gesamte nationale Kommunikation über Rechenzentren in den USA zu lenken und eine elektronische Überwachung der
Daten technisch zu ermöglichen. Dabei muss der Bonner Konzern
alles technisch Mögliche leisten, um das Abgreifen der Daten für le-

---

5   Der Begriff wurde durch den ehemaligen US-Präsidenten Dwight D. Eisen-
    hower geprägt, der in seiner Abschiedsrede von Januar 1961 vergebens
    warnte: »Wir in den Institutionen der Regierung müssen uns vor unbefug-
    tem Einfluss … durch den militärisch-industriellen Komplex schützen. Das
    Potenzial für die katastrophale Zunahme fehlgeleiteter Kräfte ist vorhanden
    und wird weiterhin bestehen. Wir dürfen es nie zulassen, dass die Macht
    dieser Kombination unsere Freiheiten oder unsere demokratischen Prozesse
    gefährdet.« (zit. nach: wikipedia.org.)

gale US-Prozesse, für Anfragen des Präsidenten oder für die nationale Sicherheit zu ermöglichen. Unter dieses Zugriffsrecht fallen alle
gespeicherten lokalen Kommunikationen, jede Art von kabelgebun-
dener Kommunikation, Telefondaten, Kundendaten und Rechnungs-
daten. Des Weiteren hat sich die Deutsche Telekom dazu verpflichtet,
die Daten nur in den USA zu lagern und so zu speichern, dass eine
Löschung nach auswärtigen Gesetzen nicht möglich ist. Der Vertrag
ist entstanden, um Sicherheitsbedenken vom Kongress zu zerstreuen,
der die nationale Sicherheit gefährdet sah, sollte ein teilweise staatliches deutsches Unternehmen sich um die US-amerikanische Kommunikation kümmern.

In der Antwort auf eine schriftliche Frage vom Büro des Grünen-
Abgeordneten Hans-Christian Ströbele am 8. Juli 2013 versteckt
sich die Bundesregierung hinter ihrer Geheimhaltungspflicht, was
die Auskunft zur Zusammenarbeit von deutschen Unternehmen mit
US-Diensten angeht. Aus dem vorliegenden Vertrag geht eindeutig
hervor, dass die Deutsche Telekom zumindest in den USA dortigen
Stellen zuarbeitet.

In diesem Zusammenhang wäre es sehr interessant zu wissen, inwieweit auch auf deutschem Staatsgebiet eine Zusammenarbeit der
Netzbetreiber mit US-Behörden bzw. -Unternehmen vorhanden ist.
Denn die meisten Datenverbindungen in Deutschland laufen über
Rechenzentren von *Equinix*, die in München und Frankfurt stehen
– eine Zusammenarbeit mit deutschen Unternehmen ist bewiesen.
Equinix wird von ehemaligen Geheimdienstlern geleitet und befindet
sich in unmittelbarer Nähe zum Hauptquartier der NSA (32 km). Gibt
es womöglich auch hier Verträge, die ein Überwachen von Kommu-
nikationsvorgängen zum Zweck der ›nationalen Sicherheit‹ der USA
ermöglichen?

Das wäre alles andere als ungewöhnlich, vielmehr sehr wahrscheinlich: In Deutschland übernehmen US-amerikanische und britische Unternehmen und Geheimdienste teilweise jene Überwachung,
die deutschen Geheimdiensten untersagt ist, und in den USA übernehmen ausländische Stellen mitunter das, was den US-amerikanischen Geheimdiensten vor Ort (noch) nicht erlaubt ist.

Regierungs- und Wirtschaftsspionage ... alles aus einer Hand

›Colt‹ könnte ein Titel für einen neuen James-Bond-Film oder ein Codewort für eine tödliche Mission sein. Tatsächlich ist es der Name eines britischen Telekommunikationsunternehmens, das alles bietet: Ein eigenes Glasfasernetz, zahlreiche Rechenzentren und ein weltweites Operationsgebiet. Die Doppeldeutigkeit dieses Firmennamens darf man durchaus auch so verstehen: Die Kontrolle über die Datennetze und -flüsse zu haben, ist mehr als ein einträgliches Business – es ist eine Waffe. Und genau diese nutzt das britische Unternehmen bis zum Anschlag aus. ›Colt‹ steht eigentlich für ›City of London Telecommunications‹ und bewirbt sich so:

> »COLT ist einer der führenden Anbieter von ITK-Lösungen für Großunternehmen, kleine und mittlere Unternehmen (KMU) sowie Wholesale-Kunden in Europa und bietet ihnen ein breites Portfolio an Daten-, Sprach- und Managed Services. COLT betreibt ein 25.000 Kilometer langes Glasfasernetz, das sich über 13 Länder erstreckt. Das Netz umfasst eigene Stadtnetze in den 34 wichtigsten europäischen Metropolen mit direkten Glasfaserverbindungen in 16.000 Gebäude und 18 eigene Rechenzentren.« (www.colt.net)

Exzellente Bedingungen also, gleich zweimal zu verdienen: Den Groß- und Geschäftskunden bietet Colt einen privilegierten, sicheren und zuverlässigen Datenverkehr an – und der britische Geheimdienst GCHQ schöpft diesen ebenso unkompliziert ab. Genau das geht aus den Unterlagen des ehemaligen NSA-Mitarbeiters Snowden hervor: »Dokumente des Whistleblowers Edward Snowden hatten gezeigt, dass britische Internetfirmen dem Geheimdienst GCHQ beim Spionieren behilflich sind.« (*SZ*, 29.6.2014)

Der Clou an der ganzen Sache ist 2014 in die Öffentlichkeit gelangt: Die Berliner »Verwaltung des Abgeordnetenhauses (arbeitet) nach *SZ*-Informationen seit 1999 mit dem britischen Internetanbieter Colt zusammen.« (ebd.)

Organisierte Straffreiheit

Wie ein wirklich *feindlicher* Akt der Spionage verfolgt wird, erlebte man 2013: Das Oberlandesgericht Stuttgart verurteilte ein russisches Agentenehepaar mit dem unauffälligen Tarnnamen ›Anschlag‹ wegen Agententätigkeit zu sechseinhalb bzw. fünfeinhalb Jahren Haft. »Sie hatten als biedere Familie getarnt Hunderte Dokumente zu EU und Nato an den russischen Geheimdienst SWR geliefert.« (zeit.de, 2.7.2013) Was hingegen (nicht) passiert, wenn es sich um einen *freundlichen* Akt der Spionage handelt, erlebten wir zeitgleich:

> »Die Bundesanwaltschaft prüft Berichte über die weltweite Datenspionage der US-Geheimdienste. Damit soll geklärt werden, ob die Karlsruher Behörde für mögliche Ermittlungen zuständig ist. ›Die Bundesanwaltschaft wertet die öffentliche Berichterstattung im Hinblick auf ihre gesetzlichen Aufgaben sorgsam aus‹ … Formale Ermittlungen sind damit nicht aufgenommen.« (*FR*, 30.6.2013)

Wie wir wissen, hat sich die Bundesanwaltschaft bemüht – und noch mehr Mühe darauf verwendet –, zu dem Ergebnis zu kommen, dass sich ein Anfangsverdacht nicht bestätigen ließ.

Nicht viel anders verläuft die Aufklärung im NSA-Untersuchungsausschuss. Man will die von der NSA geführten ›Selektorenliste‹ einsehen. Eine Liste, mithilfe derer auch der BND seine Datenberge durchforstet, um ›Verdächtiges‹ zu selektieren und ggf. auszuliefern. Der Ausschuss beauftragte daraufhin die Bundesregierung, die USA zu bitten, den NSA dazu zu bewegen, diese ›Selektorenliste‹ freizugeben. Nachdem dieser und jene freundlich abgelehnt hatten, wird um ein Verfahren gerungen, das unsere US-amerikanischen ›Freunde‹ nicht verärgert. Dieses Possenspiel an Aufklärung hat der Publizist und Blogger Sascha Lobo pointiert und gallig so beschrieben:

> »Der BND überwacht, von Steuergeldern bezahlt, die deutsche Wirtschaft, Politik und Bevölkerung im Auftrag der NSA – aber die beauftragende Liste der Überwachungsziele gehört der NSA? Das ist die

digitale Entsprechung einer Anzeige wegen Sachbeschädigung gegen
ein Opfer, weil es den Knüppel des Schlägers mit seinem Blut völlig
verschmutzt habe.« (»Sie haben mir Europa kaputt gemacht«, *Spiegel
online*, 15.7.2015)

Mit ähnlichem Galgenhumor könnte man von einer demokratischen
Ordnung mit abschaltbarem Rechtssystem sprechen. Sage jetzt niemand, dass man ein solches System der Straffreiheit aus diktatorischen Regimen kenne.

Die Totalüberwachung und die total Ahnungslosen

Die Regierung weiß nichts, kennt weder die Geheimverträge mit US-
Spionage-Firmen, noch die Spähprogramme, die die US-Regierung
weltweit einsetzt und die auch deutsche Geheimdienste benutzen.
Die Nachrichtendienste wissen noch weniger, aber zusammen sind
sie sich ganz sicher, dass sie Leben retten und uns alle vor dem Terrorismus schützen. In den USA will der NSA-Chef Keith Alexander mit
diesen Überwachungsprogrammen mehr als 50 Anschlagspläne ver-
eitelt haben. In Deutschland will uns die Regierung – die ansonsten
ahnungslos ist – vor wahlweise fünf oder sechs Anschlägen geschützt
haben. Sind wir einmal so naiv, und glauben ihr das – ohne jeden
Beweis.

Warum sagt dann diese Bundesregierung nicht im selben Atem-
zug, dass diese Überwachungsprogramme einen großen Anteil daran
hatten und haben, dass die US-Regierung weltweit ›Zielpersonen‹ entführt und foltern lässt? Warum erwähnt die Bundesregierung nicht,
dass diese Überwachungsprogramme für zahllose Aktionen im Rahmen des ›Rendition‹-Programmes genutzt werden? Ein Programm mit
staatsterroristischem Charakter: Man entführt so genannte Terrorverdächtige, lässt sie verschwinden, inhaftiert sie in Geheimgefängnissen,
setzt sie der Folter aus (»torture by proxy«, dt.: »stellvertretende Folter«). In Deutschland wurde etwa der Fall Khaled al-Masri bekannt,
der 2003 durch die CIA illegal gefangen genommen und nach Afgha-

nistan verschleppt wurde – auch der BND geriet dabei in Verdacht, an einem Verhör al-Masris beteiligt gewesen zu sein.

Und warum verweist diese Bundesregierung nicht darauf, dass die außergerichtlichen Exekutionen, die US-Regierungen seit Jahren in Form von Drohnen-Angriffen ausüben, ebenso auf Daten und Koordinaten fußen, die die Überwachungsprogramme aus Deutschland liefern?

Das Tappen im Dunklen hat System

Niemand bestreitet, dass Hessen ein Mega-Knotenpunkt digitaler Kommunikation ist. Frankfurt hat den weltgrößten Internetknotenpunkt. Aus den Unterlagen, die Edward Snowden veröffentlicht hat, geht hervor, dass diese Internetknotenpunkte vom NSA ›abgeschöpft‹ werden. Wie das möglich ist, beschreibt die *FAZ*: Der NSA bedient sich dabei der US-amerikanischen Netzanbieter, die an den Frankfurter Datenumschlagplatz angebunden sind:

> »Mehr als die Hälfte der Datenströme im Umfeld des *De-Cix* werden von amerikanischen Unternehmen wie Cogent oder Level 3 betrieben. Die NSA, die über den Foreign Intelligence Surveillance Act die Daten der amerikanischen Unternehmen jederzeit einfordern kann, müsste für ihre Spähaktionen also nur eine Ebene weiter gehen. Nach deutschem Recht – hier gilt das Prinzip des Ursprungslands – wäre das zwar illegal. Nach amerikanischem Recht ist es aber erlaubt.« (*FAZ*, 3.7.2013)

All den Beweisen und Dokumenten will die hessische Landesregierung nachgegangen sein. Im März 2015 lag das Ergebnis dieser Aufklärungsarbeit vor:

> »Der hessische Verfassungsschutz prüft kontinuierlich im Rahmen seines gesetzlichen Auftrags, ob staatlich gesteuerte (auch elektronische) Angriffe erfolgen‹, ließ der hessische Innenminister Peter Beuth (CDU) die Öffentlichkeit wissen. Es hätten sich aber ›zu keinem Zeitpunkt

tatsächliche Anhaltspunkte auf die in den Medien behaupteten Aktivitäten der National Security Agency (NSA) in der Bundesrepublik Deutschland‹ ergeben. Dieser Erkenntnisstand liegt auf dem Niveau des Jahres 2014: ›Schon im vergangenen Juni hatte die Staatskanzlei eingeräumt, dass Hessen nichts über die Abhöraktivitäten von US-amerikanischen und britischen Geheimdiensten wisse. Seinerzeit hatten Medien berichtet, dass Telefondaten von einem Internetknoten in Frankfurt jahrelang direkt an den US-Geheimdienst NSA weitergegeben worden sein sollen.‹« (*FR*, 24.3.2015)

Out of control?

Der immer wieder erhobene Verdacht, die Geheimdienste hätten sich verselbstständigt, würden gar ein Eigenleben führen, ist nicht erhellend. Dieser Erklärungsversuch hat vor allem Entlastungsfunktionen.

Der parlamentarische Untersuchungsausschuss (PUA) zur ›NSA-Affäre‹ tappt im Dunklen. Das ist nicht sonderlich verwunderlich, wenn die Regierung selbst, anstatt Licht ins Dunkel zu bringen, das Licht ausschaltet. Nun steht der PUA vor einer Wand aus beschränkten Aussagegenehmigungen, geschwärzten Akten, Geheimhaltungsvorschriften und nicht zur Verfügung gestellten Unterlagen. Diese Ohnmacht ist in Mehrheit gewollt. Hätten die im Parlament vertretenen Parteien tatsächlich ein Interesse daran, die ›schärfste Waffe‹ des Parlamentes zu nutzen, würde sie die Kontrollgremien mit den rechtlichen Mitteln ausstatten, die notwendig sind, um Regierung und Geheimdienst zu dem zu zwingen, was sie seit Jahrzehnten unterlassen. Sie würden Gesetze verabschieden, die die Befugnisse der Geheimdienste und deren Kontrolle so regeln, dass das, was später als Skandal bekannt wird, erst gar nicht passiert.

Tatsache ist, dass Geheimdienste und (potenzielle) Regierungsparteien ein gemeinsames Interesse daran haben, dass das, was im schlimmsten Fall als Skandal öffentlich wird, weiterhin geschieht. Und das auf eine Weise, dass am Ende die zuständigen ParlamentarierInnen ihre Hände im Bad der Unwissenheit waschen können und Geheimdienste freie Hand bei dem haben, was aufgrund der Verfasstheit der Bundesrepublik Deutschland ein Verfassungsbruch darstellt: Bruch nationaler und internationaler Rechtsgarantien, Beteiligung an schweren Verbrechen, Kriegshandlungen usw.

Dass seit Jahrzehnten immer wieder etwas als Skandal verhandelt wird, was kontinuierliche Praxis von Geheimdienstes ist, ist kein Skandal, sondern eine gewollte Praxis aller (wechselnden) Regierungsparteien, die die politischen Rahmenbedingungen setzen, innerhalb derer Geheimdienste operieren und die die Verantwortung dafür tragen, dass Kontrollausschüsse gerade nicht erfahren (sollen), womit die Geheimdienste beauftragt wurden. Im Erfolgsfall ist dies ausgezeichnete Deckungsarbeit im Rahmen »exekutiver Eigenverantwortung«, im schlechtesten Fall gerieren sie sich als Opfer.

Bundesanwaltschaft richtet eine strafverfolgungs- und rechtsfreie Zone für (befreundete) Geheimdienste ein

Im Februar 2014 reichten mehrere Organisationen Strafanzeige gegen unbekannte Mitglieder US-amerikanischer und britischer Nachrichtendienste ein. Zu den KlagestellerInnen gehörten der Chaos Computer Club (CCC), Digitalcourage e. V., die Internationale Liga für Menschenrechte sowie weitere Organisationen und Einzelpersonen.

Grundlage diese Klage waren die zahlreichen als geheim klassifizierten Dokumente, die im Zuge der NSA-Affäre veröffentlicht wurden und sich zum größten Teil auf jene Dokumente stützen, die Edward Snowden der Öffentlichkeit zur Verfügung gestellt hatte. Im Wesentlichen stützt sich die Anzeige auf Dokumente, die das Ausspähen des Handys von Bundeskanzlerin Angela Merkel betrifft, als auch das Ausspähen von Telekommunikationsgeräten weiterer Politiker und Parlamentarier.

Dass diese Dokumente echt sind, bezweifelt kaum jemand, nicht einmal der NSA, der deshalb auch ein Verfahren gegen Edward Snowden wegen Geheimnisverrats angestrengt hat.

Mit dieser Anzeige war und ist die Hoffnung verbunden, dass Staatsanwälte das machen, wozu sie von Amts wegen verpflichtet sind: Straftaten nachzugehen, von denen sie selbst Kenntnis erhalten haben und an deren Aufklärung die Öffentlichkeit ein Interesse hat.

Nach knapp über einem Jahr liegt eine Stellungnahme der Bundesanwaltschaft vor, der die Aufgabe obliegt, zu überprüfen, ob diese Anzeige ausreichend begründet, also von ›tatsächlichen Anhaltspunkten‹ getragen wird.

Das Schreiben ist fünf Seiten lang und eine einzige Weigerung, Ermittlungen aufzunehmen. Was bisher kaum jemand getan hat, macht die Bundesanwaltschaft: Sie bestreitet die Echtheit der Dokumente. Dann behauptet sie, dennoch alles getan zu haben, um den Vorwürfen nachzugehen, mit einem darin angelegten Ende: »Mit den durchgeführten Ermittlungen ließen sich weder handelnde Personen noch Ort, Zeit und Umstände des in Rede stehenden Geschehens soweit konkretisieren, dass es den Anforderungen einer ›Tat‹ im Sinne des Prozessrechts (§ 264 StPO) genügt … Weitere derzeit erkennbare Ermittlungsansätze sind nicht erfolgversprechend oder nicht geeignet, den Tatverdacht zu präzisieren, geschweige denn zu belegen.« (Schreiben der Bundesanwaltschaft vom 15. Juni 2015)

Begründet wird die konstatierte Aussichtslosigkeit mit der berechtigten Annahme, dass die mutmaßlichen Verdächtigen nicht kooperieren werden, weder als Einzelpersonen, noch als Institutionen: »Rechtshilfeersuchen in die Vereinigten Staaten oder nach Großbritannien zur Aufklärung des Sachverhalts und eventueller Verantwortlichkeiten sind nicht erfolgversprechend. Es ist nach allgemeinen Erfahrungen und einschlägigen Gepflogenheiten nicht damit zu rechnen, dass die dortigen Dienststellen im konkreten Fall deutsche Rechtshilfeersuchen erledigen. Das gilt gleichermaßen für die Frage nach verantwortlichen Personen, die ggf. die Anordnung oder Durchführung der behaupteten Überwachungsmaßnahme bewirkt haben könnten.« (ebd.)

Auch die Frage, inwieweit deutsche Regierungsmitglieder, Behörden und Geheimdienste an der Totalüberwachung mitgewirkt haben bzw. darin integriert sind, hat die Bundesanwaltschaft offensichtlich ausgiebig geprüft und das Ergebnis in einem Satz zusammengefasst: »Soweit der Verdacht geäußert wurde, Mitglieder der Bundesregierung, Politiker und Behördenangehörige hätten sich der Mittäterschaft oder Beihilfe schuldig gemacht, fehlt es an zureichenden tatsächlichen Anhaltspunkten für eine verfolgbare Haupttat.« (ebd.)

Wer diese ›Ermittlungsergebnisse‹ auf dem Hintergrund der Fülle an bisher veröffentlichten Geheimdokumenten mit den ›Ermittlungsergebnissen‹ im NSU-VS-Komplex, die nachweislich 13 Jahre lang faktenfreie Ergebnisse produziert hatten, vergleicht, wird mehr als zufällige Übereinstimmungen feststellen.

Und noch etwas wird mit diesem Geleitschutz durch die Bundesanwaltschaft sichtbar und augenfällig: Wer auf solche Weise ›befreundete‹ und eigene Geheimdienste deckt, vor jeder Strafverfolgung schützt, der leidet nicht unter deren ›Verselbstständigung‹, sondern schützt sie, weil sie alles richtig gemacht haben, weil sie sehr wohl im Regierungsauftrag gehandelt haben und handeln, auf eine Weise, die strafrechtlich so evident wäre, dass man schlichtweg den ›Rechtsweg‹ ausschließt.

Vorratsdatenspeicherung – oder: Die Legalisierung einer rechts- und verfassungswidrigen Praxis

Bekanntlich hat das Bundesverfassungsgericht 2010 und vier Jahre später auch der Europäische Gerichtshof die Richtlinien für eine Vorratsdatenspeicherung für rechtswidrig erklärt. Alsbald erklärte die große Koalition aus CDU und SPD, man werde an der Vorratsdatenspeicherung festhalten und ein neues Gesetz auf den Weg bringen. Andernfalls, so wurde uns schutzbedürftigen BürgerInnen erklärt, wäre man dem Terrorismus hilflos ausgeliefert.

Zu allererst sind wir indes schutzlos diesen bodenlosen Begründungen ausgesetzt. Sie entbehren jeder Grundlage. Selbstverständlich können Polizei und Verfassungsschutz auf Kommunikations- und Verkehrsdaten zugreifen. Das war noch nie ein Problem und wird praktiziert, seitdem es Strafverfolgung gibt: Die Polizei »kann ›Verkehrsdaten‹ von Personen erheben, bei denen ›bestimmte Tatsachen die Annahme rechtfertigen‹, dass sie eine jener Straftaten aus dem langen Katalog der Terrordelikte vorbereiten.« (*SZ*, 23.3.2015). Das ist so unbestimmt und vage formuliert, dass man nicht gerade von einer restriktiven Auslegung ausgehen darf.

Auch der Verfassungsschutz hat die Befugnis, Telefon- und Internetdaten zu überwachen, wenn »tatsächliche Anhaltspunkte« dafür vorliegen, dass verdächtige Personen »schwerwiegende Gefahren nachdrücklich fördern«. Auch das ist von großzügiger Schwammigkeit geprägt: »Eine Hürde, die höher aussieht, als sie wirklich ist, meint Matthias Bäcker, Professor für Staatsrecht in München. ›Wenn der Verfassungsschutz will, kann er relativ viel machen‹.« (*SZ*, 23.3.2015)

Alles, was Polizei und Verfassungsschutz heute brauchen, ist ein hauchdünner Verdacht und ein richterlicher Beschluss, dem dieser Verdacht ausreicht, und schon können uns beide Behörden vor Terrorismus und Schwerkriminalität schützen.

Das Argument also, erst mit der Vorratsdatenspeicherung wäre es Polizei und Verfassungsschutz möglich, auf Persönlichkeitsdaten zuzugreifen, täuscht eine Handlungsunfähigkeit vor, die gar nicht existiert.

Dass es dabei um etwas ganz Anderes geht, sagen uns unsere ›Beschützer‹ nicht: Sie wollen ein Grundprinzip bürgerlicher Ordnung brechen: Für Eingriffe in Schutzrechte, für Eingriffe in die Privatsphäre bedarf es eines konkreten Verdachts und einer (richterlichen) Überprüfbarkeit der Verdachtsgründe.

Das Prinzip der Vorratsdatenspeicherung kehrt dieses (sehr abgemagerte) Prinzip um: Man will *alle* erfassen, und zwar verdachtsfrei. Eine spezifische Begründung möchte man sich dabei sparen.

Dieses Prinzip, alle zu erfassen, um jene zu finden, die man – früher oder später – verdächtigt, ist zurzeit in vollem Gange. Denn genau dies praktizieren NSA, GCHQ und BND: Die totale Erfassung und Überwachung.

Während deutsche Regierungen angeblich nichts wissen wollen, reden die verantwortlichen Architekten dieses elektronischen Panoptikums in aller Offenheit über ihr Prinzip:

»In vielen Fällen muss man alle Informationen über die gesamte Bevölkerung in Betracht ziehen, um diejenigen herauszufiltern, die unserer Aufmerksamkeit entkommen oder sich verstecken wollen. Oft muss man die gesamte Bevölkerung ins Visier nehmen, um den Personen, bei denen ein besonders hohes Risiko besteht oder ein höheres als bei anderen ... mit der Aufmerksamkeit zu begegnen, die sie verdienen.« (Stewart Baker, Vizeminister im US-Ministerium für innere Sicherheit)

Deutlicher und unmissverständlicher kann man einen Rechts- und Verfassungsbruch kaum formulieren.

Mit der Vorratsdatenspeicherung schließt man also keine ›Sicherheitslücke‹. Man versucht vielmehr etwas zu legalisieren, woran sich alle befreundeten Regierungen beteiligen: die illegale Erfassung aller Daten.

Die Vorratsdatenspeicherung ist seit 2015 Gesetz – Die Entkriminalisierung einer kriminellen Praxis

Eigentlich ist dies etwas für die Satiresendung wie *Die Anstalt*, doch ihr kam der SPD-Chef Sigmar Gabriel zuvor. Auch er ist für die Vorratsdatenspeicherung. Und er hat dafür eine ganz besondere Begründung: »Hätten wir das [Gesetz zur Vorratsdatenspeicherung] bereits zum Zeitpunkt der ersten NSU-Morde gehabt, hätten wir weitere vermutlich verhindern können.« (Interview in: *Rheinische Post, rp-online.de,* 3.4.2015)

Man muss sich diese Dreistigkeit auf der Zunge zergehen lassen: Dass der NSU dreizehn Jahre lange Mord- und Terroranschläge verüben konnte, lag nicht daran, dass die zuständigen Behörden *nichts* wussten, sondern dass sie ihr üppiges und detailreiches Wissen weder zur Verfolgung noch zu möglichen Festnahmen nutzten. Lassen wir diese knietiefe Lüge einmal so stehen, eine Lüge, die einmal mehr die Opfer von neonazistischem Terror verhöhnen.

Eigentlich hatte die SPD kenntnisreich erklärt, warum sie gegen einen weiteren Anlauf ist, die verdachtslose ›Vorratsdatenspeiche-

rung‹ in ein neues Gesetz zu packen. Das galt, bis sie Regierungs-
partner der Großen Koalition wurde. Dann leitete sie einen großen
Turnaround ein und macht nun genau das, was einer langen sozial-
demokratischen Tradition folgt: In der Regierungslimousine mitzu-
fahren ist einfach wichtiger, als an der ursprünglich ablehnenden
Position festzuhalten.

Justizminister Heiko Maas (SPD) will uns daraufhin weißmachen,
dass man eine wunderbare Balance zwischen Schutzrechten gegenüber dem Staat und Eingriffsgriffen des Staates gefunden habe. Herr
Maas weiß, dass er lügt. Seitdem es Fahndungscomputer gibt, gibt es
die rechtlichen Möglichkeiten, auf erfassbare Kommunikationsdaten
zurückzugreifen. Es muss nur ein zartbesaiteter Verdacht vorliegen.

Bei der mittlerweile beschlossenen Vorratsdatenspeicherung geht
es um etwas ganz anderes: um die Legalisierung dessen, was bislang –
so oder so – in Gänze illegal passiert.

Zwischenfazit

Fassen wir zusammen, systematisieren wir das, was hier anhand einzelner Beispiele dargestellt wurde.

Die technischen Möglichkeiten, eine totale Überwachung aller
Kommunikationsdaten durchzuführen, sind vorhanden. Es existieren
die Rechenzentren, die Speicherkapazitäten und die Softwarepro-
gramme, die aus dem Datenberg das ›Gesuchte‹ herausfiltern können.
Diese Aufgabe übernimmt zum Beispiel das Speicher- und Ausspäh-
programm ›Tempora‹ des britischen Geheimdienstes GCHQ.

Der geringste Teil dieses globalen Überwachungssystems basiert
auf legalen Befugnissen, auf ganz spezifischen Anfragen, die jeweils
richterlich geprüft und genehmigt werden (müssen).

Der allergrößte Teil dieses globalen Überwachungssystems fußt
auf dem rechtsfreien, vulgo: kriminellen Zusammenwirken befreundeter Regierungen – in einem Verbund aus Geheimdiensten, privaten
Überwachungsfirmen und kommerziellen (Tele-)Kommunikations-
konzernen.

Da es diese Zusammenarbeit und Arbeitsteilung nach offiziellen Angaben der jeweiligen Regierungen gar nicht gibt, erübrigt sich eine parlamentarische Kontrolle. Was nicht existiert, kann nicht auf seine Rechtmäßigkeit hin überprüft werden.

Man kann die vielfach belegte Zusammenarbeit und die geradezu infantile Haltung, diese zu leugnen (»Wir sind kein Überwachungsstaat. Deutschland ist ein Land der Freiheit«, Bundeskanzlerin Angela Merkel, 2013) so zusammenfassen: Die globale Erfassung der ›Datenschatten‹ (die in aller Regel mehr verraten, als die realen Personen über sich selbst wissen) erfolgt in einem *Schattensystem*, das sich einer institutionellen Kontrolle entzogen hat.

All das passiert nicht gegen die im Parlament vertretenen Parteien, sondern mit ihrem Einverständnis. Denn bis auf die Partei Die Linke waren alle Oppositionsparteien bereits in Regierungsverantwortung und haben folglich dieses Schattensystem mit aufgebaut bzw. gedeckt.

3.
Die Selbstbeteiligung ›freier‹ BürgerInnen an ihrer Überwachung

Ein panoptischer Rundgang

Stephan Frei lebt mit einer elektronischen Fußfessel. Er ist freigeschaltet für bestimmte Zonen. Sobald er sie verlässt, zeigt ein rotes Signal die ›Zonenverletzung‹ an. Er »lebt in einer Welt ohne Mauern, ohne Gitter und ohne Wärter ... Er selbst muss sich den Weg auf die andere Straßenseite verwehren, er errichtet seine eigenen Mauern und er ist sein eigener Wärter. Das Gerät an seinem Bein erinnert ihn nur daran.«

(Frankfurter Rundschau, 1.2.2012)

Das *Panoptikum* geht auf ein Konzept des britischen Philosophen und Begründers des klassischen Utilitarismus Jeremy Bentham Anfang des 19. Jahrhunderts zurück, der den Bau von Gefängnissen und ähnlichen ›totalen Institutionen‹ entwarf, die eine maximale Kontrolle mit einem Minimum an personellem Aufwand verbinden sollten. Ein in Beton gegossener Traum totaler Überwachung.

Im Zentrum steht jeweils ein Kontrollturm, um den herum sternförmige Gefängnistrakte angeordnet sind, ein strahlenförmiges Netz von Gängen. Von der Mitte aus sollte man so alle Gänge, alle Gefangenen beobachten können. Das ganze Leben war dem Kontrollpunkt in seiner Mitte ausgeliefert, was mit dazu beitragen sollte, dass sich die Gefangenen selbst ›kontrollieren‹.

Dieses Panoptikum sollte als Wahrzeichen in die Geschichte der Gefängnisarchitektur eingehen, die sich der perfekten Kontrolle des Raumes verschrieben hatte. Ein Jahrhundert später verwendete der französische Philosoph Michel Foucault das Panoptikum als Matrix für seine Theorie der Disziplinargesellschaft.

In den 1980er Jahren, als Computer die Welt eroberten, wurde das Bundeskriminalamt (BKA) – im Zuge der Antiterrorismusbekämpfung – in eine riesige Datensammelanlage verwandelt. Hunderte von Millionen Mark wurden für die Anschaffung von Computern ausgegeben, die die Millionen von erfassten Daten systematisch auswerten sollten. Mit der genannten Rasterfahndung wollte man typische Merkmale von ›Tätern‹ herausfiltern. Was damit nicht explizit gesagt wurde: Zur Extrahierung von Auffälligkeiten ist ein Zugriff auf alle Unauffälligen notwendig, also der Zugang zu den Daten jener unverdächtigen BürgerInnen, die vor jedem staatlichen Zugriff geschützt sein müssten.

Tatsächlich wurden die Datenbanken der Polizei und Geheimdienste mithilfe von Millionen Datenspuren, die Bürger bei Banken, Eigentümern, Behörden etc. hinterlassen, gefüttert – illegal.

Doch all das reichte in den 70er und 80er Jahren nicht. Zwar gab es teilweise schon erste Computer in den Haushalten, doch ein Handy gehörte zum Beispiel noch der James-Bond-Welt an. Um diese (großen) Lücken in den Datenspuren zu schließen, musste man Technik von außen anbringen und nutzen. Es war die Zeit der ›Wanzen‹, kleiner miniaturisierter Abhörgeräte, die, legal oder auch nicht, in ›verdächtigen‹ Wohnungen installiert wurden. Es war die Zeit der ›Peilsender‹, mobiler Ortungsgeräte, die unter ›verdächtige‹ Autos angebracht wurden, um so ihren jeweiligen Standort zu ermitteln. Und es war die Zeit der kleinen, unscheinbaren Überwachungskameras, die in und rund um ›verdächtige‹ Objekte installiert oder zur Überwachung gefährdeter Objekte eingesetzt wurden. All diese staatlichen Eingriffe verlangten ›Fremdmittel‹, die installiert werden mussten. Und all das barg immer auch die Gefahr in sich, dass diese Fremdmittel gefunden wurden.

Was anfangs nur dem Militär und großen Konzernen vorbehalten war, wurde seit Ende des 20. Jahrhunderts Massenkonsumartikel, vom Computer bis zum Handy, von der Web-Kamera bis zur Software für Ortungen (von Freunden, versteht sich). Kaum ein Bürger, eine Wohnung, ein Auto ist heute nicht verdatet und vernetzt.

In vielerlei Hinsicht haben diese technischen Errungenschaften das Leben erleichtert – doch nicht nur das eigene. Neben dem persönlichen Nutzen hat es einen völlig neuen staatlichen Zugriff ermöglichst. Das Motto ›Das Private ist politisch‹ wurde auf ganz ungewollte Weise realisiert.

Mussten Überwachungsgeräte in den 80er Jahre noch aufwendig und teuer, um den Preis ihrer möglichen Entdeckung, installiert werden, so bezahlen heute gut vernetzte Bürger ihre potenzielle Überwachung selbst. Der Eigenanteil wächst täglich, mit jedem neuen Smart- bzw. iPhone, mit jedem Tablet-PC, mit all den technischen Neuheiten, die einen bis in den letzten Winkel dieser Welt begleiten – einschließlich integrierter GPS-Ortung, die auf wenige Meter genau ist.

In den 1980er Jahren machte der ›Hamburger Kessel‹ Schlagzeilen, als Tausende von DemonstrantInnen von ebenso vielen Polizisten für Stunden eingekesselt wurden, um so ihre Identifizierung zu erzwingen. Heute erledigt dies weitgehend eine Funkzellenüberwachung – wie in Dresden 2010, anlässlich einer angekündigten Blockade eines Neonaziaufmarsches. Über eine Million ›Verkehrsdaten‹ von HandybenutzerInnen, die sich in der Nähe von Blockadepunkten aufhielten, wurden abgefischt und ausgewertet. Wozu früher Tausende von Polizisten nötig waren, braucht es heute nur möglichst viele, die ein Handy haben und dies benutzen.

Fast jeder neue Computer ist mit einer Web-Kamera und einem integrierten Mikrofon ausgestattet. Das ist schön, um zu chatten, sich zu sehen, um miteinander zu plaudern. All das ist auch sehr schön für jede erdenkliche Form der Überwachung: Mit diesem Zubehör kann man – ohne großen technischen Aufwand – auch eine Raumüberwachung durchführen, ein Gespräch aufzeichnen.

Vor nicht allzu langer Zeit musste man eine Hausdurchsuchung durchführen, um ›belastendes‹ Material sicherzustellen. Dazu waren zahlreiche Polizeibeamte und zivile Kräfte nötig, und Aufsehen war ebenfalls nicht zu vermeiden. Heute genügt in aller Regel ein ›Staatstrojaner‹, eine staatliche Spionagesoftware, die aus jedem privaten Computer eine sprudelnde, öffentliche Quelle macht.

Die Ortung und Identifizierung, Bewegungsprofile und forensische Datenspuren werden mit jedem Computer, Notebook und Handy mit gekauft. Hat man all dies, ist alles Weitere kinderleicht: Man muss keine Spuren mehr suchen – man hinterlässt sie unentwegt, unvermeidbar. Man muss sich nicht mehr (polizeilich) melden, man meldet sich automatisch an, wenn man den Raum einer neuen Funkzelle betritt. Man kann den ›Schatten‹ nicht abschütteln, man ist sein eigener Schatten. Man kommuniziert nicht, man ›wird kommuniziert‹ – mithilfe einer ›stillen SMS‹, abgeschickt von Verfolgungsbehörden, um so den Ort des bzw. der Gesuchten zu lokalisieren, ohne dass der Adressat von dieser Kommunikation etwas mitbekommt. Der private Wunsch von der jederzeitigen Erreichbarkeit ist auch der Traum aller ›Herolds‹.

Welches Maß die Überwachung, die Kontrolle heute angenommen hat, kann man am besten sichtbar machen, indem man sich all diese Möglichkeiten in ihrer physischen Präsenz vorstellt:

Ersetzt man für Augenblicke alle Videoüberwachungskameras im öffentlichen Raum, in öffentlichen Gebäuden, in Supermärkten, Fabriken und Büros durch je einen Polizeibeamten bzw. privaten Security-Mitarbeiter; ersetzt man alle Handys durch Peilsender und Observationstrupps; ersetzt man alle PCs, Notebooks und Tablets durch Wanzen: dann bekommt man eine Ahnung davon, in welchem Maße wir selbst Teile des Überwachungssystems stellen und optimieren.

All dies muss nicht zwangsläufig passieren. Entscheidender ist vielmehr, dass es jederzeit passieren *kann* – ohne dass die Betroffenen davon etwas mitbekommen.

Die Cloud

Seit ein paar Jahren werben alle großen IT-Firmen mit dem System ›Cloud‹ – allen voran Microsoft und IBM. Man sieht förmlich den Himmel, die Wolken an uns vorbeiziehen, digital verträumt,

sehen wir unserer Daten entlangwehen... Die Idee ist so vernünftig
wie blendend: Anstatt den eigenen Rechner mit Dateien und anderen Daten zu verstopfen, bieten große Firmen ihre Rechner an, um
dort alles Wichtige abzulegen. Der Zugriff auf diese dort abgelegten
Dateien kann von überall erfolgen: Vom Handy, vom iPhone, vom
Internetcafé oder vom Tablet – und von staatlichen Überwachungs-
einrichtungen.

Tatsächlich nutzen viele diesen kostenlosen Dienst: Sie legen dort
– unverschlüsselt – ihren Terminkalender, ihr Telefonbuch, ihre persönlichen Daten, ihre Fotos, ihre geschäftlichen Aktivitäten ab. Aus
vielen kleinen, unterschiedlichen Speicherorten machen die privaten
User einen zentralen Speicherort, der im Besitz großer Firmen ist.
Komplettiert wird dieses ›Angebot‹ mit einer entsprechenden Software, die die Dateien ordnet, systematisiert, damit man schnell darauf
zugreifen kann.

Wenn diese Geschäftsidee noch nicht erfunden wäre, jeder Überwachungsstaat würde sie in den Himmel loben und mit öffentlichen
Fördergeldern/Start-up-Subventionen auf den Weg bringen. Denn sie
erspart staatlichen Überwachungs- und Verfolgungsorganen das müh-
same und zeitaufwendige Zusammentragen von Daten(-Spuren), die
an unterschiedlichen Speicherorten liegen, und in die man – wiederum Spuren hinterlassend – ›einbrechen‹ muss. Was sonst die Arbeit
eines ›Trojaners‹ ist, übernehmen fortan Cloud-NutzerInnen in Eigen-
initiative und auf eigene Kosten.

Dass das bei Markteinführung medial gelobte Cloud-System vor
illegalen und staatlichen Zugriffen geschützt ist, so die Anbieterwer-
bung, ist an Lächerlichkeit kaum zu überbieten.

Schließlich sind alle US-Firmen entweder freiwillig oder gezwun-
genermaßen zur Zusammenarbeit mit Geheimdiensten bereit und
halten mit entsprechender Technologie eine Hintertür offen. Diese
Hintertür haben US-Behörden bereits bei Verschlüsselungsprogram-
men durchgesetzt, indem sie die Anbieter dazu zwangen, den entsprechenden Dietrich in Form des Quellcodes preiszugeben. Ohne
diese Zustimmung hätten sie keine Lizenz zur kommerziellen Nutzung ihrer Programme bekommen. Öffentlich wurde diese Zusam-

menarbeit, als ein paar wenige Firmen sich weigerten, heimlich diesen ›Generalschlüssel‹ herauszugeben. Sie mussten ihr Produkt vom Markt nehmen.

Die ›Cloud‹ ist in ganz sicheren Händen…

Zu den Cloud-Firmen gehört auch der Speicherplatzanbieter ›Dropbox‹: Dorthin kann man alles Wichtige (kostenlos bis preiswert) auslagern. Und genau dort bedienen sich auch staatliche Stellen, um diese ›ausgelagerten‹ Dateien, Dokumente und Unterlagen (gut sortiert und systematisch aufbereitet) abzuschöpfen.

Dass es bei diesem Clouding-System fast so billig zugeht, wie in einem drittklassigen Western, macht eine Mitteilung des Clouding-Anbieters ›Dropbox‹ deutlich. Im April 2014 holte das Unternehmen Condoleezza Rice, unter US-Präsident George W. Bush Nationale Sicherheitsberaterin (2001–2005) und Außenministerin (2005–2009), in seinen Vorstand. Edward Snowden kommentierte diese Entscheidung so: »Die haben gerade Condoleezza Rice in ihren Vorstand geholt …, die wahrscheinlich die größte Gegnerin der Privatsphäre ist, die man sich vorstellen kann.« (*Deutsch-türkische Nachrichten*, 19.7.2014)

Massenhaft genutzt wird ›Dropbox‹ zum Hinterlegen von Bilddateien, vor allem auch privater Fotos. Da darf auch ein anderer Konzern nicht fernab stehen: »Googles Photodienst soll das gesamte Leben seiner Benutzer speichern und organisieren – mit Hilfe einer neuen App und viel künstlicher Intelligenz auf den Servern.« (*heise online*, 28.5.2015)

Dass private Konzerne Bilddateien wie Polizeidienststellen anlegen und auswerten – mit dem entscheidenden Unterschied, dass letztere nur Verdächtige erfassen dürfen, erstere den großen Rest –, beweist der Konzern ›Google‹ mit einem seiner Angebote: Er bietet seinen UserInnen an, ihre Fotos und Videos ›kostenlos‹ in ihrer ›Cloud‹ abzulegen, also auf ihre Rechner zu laden. Dort abgelegt, katalogisiert der Konzern mittels eines Gesichtserkennungsprogramms die ›privaten‹ Fotos. Den UserInnen wird dieser Service damit schmackhaft gemacht, dass anschließend virtuelle Ordner für alle Personen angelegt werden, die auf mehreren Bildern identifiziert wurden. Dahinter arbeitende neuronale Netze können zudem den Bildinhalt auslesen, die Metadaten erfassen, wie zum Beispiel die geografischen Koordinaten (›Geotagging‹) sowie Tag und Stunde des geschossenen Bildes und die in den Bildern erkennbaren Texte – was nichts anderes bedeutet, als dass sie auch zur Erstellung von Bewegungsprofilen genutzt werden können.

Dass Google damit die Bilddateien der Polizei- und Geheimdienststellen um die jener ergänzt, die bisher als ›Unschuldige‹ nicht erfasst sind, darf als ›Schutz der Heimat‹ verstanden werden.

Der Eigenanteil an der Totalüberwachung boomt – Schritt für Schritt

Grundlage überlegener Herrschaftssysteme ist, nicht gegen, sondern mit dem Willen und den Wünschen der Bürger zu arbeiten und in jede Herrschaftstechnologie bestenfalls auch einen Anteil an privater Nutzung zu implementieren.

So boomt zurzeit der Markt mit Gesundheits-Apps und elektronischen Fitnessbändern. Hier verschränkt sich das eigene Bedürfnis, gesund zu bleiben, mit dem Interesse von Unternehmern, die Kosten für erkrankte MitarbeiterInnen so gering wie möglich zu halten. Die Hersteller dieser elektronischen Überwachungsgeräte für Bio-Daten sind hochzufrieden. Denn die Freiwilligkeit derer, die sich diese elektronischen Fesseln anlegen, ist so ausgeprägt wie die Bereitschaft, noch intensiver zu arbeiten, um nicht gefeuert zu werden:

»Neun Millionen Deutsche überwachen sich nach einer Bitkom-Studie bereits selbst – durch einen Fitness-Tracker. Ist der Benutzer faul, dann tadeln die Geräte: ›Du hast Dein Bewegungsziel heute noch nicht erreicht!‹. Denn alle gesammelten Gesundheitswerte speichern die Hersteller der Fitness-Tracker und werten sie aus. Der Nutzer bekommt für seine Daten individuelle Analysen seiner Messwerte – und die personalisierte Erinnerung an ein gesundes Verhalten. Verhaltenskontrolle – für eine bessere Gesundheit.« (*Panorama, ARD*, 23.4.2015)

Immer und immer wieder setzt man dabei auf die Verschränkung von privatem und ökonomischem Nutzen. So geben in den USA und Großbritannien Krankheitskassen ›kostenlos‹ elektronische Fitness-bänder an ihre Kunden, die sich auf diese Weise im wahrsten Sinne Schritt auf Schritt vermessen zu lassen: Diese sammeln die tägliche Schrittfrequenz, die Herzrhythmen und andere Bio-Daten, um daraus ein Gesundheitsprofil zu erstellen, das ihnen wiederum einen entspre-chend angepassten Tarif einbringt.

Dass diese Überwachung bis in den Schlaf geht, beweist eine ande-re US-Firma. Sie stellt ihren MitarbeiterInnen – ganz freiwillig – eine App zur Verfügung, die sie in den Schlaf hinein verfolgt. Sie misst den Schlafrhythmus, die Unruhe. Das Unternehmen lässt diese Daten aus-werten, mit dem erklärten Ziel, den Stress abbauen zu können, der die Ausgehorchten nicht (ruhig) schlafen lässt.

Diese Entwicklung kommentierte der Soziologe Harald Welzer von der Stiftung *Futurzwei* in der angeführten *Panorama*-Sendung sehr treffend:

»In dem Augenblick, wo diese Form der Daten existiert, sind sie ver-fügbar und geben Macht an diejenigen, die darüber verfügen können. Und da das Ganze kein Nullsummenspiel ist, heißt das umgekehrt, man gibt selber auch Macht ab, und zwar Macht über sich. … Was man einfach sieht und sehen wird durch solche Entwicklungen ist, dass das Verhalten standardisiert wird. Das heißt, es wird eine Norm etabliert, dass es ganz normal ist, sich kontrollieren zu lassen. Das lässt dann sofort den Umkehrschluss zu: Was ist eigentlich faul an dem, der sich weigert, sich kontrollieren zu lassen? Das verändert im Grund genom-men die soziale Position der Menschen zueinander, also: Wer sich nicht kontrollieren lässt, ist verdächtig. … Das ist eine Entwicklung, die die Gesellschaft so radikal verändert, wie keine Entwicklung in der Nach-kriegszeit. Diese ganzen Apps und Innovationen werden eingeführt, mit scheinrationalen Argumenten, wobei immer noch dazu gesagt wird: Aber das ist doch gut für euch! Aber natürlich hat jedes totalitäre System denen, die zu ihm gehört haben, immer auch gesagt: Das ist aber sehr gut für euch.« (ebd.)

4.
Der staatliche und der neonazistische Untergrund

Die langen Schatten des Oktoberfestanschlags

»Angesichts der historischen wie aktuellen Hinweise auf eine Ver-
quickung von rechtsradikaler Gewalt und Geheimdiensten sowie
der mit dem Versagen Einzelner nicht zu erklärenden Kette von
Versäumnissen und Fehlern ist mir unverständlich, warum der
Wiederaufnahmeantrag zum Oktoberfest-Attentat 1980 so wenig
öffentliche Aufmerksamkeit erfährt.«

(Wolfgang Kaleck, in: Zeit online, *18.9.2014)*[6]

Der Terroranschlag auf das Oktoberfest in München ereignete sich am
26. September 1980. Dreizehn Personen wurden ermordet, über 200
zum Teil schwer verletzt. Kurz und doch lang genug wurde dieser Anschlag der Roten Armee Fraktion (RAF) zugeschrieben. Dann wurde
daraus ein schrecklicher Anschlag eines verwirrten und unpolitischen
Einzeltäters. Daran hielt man sich – auch ohne Fakten, denn diese
machten einen neonazistischen Anschlag, der von mehreren Personen
geplant und ausgeführt wurde, viel wahrscheinlicher als die ›Einzeltä-

---

6 Wolfgang Kaleck: Recht subversiv. Einzeltäter, Zufall, Versäumnisse – da-
   mals wie heute, Zeit Online, 18.9.2014; Rechtsanwalt Wolfgang Kaleck ist
   Generalsekretär des European Center for Constitutional and Human Rights
   (ECCHR). Zu seinen Mandanten zählt der NSA-Whistleblower Edward
   Snowden.

terthese‹. Auch mehrere Versuche, eine Wiederaufnahme der Ermittlungen einzufordern, wurden abgewiesen. Die Weigerung, mehr als einen (toten) Täter finden zu wollen, dauerte über 30 Jahre.

Ende 2014 erklärte die Bundesanwaltschaft, dass sie das Ermittlungsverfahren wieder aufnehmen werde: »Es gebe nun Hinweise, die auf ›bislang unbekannte Mitwisser‹ hindeuten könnten, sagte Generalbundesanwalt Range.« (*Der Spiegel*, 11.12.2014)

Das ist vor allem der unermüdlichen Arbeit des Opferanwaltes Werner Dietrich zu verdanken. Genau das, was Aufgabe der Ermittlungsbehörden wäre, hat er getan: Hinweisen und Zeugenaussagen zu folgen, die bis heute ›unter den Tisch fielen‹, die der Einzeltäterthese vehement widersprechen.

Der Terroranschlag auf das Oktoberfest 1980

Der Wahlkampf zur Bundestagswahl 1980 läuft auf Hochtouren. Die maßgeblichen Parteien, die um die Macht ringen, stimmen ihre WählerInnen auf eine tragödienhafte Schicksalsentscheidung ein, ganz vorneweg CSU/CDU. Ihre Parole lautet nicht mehr und nicht weniger als: ›Freiheit statt Sozialismus‹.

Das »Gespenst des Kommunismus« sollte wieder umgehen, ein Gespenst, mit dessen behaupteter Bekämpfung man einen Weltkrieg begann und verlor. Und bei der »heiligen Hetzjagd gegen dies Gespenst« verdächtigte man gar die SPD, systemüberwindende Absichten zu verfolgen. Nun galt es wieder einmal, zusammenzustehen: die Christlichen, die Nationalen, die Deutschen, die Vaterländischen, die Konservativen. Eine Einladung nach ganz rechts. Mit mörderischen Folgen.

Am 26. September 1980 explodierte im Herzen Bayerns, auf dem Oktoberfest in München, eine Bombe mit militärischem Sprengstoff, am Zugang zur Wiesn in einem Mülleimer deponiert, mit dem klaren Kalkül, x-beliebige BesucherInnen zu töten. Der Plan ging auf blutige Weise auf. Dreizehn Menschen wurden ermordet, über 200 zum Teil schwer verletzt.

Renate Martinez war Mitarbeiterin im Papierhandel. Sie hatte vor, auszuwandern und wollte mit einem Bummel über das Oktoberfest Abschied nehmen. Sie befand sich am Ausgang, »als mich die Druckwelle von hinten traf. Fast gleichzeitig konnte ich den Feuerschein sehen. ... Ich bin geflogen, und noch im Fliegen habe ich gedacht: Das werden sie den Linken in die Schuhe schieben.« (»Es war ein Alptraum«, *SZ*, 12.12.2014) Renate Martinez sollte Recht behalten.

Die Spuren waren noch nicht gesichert, geschweige denn ausgewertet, da ließ der Bundeskanzlerkandidat von CSU/CDU, Franz Josef Strauß, die nächste Bombe platzen. Er bezichtigte die RAF des Anschlages und bot sich sogleich als der Mann an, der mit diesem ›Terror von links‹ ein für alle Mal aufräumen würde.

Sowohl die Bombe als auch die Rettervision passten in die Schicksalsinszenierung. Nur einer der Toten nicht. Bereits einen Tag später stand fest, dass sich auch ein Attentäter unter den Opfern befand: Gundolf Köhler. Seine persönliche und politische Biografie war nicht zu übersehen. Er hatte ein Hitlerbild über seinem Bett hängen. Die RAF verschwand aus dem Fokus, das Hitlerbild auch. Aus Gundolf Köhler wurde in den folgenden zwei Jahren ein junger verwirrter Mann, ein Einzeltäter, der alles hatte, nur kein politisches Motiv. Das war dann auch das Ermittlungsergebnis – bis heute.

Was macht also das Wiederaufnahmeverfahren so brisant, während gleichzeitig der NSU-Prozess in München läuft, der sich der lückenlosen Aufklärung der Mord- und Terrorserie des NSU verschrieben hat?

Es gibt drei Ebenen, die sich hier ineinanderschieben und sich auf verblüffende Weise überschneiden:
- ZeugInnen, Rechtsanwälte, Journalisten bezweifeln seit Jahren die Einzeltätertheorie und werfen den Ermittlungsbehörden vor, Spuren und Erkenntnissen nicht zu folgen, die einen neonazistischen Hintergrund belegen und die Beteiligung von mehreren Personen verifizieren.
- Während immer wieder unterschlagene und neue Fakten öffentlich werden, werden asservierte Beweise Zug um Zug vernichtet. Bereits ein knappes Jahr nach dem Oktoberfestanschlag werden

48 Zigarettenkippen aus Köhlers Auto entsorgt. Dann werden die sichergestellten Bombensplitter für eine spätere Beweiswürdigung vernichtet. Und als wären diese Straftaten im Amt nicht genug, verschwindet eine Hand auf unerklärliche Weise: »Die Bundesanwaltschaft bestätigte …, dass keine Spuren des Attentats mehr vorhanden sind. ›Die Asservate wurden Ende des Jahres 1997 vernichtet, weil der Fall als aufgeklärt gilt und sämtliche Ermittlungen nach eventuellen Mittätern ergebnislos verlaufen sind‹, sagte Sprecher Frank Wallenta.« (*SZ*, 17.5.2010) Begleitend und unterstützend verschwinden Akten bzw. werden unter Verschluss gehalten.

• Die Frage steht im Raum: Warum weigern sich staatliche Behörden so vehement dagegen, den neonazistischen Hintergrund dieses Anschlages aufzuklären? Gibt es etwas zu verteidigen, zu schützen, was weit über eine neonazistische Tat hinausreicht? Welches Motiv haben Politiker, Ermittler und Journalisten, die ›Einzeltäterthese‹ zu decken? Warum wird bis heute jeder Zusammenhang zur neonazistischen ›Wehrsportgruppe Hoffmann‹ und anderen paramilitärisch organisierten Neonazis (wie den ›Deutschen Aktionsgruppen‹) geleugnet?

Was macht also diesen neonazistischen Mordanschlag in München 1980 so brisant und aktuell?

Der Terroranschlag auf das Oktoberfest in München 1980 wirft lange Schatten – bis in die Gegenwart

Wer glaubt und hofft, vorsätzlich falsche Ermittlungen, die Vernichtung von Beweisen, Falschaussagen im Amt, das (Ver-)Decken neonazistischer Strukturen und der politische und mediale Wille, all das zu schützen, würde nur den NSU-VS-Komplex beschreiben, der sollte sich im besten Sinne desillusionieren lassen.

Denn das, was (im besten Fall) als Ermittlungspannen (damals wie heute) ausgegeben wird, wird eben nicht durch ›bedauerliche Zufälle‹ zusammengehalten, sondern durch die Zusammenarbeit aller Behörden und aller politischen Institutionen, die an der (Nicht-)Aufklärung beteiligt waren und sind. Die Hoffnung auf etwas Einmaliges, nämlich auf eine Vielzahl von Zufällen, dient vielleicht auch dem Schutz vor der Tatsache, dass dies eine lange, weitgehend ungestörte Kontinuität hat. Kaum eindringlicher lässt sich dies am Oktoberfestanschlag in München 1980 nachzeichnen.

Aber es gibt noch eine viel wichtigere Überschneidung. Im NSU-Kontext kann man an *Details* belegen, wo und wie staatliche Behörden den Aufbau eines neonazistischen Untergrundes ermöglicht bzw. nicht verhindert haben. Ob diese vielen Puzzlestücke ein Bild ergeben, ob sie nur ›spontan‹ zusammenwirken oder eine Systematik abbilden, ist noch offen. Auch die Frage, ob und wann staatliches Handeln zentral veranlasst, koordiniert und gedeckt wurde (wie z. B. die Aktenvernichtungen in allen Behörden ab November 2011).

Die Linie zwischen aktivem Gewährenlassen und direkter Unterstützung eines neonazistischen Untergrundes ist im NSU-Kontext schwer zu ziehen, vor allem im Hinblick auf den Gesamtkomplex.

Ganz anders sieht es hingegen mit dem neonazistischen Terror der 1970er und 80er Jahre aus. Was auch damals als schriller Alarmismus und blanke Verschwörungstheorie abgetan wurde, trägt spätestens seit 2013 ein staatliches Hoheitssiegel: Seit über 40 Jahren wurden neonazistische Gruppierungen als legale und terroristische Variante gestärkt und gedeckt und in einen staatlichen Untergrund integriert. Dieser staatseigene Untergrund bekam den Namen ›Stay behind‹. Bewaffnet, angeleitet und instruiert wurde er vom jenem BND, der 1956 aus der Organisation Gehlen hervorgegangen war und damit organisatorisch und personell in direkter Kontinuität zu der nachrichtendienstlichen Wehrmachtabteilung »Fremde Heere Ost« stand. Laut einem inzwischen öffentlichen, vormals als »geheim« vermerktem CIA-Papier von September 1984 verfügte der BND zu der Zeit über 75 Mitarbeiter, die im Rahmen des Stay-behind-Programms agierten.[7]

---

7   Vgl. Link zu dem Papier unter: https://de.wikipedia.org/wiki/Bundesnach-richtendienst.

Das hört sich auch heute noch ungeheuerlich an. Man fühlt sich gleichzeitig an die ›Banalität des Bösen‹ (Hannah Arendt) erinnert, wenn man dazu die Antwort der Bundesregierung auf eine Anfrage der Partei Die Linke liest. Auf die parlamentarische Anfrage des Bundestagsabgeordneten Andrej Hunko (Die Linke), »welche eigenen Anstrengungen … die Bundesregierung in den letzten 20 Jahren unternommen (hat), um die Beteiligung ihrer Behörden an weiteren Tätigkeiten der besagten Gladio- bzw. Stay-behind-Truppe der NATO auszuschließen oder zu bestätigen«, erklärte Staatsminister Eckart von Klaeden (CDU):

> »Infolge der weltpolitischen Veränderungen hat der Bundesnachrichtendienst in Abstimmung mit seinen alliierten Partnern zum Ende des 3. Quartals 1991 die Stay-behind-Organisation vollständig aufgelöst.« (Plenarprotokoll 17/236, Anlage Nr. 15, S. 64, 24.4.2013)

Was hier in einem Satz ad acta gelegt wird, ist keine Verordnung für alte Glühbirnen, sondern die jahrzehntelange Zusammenarbeit von Neonazis und Geheimdiensten, mit einer Blutspur, die sich durch das ganze westliche Europa zieht.[8]

Ende der 1950er Jahre wurde auf NATO-Ebene beschlossen, Faschisten in einem geheimen Programm zu bewaffnen und auszubilden, um sie als irreguläre Einheiten einzusetzen. Das Szenario, das die Wiederbewaffnung von Faschisten in Europa rechtfertigen sollte, ging von einem militärischen Überfall der Sowjetunion auf den Westen aus. Die Faschisten sollten darin die Aufgabe übernehmen, sich ›überrollen‹ zu lassen, um dann hinter den Linien den kommunistischen Feind zu bekämpfen. Aus dieser Zeit stammt auch der Name dieses Programmes: ›Stay behind‹. Dazu legte man über die ganze Bundesrepublik verteilt geheime Waffendepots an und unterrichtete die Neofaschisten in Techniken des Nachrichtenwesens und der Sabotage.

---

8   Vgl. ausführlich: Daniele Ganser: NATO-Geheimarmeen in Europa. Inszenierter Terror und verdeckte Kriegsführung, 6. Aufl., Zürich 2014.

In den 1970er Jahren passte man das Bedrohungsszenarium den veränderten Bedingungen an. Die ›Russen‹ kamen nicht – aber der Feind, der die ›rote Gefahr‹ ersetzen sollte, war schon da. Durch die zahlreichen Proteste und Bewegungen in Europa in Anschluss an die 68er-Revolten sah man Regierungen oder gar die kapitalistische Ordnung in Gefahr. Was mit legalen Mitteln nicht mehr unterdrückt werden konnte, sollte mithilfe dieser faschistischen Reserve bekämpft werden. In Italien bekam diese Form des Staatsterrorismus den Namen ›Gladio‹. Faschisten sollten durch gezielte Angriffe auf AntifaschistInnen die Linke schwächen, und durch Anschläge auf linke Parlamentarier ein Klima schaffen, das der Regierung freie Hand dabei geben sollte, Schutzrechte außer Kraft zu setzen oder gar einen Militärputsch zu legitimieren (wie dies als *Worst Case* geplant war, und der 1980 in der Türkei nach genau diesem Muster durchgeführt wurde). Im Rahmen einer ›Strategie der Spannung‹ gehen Hunderte von Toten und Dutzende von Bombenanschlägen auf das Konto dieser Staybehind-Operationen. Anfang August 1980, nur wenige Wochen vor dem Oktoberfestanschlag, kam es zu einem Bombenanschlag auf den Bahnhof von Bologna (Italien), bei dem 85 Menschen starben und über 200 schwer verletzt wurden.

In einigen Ländern wurde die Geschichte dieses Staatsterrorismus politisch aufgearbeitet, zumindest in Angriff genommen, wie in Italien, der Schweiz und zuletzt in Luxemburg. Und in Deutschland? Hat die lapidare Erklärung der Bundesregierung aus dem Jahre 2013 Entrüstung, Empörung ausgelöst? Wurde auch nur einmal im Parlament die Frage laut gestellt: Wer hat diesen Staatsterrorismus politisch befürwortet und gedeckt? Wer ist bis heute politisch und strafrechtlich dafür verantwortlich? Welche Terroranschläge tragen die Handschrift von ›Stay behind‹? Dabei geht es nicht nur um den Oktoberfestanschlag in München, sondern auch um das Attentat auf einen jüdischen Buchhändler in Nürnberg 1980 oder den Brandanschlag auf das jüdische Altersheim und Gästehaus in München 1970, bei dem sieben Menschen ermordet wurden. Anschläge, die bis heute ›unaufgeklärt‹ sind.

Auch wenn die Entscheidung der Bundesanwaltschaft erfreulich ist, die Ermittlungen im Fall des Oktoberfestanschlages 1980 wieder aufzunehmen, so wundert doch sehr, dass mit keinem einzigen Wort ein möglicher Zusammenhang zu besagten Stay-behind-Terrorgruppen hergestellt wird.

Die Frage: Wer hat diesen Staatsterrorismus ermöglicht und gedeckt, ist nicht nur im Hinblick auf diesen staatseigenen Untergrund von grundsätzlicher Bedeutung. Nicht minder wichtig ist es, öffentlich und vernehmbar die Frage zu beantworten: Warum wurde die Einzeltäterthese bis zuletzt – auf Teufel komm raus – verteidigt? Wohin kommt man, wenn man den zahlreichen Spuren zu weiteren Neonazis folgt?

Wenn heute unbestritten ist, dass Neonazis vom BND, d.h. einer dem Kanzleramt unterstellten Dienststelle, in Stay-behind-Operationsgruppen organisiert wurden, dann ist es Aufgabe der Bundesregierung, im Detail zu belegen, woran sich diese Terrorgruppen beteiligt haben.

Kann es also sein, dass die Einzeltäterthese nicht von Fakten gedeckt wird, sondern einzig und allein von dem geballten Willen, den Weg zu Mittätern zu versperren, die in Verbindung zu ›Stay behind‹ standen?

Gundolf Köhler war nur in den Augen der Ermittlungsbehörden unpolitisch. Um diese Lüge nicht zu gefährden, war man bereit, selbst die Beweislage zu manipulieren: »In Gundolf Köhlers Zimmer in Donaueschingen fanden die Polizisten seinen Wikingjugend-Ausweis – und ließen ihn liegen.« (»Vernichtete Spuren. Ermittlungsfehler« mit Tradition«, *BR*, 31.1.2015.)

Auch seine engen Verbindungen zur ebenfalls neonazistischen ›Wehrsportgruppe Hoffmann (WGH)‹ waren den Ermittlern bekannt, was auch zahlreiche Zeugen zu Protokoll gegeben hatten. Diese Begeisterung ging so weit, dass er selbst eine ›Wehrsportgruppe‹ im Raum Donaueschingen gründen wollte. (Vgl. Bundestagsdrucksache 18/3117, S. 17)

Köhler war nicht alleine am Tatort. Zeugen hatten mindestens zwei weitere Personen an jenem Mülleimer gesehen, in dem die Bombe platziert worden war. Eine Zeugenbeobachtung war so präzise, dass sie auch von einem Streit zwischen drei Personen berichten konnte.

Der ehemalige Beamte, der sich 2014 als Zeuge bei Rechtsanwalt Dietrich meldete, würde nicht nur die bisherigen Zeugenaussagen bestätigen. Er würde den Tatablauf um ein entscheidendes Puzzle ergänzen. Der Beamte war am Tag des Oktoberfestanschlages mit fünf weiteren Arbeitskollegen auf dem Weg zur Wiesn. Kurz vor der Detonation standen sie zusammen vor dem Ausgang des Oktoberfestes. In dieser Zeit beobachtete er einen

»jungen Mann, der zunächst zu einem schwarzen Auto gegangen sei, das am Bavariaring geparkt war. Darin sollen vorne zwei, hinten mindestens eine Person gesessen haben. Mit diesen habe er durch das heruntergekurbelte Fenster gesprochen. Dann sei der Mann, den er bis heute sicher für Gundolf Köhler hält, zu jenem Papierkorb gegangen, in dem dieser den Ermittlungen zufolge die Bombe zündete.« (*SZ*, 8.12.2014)

Kurze Zeit später detonierte die Bombe. Dass der Beamte diesen Anschlag überlebt hatte, verdankte er einer Person, die vor ihm stand und durch die Wucht der Explosion auf ihn fiel – und wenig später an den schweren Verletzungen starb. Diesem tragischen Umstand verdankt er, dass ihn ›nur‹ einige Metallsplitter trafen, die er bis heute mit sich herumträgt. Genauso lang trägt er den Ärger mit sich herum, dass seine damaligen Aussagen keinen Eingang in die Ermittlungen gefunden hatten – im Gegenteil: sie störten nur: »Doch jetzt will er sich mit dem Vergangenen auseinandersetzen – damit den 13 Toten und 211 Verletzten des Anschlags mit einer neuen Suche nach den Hintergründen der Tat Gerechtigkeit widerfahren kann.« (ebd.)

Lassen sich seine Aussagen verifizieren, dann müssten Polizei und Staatsanwalt die Frage beantworten, warum sie diesen Aussagen, die der Beamte bereits damals gegenüber der Polizei gemacht hatte, nicht nachgegangen sind. Außerdem müssten sie eine Erklärung dafür finden, warum sich nach Kenntnis des Rechtsanwaltes diese Aussagen nicht mehr in den Ermittlungsakten finden, was einer Manipulation von Ermittlungserkenntnissen gleichkäme.

Damit werden die Ermittlungsbehörden ziemlich alleine dastehen. Ganz anders hingegen der ehemalige Beamte. Dem Rechtsanwalt

Dietrich ist es gelungen, alle ehemaligen Kollegen dieses Oktoberfest-Ausfluges ausfindig zu machen. Allesamt sind sie bereit, entsprechende Aussagen zu machen.

Auch die Spezifika der Bombe könnten zu Mitwissern führen. Belegt ist, dass es sich um militärischen Sprengstoff handelte. Genau dieser Spur ging ein *ZDF*-Beitrag von März 2014 nach:

> »Am 27. September, einen Tag nach dem Anschlag in München, sagten zwei deutsche Rechtsextremisten bei der bayrischen Polizei aus. Sie wiesen auf einen Gleichgesinnten hin, auf Heinz Lembke, einen Förster aus Uelzen. Die Neonazis machten klare Angaben: ›Herr Lembke zeigte uns verschiedene Sprengstoffarten, Zünder, Lunten, Plastiksprengstoff und militärischen Sprengstoff … Er sagte uns, dass er mehrere Waffenverstecke im Wald habe.‹« (*Frontal 21, ZDF,* 25.3.2014)

Obwohl die Ermittler sowohl von diesen Aussagen wussten, also auch Kenntnis davon hatten, dass Heinz Lembke Verbindungen zu verschiedenen neonazistischen Organisationen und »enge Kontakte zur WSG Hoffmann hatte« (*taz,* 7.8.2009), unternahmen sie lange nichts.

Ein Jahr später, im Oktober 1981, wurde man – dank eines Waldarbeiters – rund um die Försterei Lembke fündig: Auf über 30 Erddepots verteilt wurden unter anderem 156 Kilo militärischer Sprengstoff, 230 Kilo Sprengkörper, 256 Handgranaten, 50 Panzerfäuste entdeckt. Heinz Lembke arbeitete anhand einer von ihm selbst erstellten Liste beim Auffinden dieser Waffenlager bereitwillig mit – nur bei einem Depot nicht, das die Nummer 82 trug: »Er verweigerte die Lokalisierung eines als Depot 82 bezeichneten Verstecks, weil dessen Inhalt geeignet sei, andere Personen zu belasten. Dieses Versteck konnte nicht aufgefunden werden.« (Bundestagsdrucksache 18/3117, S. 7)

Liest man die Antwort der Bundesregierung aufmerksam, müsste man doch die Frage stellen: Warum wurde das Depot Nr. 82 nicht gefunden? Denn selbst wenn Herr Lembke hier nicht mitgearbeitet haben soll, wäre es doch ein Leichtes, anhand der Liste und der dort verzeichneten Lokalisierungsdaten, das Depot zu finden. Hatten der

Neonazi Lembke und die Ermittler ein gemeinsames Interesse daran, genau jenes Depot nicht zu finden, das zu weiteren Beteiligten führen würde? Die Spekulation darüber könnte sehr schnell beendet werden, indem man die Liste öffentlich zugängig machte und dabei von unabhängigen Gutachtern überprüfen ließe, ob an diesem Originaldokument Manipulationen vorgenommen wurden.

Wer dermaßen kalkuliert kooperiert, hat nicht mit dem Leben abgeschlossen. Genau das soll aber passiert sein: »Nach seiner Verhaftung kündigt Lembke an, seine Hintermänner zu nennen. Doch dann fand man ihn erhängt in seiner Zelle.« (ebd.)

Wenn man sich die Dimension dieser paramilitärischen Anlage vergegenwärtigt, dann deckt sich all das mit der Infrastruktur der Stay-behind-Operationen, die für Sabotageaktionen klandestine Waffen- und Sprengstoffdepots angelegt hatten. Die Wahrscheinlichkeit, dass Lembke nicht nur Neonazis, sondern im Auftrag des BND diese Depots angelegt hatte und damit im Dienst einer staatlich beauftragten Terrorgruppe stand, ist naheliegend.

Aus diesem Grunde wurde in einer Kleinen Anfrage (Bundestagsdrucksache 18/3117) auch die Frage gestellt, welche Beziehungen Heinz Lembke zu Stay-behind-Operationsgruppen unterhielt. Die Antwort darauf brachte kein Licht ins Dunkel: »Zu dieser Frage … liegen der Bundesregierung keine Informationen vor.« (S. 14)

Denn bei der nächsten Frage, ob Heinz Lembke V-Mann oder auf eine ähnliche Weise für den Geheimdienst tätig war, schnellten die Schutzinteressen des Staates dermaßen in die Höhe, dass die Rechte des Parlaments darunter begraben wurden. Dabei greift die gängigste und auch hier lang ausgeführte Schutzbehauptung, man habe ggf. die Unversehrtheit eines ›V-Mannes‹ zu schützen, nicht wirklich: Er ist bereits lange tot. Was vielmehr – bis heute – gedeckt wird, sind staatsterroristische Strukturen.

Ob sich hier ein Kreis schließt, kann unter anderem der BND bzw. das Bundeskanzleramt beantworten, indem die verantwortlichen Stellen alle Unterlagen zu ›Stay behind‹ freigeben und endlich Aufklärung darüber betreiben, welche Neonazis und welche neonazistischen Organisationen in ihrem staatseigenen Untergrund integriert waren.

Dazu zählt auch die politische und juristische Verantwortung dafür zu übernehmen, dass die Bundesregierung bis heute keine Ahnung habe, was mit dem Waffenarsenal passierte, als man Ende 1991 ›Stay behind‹ für aufgelöst erklärte.

Wenn statt Sabotage der Ermittlungen Aufklärung betrieben würde, könnte anhand der Stay-behind-Akten auch geklärt werden, ob die von Lembke angelegten und verwalteten Waffendepots zum Bestand dieser staatsterroristischen Struktur gehört haben.

Eine neue Verteidigungslinie

In dem besagten Beitrag *Endlich* der *Süddeutschen Zeitung* stehen nicht nur wichtige Details. Fast durchgehend kommt darin ein Staatsanwalt zu Wort, der damals die Ermittlungen leitete: Klaus Flieger. Verdutzt reibt man sich die Augen, wenn man dessen und die Sicht seiner Kollegen genau liest:

>»Sie hatten von Anfang Zweifel an der Einzeltätertheorie, aber alles, was sie anpackten, lief ins Leere. Sie fanden nicht heraus, wer die beiden Männer waren, die kurz vor der Explosion erregt auf Köhler einredeten. Nicht, wer die 48 Zigarettenkippen geraucht hat, die in seinem Auto gefunden wurden, im vorderen und hinteren Aschenbecher, mit und ohne Filter.« (*SZ*, 24.11.2014)

Wenn der ermittelnde Staatsanwalt Klaus Flieger ein politisches Motiv, einen neonazistischen Kontext für evident betrachtete, wenn er von Anfang an Zweifel an der Einzeltäterversion hatte, dann müsste er folgende Frage beantworten können: Warum steht davon nichts in den damaligen Presseerklärungen? Warum wurde der neonazistische Hintergrund der Tat geleugnet? Warum wurden die Zweifel an einem verwirrten Einzeltäter nicht benannt?

Tatsächlich decken sich die Erinnerungen des damaligen ermittelnden Staatsanwalts nicht im Geringsten mit dem, was man in den Akten dazu lesen kann. Sie belegen genau das Gegenteil!

Nur drei Wochen nach dem Anschlag trafen sich im Münchner Landeskriminalamt alle, die in diesen Fall involviert waren: Die Sonderermittler der ›Soko Theresienwiese‹, Mitarbeiter des BKA, die Staatsanwaltschaft und Mitarbeiter des BND. Zu welchem Ergebnis dieser illustre Kreis kam, steht in den jetzt zugänglichen BND-Akten. Demnach waren die Beteiligten davon überzeugt, dass Gundolf Köhler »aufgrund des eindeutigen Ermittlungsergebnisses Alleintäter« (»Fokussiert auf den Einzeltäter«, *SZ*, 12.12.2014) gewesen sei. Einem möglichen ›Gruppenbezug‹ ging man nur noch nach, »um möglichen späteren Vorwürfen vorzubeugen«. Viel deutlicher kann man ein Ermittlungsergebnis nicht festlegen, das nur eine Ermittlungsrichtung kannte.

Wenn also der damalige ermittelnde Staatsanwalt Klaus Flieger tatsächlich diese Zweifel »von Anfang an« hatte, dann muss er die Fragen beantworten: Wer war demnach Herr dieses Verfahrens? Wer hat das Ergebnis nur drei Wochen nach dem Terroranschlag vorgegeben – gegen die Auffassung der Staatsanwaltschaft, die in einem Ermittlungsverfahren das Sagen hat?

Und wenn es stimmt, dass man von mehreren Tätern, einer Gruppe ausging, dann wäre dies doch ein Grund mehr, alle Asservate zu sichern anstatt zu vernichten, um sie bei einer besseren Beweislage verwenden zu können. Warum ist bei dem größten Terroranschlag in der Geschichte der BRD genau das Gegenteil geschehen, und das obwohl Mord nicht verjährt?

Antworten finden sich mit Sicherheit im Archiv des BND – falls die Akten nicht geschreddert sind.

Ein Whistleblower namens Helmut Schmidt?

Wenn man dem damaligen Staatsanwalt Klaus Flieger glauben darf, dass alle Anstrengungen ins Leere liefen, dann gäbe es heute viele Möglichkeiten, diese Leere zu füllen: Durch die Öffentlichmachung aller Unterlagen, die ›Stay behind‹ betreffen. Akten zur ›Wehrsportgruppe Hoffmann‹, die beim BND liegen und die Bundesanwälte bis heute nicht in ihre Ermittlungen einbeziehen konnten.

Auf dem Weg dorthin könnte auch ein ausgezeichneter Tippgeber mit größtmöglicher Quellenglaubwürdigkeit helfen: Helmut Schmidt, Bundeskanzler von 1974 bis 1982, ein Zeitzeuge mit Insiderwissen. 2007 gab er der *Zeit* ein Interview mit erstaunlichem Inhalt:

> »*Die Zeit:* Gab es denn eine besondere Form des Terrorismus in Deutschland durch Baader, Meinhof und die anderen?
> *Schmidt:* Ich habe den Verdacht, dass sich alle Terrorismen, egal, ob die deutsche RAF, die italienischen Brigate Rosse, die Franzosen, Iren, Spanier oder Araber, in ihrer Menschenverachtung wenig nehmen. *Sie werden übertroffen von bestimmten Formen von Staatsterrorismus.*
> *Die Zeit:* Ist das Ihr Ernst? Wen meinen Sie?
> *Schmidt: Belassen wir es dabei. Aber ich meine wirklich, was ich sage.*«[9]

Die Ermittlungen zum Oktoberfestanschlag wurden Ende 2014 wieder aufgenommen.

---

9   Deutscher Herbst: »Ich bin in Schuld verstrickt«, Interview von Giovanni di Lorenzo mit Helmut Schmidt, in: Die Zeit, Nr. 36/2007 (zeit.de); Hervorhebung: W. W.

5.
Der Staatsanteil am neonazistischen Terror

»Eine Verschwörungstheorie ist es, wenn man wie der Generalbundesanwalt sagt: Es waren drei und sonst niemand. Das hat mit der Realität nichts zu tun. Ich habe mal an der Richterakademie ein Referat gehalten und hatte beim Abendessen noch ein Gespräch mit Beteiligten, da wurde mir gesagt: Tja, wenn wir die V-Leute im NSU-Prozess zum Thema machen, dann ist das ein Fass ohne Boden.«

(Prof. Hajo Funke, in: junge Welt, 18./19. Juli 2015)

Wenn man die Verhinderung der Aufklärung des Terroranschlages auf das Oktoberfest in München 1980 präsent hält, fällt es leichter, die bis heute aufrechterhaltenen Erklärungen für das »komplette Behördenversagen« im Kontext der dreizehn Jahre währenden Terror- und Mordserie des NSU einzuordnen.

Laut Behördenangaben werden dem NSU zwischen 2000 und 2011 neun Morde, ein Mordanschlag auf Polizisten in Heilbronn 2007, mehrere Bombenanschläge und zahlreiche Banküberfälle zugeordnet. Denselben Behörden zufolge hatten diese über elf Jahre keine ›heiße Spur‹. Genauso lange wollen sie nichts von der Existenz dieser neonazistischen Terrorgruppe gewusst haben. Bis zum Jahr 2011 ›wussten‹ dieselben Behörden, dass die Morde im ausländischen Milieu begangen wurden. Man bezeichnete sie als ›Döner-Morde‹ und suchte die Täter im Umfeld der Opfer.

Rund 35 Jahre nach dem Oktoberfestanschlag ist vieles im NSU-
VS-Komplex so, als ob ein Remix der 80er-Jahre-Ermittlungen (mit
kleinen Updates) ablaufen würde. Das betrifft nicht nur die mit allen politischen und juristischen Mitteln betriebene Nichtaufklärung,
sondern auch den Umstand, dass man Täter schützen wollte, die am
jeweiligen Terroranschlag beteiligt gewesen waren. Die ständigen Be-
teuerungen, man habe aus (möglichen) Fehlern gelernt, müssen wie
blanker Hohn klingen, wenn man den NSU-Komplex wie eine Folie
darüberlegt. Beängstigend vieles gleicht dem damaligen Prozedere,
das gekennzeichnet war von:

- der Erfindung einer Einzeltätertheorie, obwohl sehr schnell klar
  war, dass an dem Terroranschlag mehrere Personen beteiligt waren,
- der völligen Entpolitisierung des Anschlages (›irrer Einzeltäter‹),
  nachdem man den Anschlag erfolglos der Linken in die Schuhe
  geschoben hatte,
- der Vernichtung bzw. Nichtberücksichtigung von Beweisen, der
  Denunziation von ZeugInnen, die das Ermittlungsergebnis gefähr-
  deten,
- der bis heute anhaltenden Weigerung, Ermittlungen aufzunehmen,
  die der Frage nachgehen, ob der Oktoberfestanschlag 1980 das operative und personelle Know-how der Stay-behind-Organisationen
  nutzen konnte, also die Frage nach der staatlichen Mit- bzw. Beihilfe.

Vergleicht man diese Parameter mit den Gewissheiten, die im NSU-
Kontext politisch und juristisch postuliert werden, dann bekommt
man das Gefühl, Tiefgefrorenes wird nun wieder aufgetaut.

- Auch nach über zwei Jahren Verhandlungsdauer wird im NSU-
  Prozess in München in geradezu kafkaesker Manie an der Ankla-
  geschrift festgehalten. Diese geht von drei Annahmen aus, die als
  Gewissheiten präsentiert werden: Bis heute gehen Anklagevertretung und Gericht davon aus, dass der NSU aus drei Mitgliedern
  bestanden habe, auf der Anklagebank säße die letzte Überleben-
  de: Beate Zschäpe.

• Der NSU sei eine hoch konspirative Zelle gewesen und hätte keine strukturellen Verknüpfungen zu anderen neonazistischen Gruppierungen (Blood & Honour, Combat 18 usw.) unterhalten. Verbindungen und Übereinkünfte, die auch im Kontext der Terror- und Mordserie genutzt und wirksam wurden, werden folglich ausgeblendet.

• Staatliche Stellen sind weder im politischen noch strafrechtlichen Sinne dafür zu belangen, dass es den NSU geben konnte, dass mögliche Festnahmen verhindert, Ermittlungsarbeiten sabotiert, Tatverdächtige gedeckt worden sind.

Dies erklärte der Bundesanwalt Herbert Diemer bereits zu Beginn des Prozesses (2013), und daran hält die Bundesanwaltschaft bis heute fest: »Wir haben bisher noch keine Hinweise auf lokale Unterstützer, auch noch keine Hinweise auf die Verstrickung staatlicher Behörden gefunden.« Um dieses Ergebnis über die Ziellinie zu bringen, wird alles getan: Man konstruiert einen NSU aus drei Mitgliedern, obwohl dieser selbst von einem ›Netzwerk der Kameraden‹ spricht.

Man unterschlägt bis heute, dass über 40 V-Leute im Nahbereich des NSU aufgeflogen sind – meist aufgrund von Recherchen aus Antifa-Zusammenhängen. Staatlich geführte Neonazis, die den NSU ideologisch und materiell unterstützt haben – durch Bereitstellung von Ausweisen, Unterkünften, Geld, Waffen etc.

Man vernichtet Hunderte von Akten, die die Tätigkeit dieser V-Leute dokumentiert haben. Man präpariert sie für belanglose ›Teilaussagen‹, weil alles andere das ›Staatswohl‹ gefährden würde.

Man lässt Beweismittel verschwinden, man erklärt Zeugenaussagen für unglaubwürdig, wenn sie die eigene Beweisführung gefährden bzw. ad absurdum führen würden.

Und seit 2014 sterben auch ZeugInnen, die der offiziellen Version im Weg stehen, wie Florian Heilig, Melissa Marijanovic und Thomas Richter (der als V-Mann ›Corelli‹ geführt wurde):

• Florian Heilig stirbt acht Stunden vor seiner Zeugenvernehmung, indem er sich in seinem Auto um 9 Uhr früh *selbst verbrennt*, aus Liebeskummer.

- Melissa Marijanovic stirbt an den Folgen einer Knieprellung. *Lungenembolie.*
- Und Thomas Richter stirbt an einer ›an einer nicht erkannten Zuckererkrankung‹, nachdem unabwendbar war, dass er als Zeuge im NSU-Prozess in München erscheinen muss.

Das sind die offiziellen Todesursachen. Doch wie oft hat sich in dem ganzen Komplex schon die offizielle Version an Indizien und Fakten blamiert?

All dies führt für kurze Zeit zu Schlagzeilen, denen ›schwerwiegende Fragen‹ folgen. Dann verschwinden die Fragezeichen wieder und das Publikum ist müde ob dieser systemischen ›Ungereimtheiten‹.

So wird es auch den Enthüllungen von Juni 2015 gehen. Wieder geht es um einen Neonazi, der als V-Mann geführt wurde. Es geht um die Rolle des mutmaßlichen Neonazis Johann H. aus Köln, der zusammen mit Axel Reitz (dem »Hitler von Köln«) lange Zeit zu den führenden Figuren der Kölner Neonazi-Szene gehörte. Im Juli 2015 machten Stefan Aust und Dirk Laabs, die Autoren des Buches *Heimatschutz. Der Staat und die Mordserie des NSU*, in der *Welt am Sonntag* folgende Hintergründe zum Bombenanschlag in der Kölner Probsteigasse von 2001 öffentlich:

»Eines irritierte die Ermittler [des BKA]: Zwar hatte sich der NSU zum Anschlag in der Probsteigasse bekannt, aber der Bombenleger auf dem Phantombild hatte keinerlei Ähnlichkeit mit Böhnhardt oder Mundlos. Deshalb schickte das BKA das Bild im Februar 2012 an das Bundesamt für Verfassungsschutz (BfV), mit der Bitte um Hilfe bei der Identifizierung des Mannes. Der Inlandsgeheimdienst leitete das Bild unter anderem an den Verfassungsschutz in Nordrhein-Westfalen weiter. Der Geheimdienst in Düsseldorf wurde zu diesem Zeitpunkt seit drei Jahren von Mathilde Koller geführt, seit über 20 Jahren Verfassungsschützerin. Koller verfasste umgehend mehrere dienstliche Erklärungen. In einer ersten Version schrieb sie, das Phantombild weise ›Ähnlichkeiten‹ mit … Johann [H.], genannte ›Helle‹, lange Jahre in der Kameradschaftsszene aktiv – Anhaltspunkte für eine Tatbeteiligung des inzwischen 48-Jährigen bestünden aber nicht. Doch Koller schrieb eine Woche später noch einen Vermerk, den sie als ›geheime Verschlusssache‹ einstufte, die höchste Sicherheitskategorie. … In diesem Vermerk, den Koller für die Bundesanwaltschaft verfasst hat, lüftet die Verfassungsschutzchefin ein brisantes Geheimnis: ›Johann Detlef [H.] ist seit 1989 als geheimer Mitarbeiter für den Verfassungsschutz Nordrhein-Westfalen tätig.‹ Koller schreibt also explizit, dass [H.] ein ›geheimer Mitarbeiter‹ war. Der Mann, dem die Verfassungsschutz-Chefin in ihrem ersten Schreiben Ähnlichkeit mit dem Bombenleger aus der Probsteigasse bescheinigt hatte, dessen Namen sie erstmals ins Spiel gebracht hatte, war also ein Verfassungsschutz-Spitzel.«[10]

Zwei weitere von vielen Beispielen mögen die zahllosen ›Ungereimtheiten‹ veranschaulichen.

Das erste greift den Fall eines Zeugen auf, der sich am 16. September 2013 acht Stunden vor seiner Zeugenvernehmung qualvoll selbst verbrannt haben soll – in seinem Auto, aus Liebeskummer, um neun Uhr morgens. Dieser »Fall« sorgte für erstaunlich wenige Schlagzeilen, als hätte man Angst, dass man – früher oder später – selbst darunter begraben werden könnte.

Der zweite »Fall« beschreibt Ereignisse und Umstände, die selbst als Drehbuch für einen drittklassigen Ganovenfilm nicht angenommen worden wären: Es geht um den neonazistischen Mord an dem Internetbesitzer Halit Yozgat in Kassel 2006, bei dem ein Geheimdienstmitarbeiter, der in seiner Jugend »Klein-Adolf« gerufen wurde, einen Neonazi als V-Mann führte, anwesend war und seitdem um seine Erinnerung ringt …

Anhand dieser beiden Beispiele soll deutlich werden, dass es sich bei alldem um mehr handelt, als um stümperhafte Polizeiarbeit, bedauerliche Pannen, rassistisch motivierte Ermittlungsarbeiten und andere folgenlose Eingeständnisse.

---

10 Stefan Aust/Dirk Laabs: Die dubiosen Ermittlungen zum Kölner Neonazi »Helle«, www.welt.de, 14.6.2015.

Es geht um die Fragen: Warum wiederholt sich dies an jedem Tatort, bei allen Morden, die dem NSU zugeschrieben werden? Wie werden diese ›Pannen‹ produziert? Warum haben die ›Pannen‹ überall,
in jedem Bundesland das gleiche Muster? Warum werden überall tat-
relevante Beweise ignoriert bzw. vernichtet? Warum folgt man nicht
all den Spuren, die zu anderen, weiteren (Mit-)Tätern führen als die
uns bekannten NSU-Mitglieder Uwe Böhnhardt und Uwe Mundlos?
Wie funktioniert diese umfängliche staatliche Deckungsarbeit, wenn
doch vieles und alles einem ›Behördenversagen‹ geschuldet sein soll?
Wofür und wozu das Ganze?

Der Tod eines wichtigen und unerwünschten Zeugen – im NSU-VS-Komplex Baden-Württemberg

Nachdem die grün-roten Regierungsparteien in Baden-Württemberg
alles getan hatten, einen parlamentarischen Untersuchungsausschuss
(PUA) zu verhindern, konstituierte sich dieser Anfang 2015 doch. An
der Spitze dieser aufgenötigten politischen Aufklärung steht ein Gegner eines PUA: Wolfgang Drexler von der SPD – begleitet von der
Mehrheit der dort vertretenen Ausschussmitglieder. Diese stellt die
aktuelle grün-rote Landesregierung.

Dieser PUA hat sich zur Aufgabe gemacht, Kontakte und Aktivitäten des ›Nationalsozialistischen Untergrunds‹ nach und in Baden-
Württemberg aufzuklären und Licht in den Mordanschlag auf Polizisten in Heilbronn 2007 zu bringen. Dank der hartnäckigen Arbeit
der Familie, des Freundeskreises und politisch Aktiver wird auch der
Tod eines wichtigen Zeugen im NSU-VS-Komplex behandelt. Es geht
dabei um einen 21-Jährigen, der sich acht Stunden vor der geplanten
Einvernahme selbst umgebracht haben soll.

Florian Heilig war in der Neonaziszene in Heilbronn aktiv

Florian Heilig kam 2010 über seine Ausbildung als Krankenpfleger
im SLK-Klinikum Heilbronn in Kontakt mit organisierten Neonazis.
Er lebte zu dieser Zeit in dem zum Klinikum gehörenden Personal-

wohnheim. Über Freundschaften hatte er auch Zugang zu den neonazistischen Strukturen rund um Heilbronn. Er durchlief die übliche
neonazistische ›Karriere‹: Er beteiligte sich an Neonazi-Demos, er
veränderte sein Aussehen zusehends (Springerstiefel, Thor-Steinar-
Klamotten, Glatze). Er war bei Kameradschaftstreffen dabei und
wuchs so zu einem für zuverlässig gehaltenen Kameraden heran. Anfang 2011 begannen führende Neonazis damit, Florian Heilig mit Aktionen zu betrauen – zum einen, um seine Gesinnung zu testen, zum
anderen, um dadurch seine Bereitschaft zur Tat zu prüfen: Er bekam
zum Beispiel eine Liste, auf der Personen verzeichnet waren, die er
(mit anderen zusammen) warnen, bestrafen, zusammenschlagen sollte.

Am 1. Mai 2011 wurde er im Zuge eines Naziaufmarsches in Heilbronn wegen Waffenbesitzes und Mitführens von Quarzhandschuhen
festgenommen. Wenige Wochen später fand eine groß angelegte Razzia im Klinik-eigenen Wohnheim statt. In seinem Zimmer wurden
eine Nazi-Flagge und zahlreiche scharfe Waffen beschlagnahmt. Waffen, die andere Neonazis bei ihm deponiert hatten, da er bislang nicht
strafrechtlich in Erscheinung getreten war.

Die Razzia, das eingeleitete Ermittlungsverfahren, die drohende
Anklage sind die ›idealen‹ Bedingungen für Anwerbungen von staatlicher Seite. Man nutzt den Repressions- und Verfolgungsdruck und
bietet das Fallenlassen einer Anklage an, wenn der Betreffende kooperiert. Das nennt man im Fachjargon ein Konzessionsangebot. Tatsächlich machte Florian Heilig wenig später, im Juni 2011, umfangreiche
Aussagen über die Neonazi-Szene in und um Heilbronn – also ein
halbes Jahr, bevor deutsche Behörden etwas von der neonazistischen
Terrorgruppe NSU gewusst haben wollen. Er berichtete unter anderem von der Existenz einer weiteren neonazistischen Terrorgruppe
neben dem NSU. Ihr Name: ›Neoschutzstaffel‹ (NSS):

»Diese NSS sei von H. als ›zweite radikalste Gruppe‹ neben dem NSU
bezeichnet worden. Den Aussagen des Zeugen zufolge hätten sich
auch Aktivisten beider Gruppierungen einmal in Öhringen, etwa 25
Kilometer östlich von Heilbronn gelegen, getroffen.« (*Südwest Presse*,
15.10.2013)

Von keiner geringeren Brisanz sind seine Aussagen zum Mordanschlag auf Polizisten in Heilbronn 2007. Er nannte dabei mehrere
Personen, die am Mordanschlag beteiligt gewesen sein sollen. Unter
den Genannten befinden sich polizeibekannte Neonazis – kein Uwe
Mundlos, kein Uwe Böhnhardt, die nach offizieller Version den Mordanschlag begangen haben sollen.

Im parlamentarischen Untersuchungsausschuss erinnerte sich der
Vater von Florian Heilig an mehrere Vor-, Nach- und Spitznamen,
die sein Sohn immer wieder erwähnt hatte, als das Gespräch auf die
NSU-Morde und den laufenden Prozess in München kam: Alexander, Nelly, Matze und Frntic.

Nicht nur Antifa-Recherchegruppen können mit diesen Namen einige Größen in der Neonazi-Szene in Verbindung bringen. Auch der
Polizei und dem Verfassungsschutz sind diese hinlänglich bekannt,
auch wenn man unterstellt, dass sie keine V-Leute waren. Zu ihnen
zählen Nelly Rühle (NPD), Alexander Heinig (Blood & Honour), Alexander Neidlein (NPD) oder Marcus Frntic (Blood & Honour).

Dass diese neonazistischen Strukturen bis in die Polizei hinein-
reichten, machte die Schwester von Florian Heilig an einem Beispiel
sehr deutlich: Als Neonazis einen Dönerladen in Heilbronn über-
fielen, woran Florian Heilig beteiligt war, signalisierten die ›Kameraden‹, dass sie vor der Polizei keine Angst zu haben bräuchten. Sie
würde auf jeden Fall zu spät am Tatort erscheinen.

Ein Zeuge, der für Neonazis ein Verräter ist und für die staatlichen Behörden eine Gefahr

Von diesen zum Teil sehr detaillierten Aussagen zum Mordanschlag
auf Polizisten in Heilbronn 2007, zum NSU und zu weiteren neonazistischen Terrorgruppen, wusste die Öffentlichkeit bis zum Tod von
Florian Heilig – nichts.

Nun passierte abermals etwas, was in den vergangenen Jahren
bereits bestens eingeübt und mittlerweile zur Routine geworden ist.
Wenn man etwas nicht mehr leugnen kann, erklärt man es für un-

wichtig, für nicht belastbar, für nicht zielführend. Konfrontiert mit der Existenz dieser unterschlagenen Aussagen, erklären die Ermittlungsbehörden heute, dass diese zu vage und nicht verifizierbar gewesen wären. Der Zeuge sei vielmehr ein Aufschneider, eine Randfigur in der Neonaziszene und unglaubwürdig. Man macht also einfach da weiter, wo man im November 2011 aufgehört hat – mit fortgesetzter Verdunklungsarbeit.

Wenn man weiß, dass dieselben Ermittlungsbehörden dreizehn Jahre zahlreiche Spuren für wertlos und irrelevant erklärten, weil sie ihre ›Aufklärung‹ störten, kann und muss man auch in diesem Fall von einer gewollten Irreführung ausgehen.

Ein Zeuge, den es nicht geben darf

Wenn man sich vergegenwärtigt, dass bis heute die aberwitzige Behauptung aufrechterhalten wird, der NSU habe aus drei Mitgliedern bestanden und man habe keine Kenntnisse über neonazistische Gruppierungen gehabt, die dem NSU nahe standen bzw. mit ihm kooperierten, dann ahnt man die Brisanz dieser Aussagen.

Selbstverständlich wissen die Ermittler heute mehr denn je: Würde ein Zeuge wie Florian Heilig, einen weiteren Beweis erbringen, dass der NSU nicht aus exakt drei Mitgliedern bestand, dass der Mordanschlag auf die Polizisten in Heilbronn von weiteren Neonazis begangen wurde, würde nicht nur die Fiktion vom ›Zwickauer Terrortrio‹ in sich zusammenstürzen, sondern auch die Anklage im Münchner NSU-Prozess.

Und auch die bis heute aufrechterhaltene Behauptung, man habe bei der Aufklärung des Mordanschlages auf Polizisten in Heilbronn 2007 nur wertlose Spuren (inkl. selbst verunreinigter Wattestäbchen) gehabt, würde in sich zusammenfallen. Denn Florian Heilig nannte Personen, die Ähnlichkeiten mit jenen Phantombildern aufweisen, die mithilfe von Zeugen des Mordanschlages erstellt wurden, aber auf Geheiß der Leitenden Staatsanwaltschaft nicht zu Fahndungszwecken genutzt werden sollten.

Die Aussagen von Florian Heilig, die erst nach seinem Tod auftauchten, sind also für Ermittlungsbehörden, für Bundesanwaltschaft

und für die Anklagevertretung im NSU-Prozess eine nicht zu unter-
schätzende Bedrohung für das vorgetäuschte Behördenversagen über
dreizehn Jahre hinweg. Man hatte Hinweise und Spuren wissentlich
unterschlagen, die zum NSU und zu weiteren neonazistischen Tätern
geführt hätten. Eine – zurückhaltend formuliert – Strategie des Ge-
währenlassens, die bis zum heutigen Tag gedeckt wird. Auch mithilfe
des Todes eines Zeugen, der sich nun nicht mehr gegen die behauptete Vagheit seiner Einlassungen wehren kann.

Ein wertloser Aussteiger im
Aussteigerprogramm des LKA Stuttgart?

Was im Nachhinein für wenig glaubhaft und bedeutungslos erklärt
wurde, war Mitte 2011 der Grund, Florian Heilig in das so genannte
BIG Rex-Aussteigerprogramm aufzunehmen. Mehr noch: Aufgrund
der Bedeutung seiner Aussagen wurde ihm angeboten, ihn im Rahmen des Zeugenschutzprogrammes vor möglichen Racheaktionen zu
schützen. In diesen Genuss kommt man nicht fürs Fabulieren, sondern
für überprüfbare Aussagen, die seine Rolle innerhalb der Neonaziszene belegen, aber auch für seine Bereitschaft, neonazistische Straftaten
aufzudecken. All das hat Florian Heilig auch getan, und aus diesem
Grunde wurde im Gegenzug das bereits erwähnte Ermittlungsverfahren gegen ihn eingestellt.

Offenkundig waren auch Neonazis über seinen Ausstieg informiert. Mehrmals wurde er von seinen ehemaligen ›Kameraden‹ bedroht. Immer wieder artikulierte er laut, dass er um sein Leben fürch-
tete.

Mithilfe von Freunden und mit Unterstützung der Eltern löste sich
Florian Heilig langsam aus der Neonaziszene. Er kehrte zurück ins
Elternhaus und setzt die Lehre als Stahlbetonbauer fort. Den Unwillen vonseiten deutscher Behörden, mit den gemachten Aussagen tatsächlich auch etwas anzufangen, spürte Florian Heilig sehr schnell.
Mehrmals formulierte er gegenüber seinen Eltern, dass er sich von
der Polizei alleine gelassen, dass er sich benutzt fühle. Am allerwenigsten fühlte er sich beschützt. Im Gegenteil. Aus Angst vor seinen
ehemaligen ›Kameraden‹ wechselte er ständig die SIM-Karte, seine

Handy-Nummer. Dennoch hatten wenig später Neonazis seine aktuelle Telefonnummer und setzten ihm nach.

In den Tagen vor seinem Tod versuchten Polizeibeamte mehrmals, mit Florian Heilig in Kontakt zu kommen. Sie warteten zu diesem Zweck bei den Eltern, bis Florian von der Arbeit kam. Nachdem er sich verspätet hatte, wurde ein Termin für Montag, den 16. September, um 17 Uhr ausgemacht. Ausdrücklich wurde nochmals die genaue Adresse des Lehrlingswohnheimes in Geraldstetten genannt, wo das Treffen stattfinden sollte.

Der Sonntag davor, der 15. September 2013, war der letzte Tag, den Florian bei seinen Eltern verbrachte. Der Tag verlief wie jeder andere Tag auch. Man sprach Termine für die nächste Woche ab, man vereinbarte Arbeiten am Haus, an denen sich Florian beteiligen wollte. Das Glück, dass sich Florian aus der Neonaziszene gelöst, neue Freunde gefunden hatte und wieder bei der Familie wohnte, war auf beiden Seiten. Dennoch stand dieser Sonntag im Schatten der bevorstehenden Zeugenvernehmung. Florian Heilig machte noch einmal seine Angst deutlich: »Wenn ich jetzt sage, was ich weiß, bin ich tot.« Angesichts dieser massiven Angst überlegte man noch einmal, ob er einfach die Aussage verweigern sollte, ob man der Zusage, ihn ins Zeugenschutzprogramm zu nehmen, Glauben schenken könne. Nachdem man verschiedene Möglichkeiten durchgespielt hatte, entschied sich Florian Heilig doch, sein Wissen in dem anstehenden Gespräch zu offenbaren.

Gegen 17 Uhr bekam Florian Heilig einen Anruf auf seinem Handy. Dieser dauerte nicht lange, aber danach stellten die Eltern einen massiven Stimmungswandel fest. Auf eine kurze Nachfrage, was denn los sei, antwortete Florian: »Ich komme aus dieser Scheiße nie wieder raus.« Ohne weitere Erklärungen packte Florian seine Sachen zusammen. Er sollte um 22 Uhr im Lehrlingswohnheim sein. Er war bereits losgefahren, als er noch einmal umkehrte. Er hatte ein Geodreieck und seine Arbeitsstiefel vergessen.

Sieht so ein Tagesablauf eines Selbstmörders aus? Packt ein Lebensmüder Geodreieck und Sicherheitsstiefel ein, um sich dann qualvoll selbst zu verbrennen?

Tatsächlich kam Florian Heilig gegen 22 Uhr in Geraldstetten an. Dort ließ er mitgenommene Arbeitskollegen aussteigen und fuhr dann weiter. Anhand verschiedener Fakten ist belegbar, dass er in Richtung Stuttgart weiterfuhr. Was er zwischen 22 Uhr und 9 Uhr morgens machte, wen er treffen sollte/wollte, ob dafür das Telefonat entscheidende Hinweise geben könnte, wäre leicht zu ermitteln, wenn dies nicht mit Vorsatz unterlassen worden wäre: Der Anrufer um 17 Uhr ist zurückverfolgbar. Außerdem liefert das Handy von Florian Heilig ein sehr präzises Bewegungsprofil von 17 Uhr abends bis morgens um 9 Uhr. Ebenfalls kinderleicht ließen sich weitere Telefonate vor und in dieser Nacht zurückverfolgen.

Der Tod eines Zeugen

Am 16. September 2013 zwischen 7 und 9 Uhr morgens beobachteten mehrere Zeugen das abgestellte Auto. Mal sah ein Zeuge eine Person am Auto, mal eine auf der Fahrerseite sitzend, ein anderer erinnerte sich an eine Person auf dem Beifahrersitz. Ob es sich dabei um ein und dieselbe Person handelte, geht aus den Beschreibungen nicht hervor. Kurz vor 9 Uhr wird ein Zeuge, der mit dem Fahrrad unterwegs zur Arbeit war, ebenfalls auf das abgestellte Auto aufmerksam. Als er ca. 100 Meter von dem Auto entfernt war, sah er eine ca. 15 bis 30 Zentimeter hohe Stichflamme auf der Höhe der Fahrerseite aufsteigen. Kurz danach kam es zu einem Knall. Um 9.03 Uhr rief der Zeuge die Feuerwehr. Erst als das Fahrzeug gelöscht worden war, konnte er erkennen, dass sich in dem ausgebrannten Auto eine Person befand.

Ohne die Leiche zu bergen, wurde das Wrack abgeschleppt. Geht man von einem normalen Prozedere aus, folgen nun aufwendige Ermittlungen in *alle* Richtungen. Da mit der Identifizierung der Leiche sofort klar war, dass es sich um eine Person handelte, die im Aussteigerprogramm für Neonazis war und am selben Tag Aussagen machen sollte, wurde der Fall sofort an das LKA abgegeben. Alleine mit diesem Wissen hätte man folgende Fragen durch Ermittlungen klären müssen:

Was spricht für Selbstmord? Welche Indizien schließen auf Fremdverschulden? Was spricht für ein Unglück? Was wollte Florian Heilig früh morgens dort? Gibt es Hinweise, die sein Tun, seinen Tod erklären? Ergeben die persönlichen Gegenstände weiteren Aufschluss über seine Absichten, über das, was er Stunden zuvor gemacht hat? Gibt es Hinweise und Indizien, dass Florian Heilig bedroht wurde?

Um all den verschiedenen Möglichkeiten nachzugehen, die zum Tod von Florian Heilig geführt haben, bräuchte man viel Zeit. Genau diese hatte man bei der Aufklärung der Todesumstände offensichtlich nicht.

In der gemeinsamen Presserklärung von Polizei, LKA und Staatsanwaltschaft vom 20. September 2013 findet sich folgendes Ergebnis:

»Die am Montagabend (16.09.2013) durchgeführte Obduktion ergab, dass ein Fremdverschulden oder ein Unfallgeschehen nahezu ausgeschlossen werden kann. Die Ermittlungen der Kriminalpolizei haben ergeben, dass der junge Mann das Fahrzeug vermutlich selber in Brand gesteckt hat. Die Hintergründe für den Suizid dürften im Bereich einer persönlichen Beziehung liegen.«

In dem Statement des Pressesprechers beim Innenministerium, Rüdiger Felber, fällt bereits das ›nahezu‹ weg: »Wie bei jedem anderen Suizid wurde auch hier gewissenhaft geprüft, ob eine Fremdeinwirkung vorliegen könnte. Das ist eindeutig zu verneinen.« Und Polizeisprecher Thomas Ulmer erklärte: »Daher ermitteln wir nicht mehr weiter.« (*Südwest Presse*, 15.10.2013)

Alles schien in wenigen Tagen abgeklärt worden zu sein, auch das Motiv: »Die Polizei geht von einem Selbstmord aus, angeblich aus Liebeskummer.« (*Berliner Zeitung*, 1.10.2013). Mangels eines Abschiedsbriefes wollen die Ermittler dies »aus dem familiären Umfeld« erfahren haben.

Dieses vermeintliche Wissen ist vorgetäuscht, wenn man die Eltern, die Schwester und viele Freunde von Florian Heilig zum familiären Umfeld zählt: Sie alle bestreiten sowohl das Motiv, als auch einen Selbstmord als Todesursache. Nicht einmal die Freundin, die Grund für den ›Liebeskummer‹ sein sollte, wurde befragt. Faktenfreier kann ein Motiv für einen Selbstmord nicht sein.

Dennoch hält auch das Innenministerium in Baden-Württemberg unter der Regierung Kretschmann (Die Grünen) bis heute daran fest:

> »In einem Schreiben an den Landtags-Untersuchungsausschuss bekräftigt das Innenministerium das offizielle Ermittlungsergebnis, wonach es sich um einen Suizid handelte. Die Faktenlage lasse keine andere Schlussfolgerung zu, als dass sich Florian H. durch Verbrennen selbst getötet habe. Weitere Maßnahmen im Todesermittlungsverfahren seien deshalb abgelehnt worden.« (*Pforzheimer Zeitung*, Online-Ausgabe, 9.3.2015)

Vater und Schwester von Florian Heilig haben dieser Version vehement widersprochen – zuletzt als Zeugen im parlamentarischen Untersuchungsausschuss im März 2015. Sie sind mit diesen Zweifeln nicht allein.

Wenn also Zeugen, die die Suizid-Annahme gefährden könnten, nicht gehört werden, wenn Umständen, die gegen ein Suizid-Ereignis sprechen, nicht nachgegangen wird, dann ist die Annahme berechtigt, dass das, was der Abschlussbericht des Thüringer NSU-Untersuchungsausschusses festgestellt hat, auch für Baden-Württemberg gilt: »Freiwillige Erkenntnisisolation«. Eine freundliche Umschreibung für gezielte Sabotage von Ermittlungsarbeiten.

Man kann davon ausgehen, dass Polizei und Staatsanwaltschaft nicht willkürlich Ermittlungen einseitig führen. Sie wussten sehr schnell, welche politische Brisanz der Tod eines Zeugen hat, der seine Aussagen zu dem Mord an der Polizistin Michèle Kiesewetter in Heilbronn 2007 wiederholen wollte. Einem möglichen Mordgeschehen nachzugehen, würde die Tür zu folgenden Fragen aufstoßen: Wer wusste von der bevorstehenden Vernehmung? Mit wem hatte Florian Heilig bis in die Morgenstunden hinein telefonischen Kontakt? Wie kamen Neonazis in den Besitz der ständig wechselnden Telefonnummer von Florian Heilig? Warum wurde nie (offiziell) eine Auswertung der Telefon- und Verbindungsdaten vorgenommen? Warum wurde der Antrag auf Zugriff zu diesen Daten von der Staatsanwaltschaft abgelehnt?

Staatsanwaltschaft legte noch am selben Tag das Ermittlungsergebnis fest: Suizid

Im parlamentarischen Untersuchungsausschuss in Baden-Württemberg kamen 2015 erste Details der ›Aufklärungsarbeit‹ ans Licht. Dazu wurden die polizeilichen Ermittler befragt. Im Rahmen des Todesermittlungsverfahrens wollten die Polizeibeamten bei der Staatsanwaltschaft beantragen und durchführen, was in solchen Fällen zum Standardprogramm gehört: Die Durchsuchung des Zimmers im Lehrlingswohnheim, die Sicherstellung der Kommunikationsdaten (Handy- und Ortungsdaten) und die Sicherstellung und Auswertung des Laptops, das sich im Kofferraum befand.

Was eigentlich kaum der Rede sein sollte, stieß in diesem Fall auf ›unerklärlichen‹ Widerstand. Obwohl die Leiche von Florian Heilig noch nicht obduziert worden war, weder ein toxikologisches noch ein Brandgutachten vorlagen, wies der Staatsanwaltschaft Dr. Stefan Biehl, Mitglied der ›politischen Abteilung 1‹ der Staatsanwaltschaft Stuttgart, noch am selben Tag an, den Fall als Suizid zu behandeln. Das hatte zur Folge, dass die von der Polizei erwünschten weiteren strafrechtlichen Ermittlungen abgelehnt, das heißt unterbunden wurden.

Staatsanwalt Biehl wusste, dass es sich nicht um eine private Tragödie handelte, dass politische Gründe sehr wohl eine Rolle spielten. Denn die Ermittlungen wurden sofort ans LKA abgegeben: »Wir waren uns der Brisanz des Falls bewusst.«

Wenn dennoch das Ermittlungsergebnis vom ersten Tag an feststeht, wenn man alle Möglichkeiten unterlässt, um etwas eingrenzen bzw. ausschließen zu können, muss man davon ausgehen, dass all diese selbstverständlichen Ermittlungsschritte die Suizid-Behauptung nicht gefährden durften.

Dass der StA Biehl weder aus persönlichem Eigensinn noch aus willkürlichen Gründen so handelte, sollte man ihm nachsehen: Er ist weisungsgebunden, also dem Justizministerium unterstellt. Dort wird er Gründe erfahren haben, warum er keine Gründe finden durfte, die eine normale Ermittlung in *alle* Richtungen hätten nach sich ziehen müssen.

Ein sehr lebendiges Hirngespinst:
Die NeoSchutzStaffel

Florian Heilig erwähnte in seinen bereits 2011 gemachten Aussagen
eine neonazistische Organisation namens ›NeoSchutzStaffel‹ (NSS).
Ergänzend fügte er hinzu, dass diese Kontakt zum NSU habe und dass
es zu einem Treffen zwischen beiden Terrorgruppierungen in Öhringen kam.

Als auch das erst nach dem Tod von Florian Heilig öffentlich wurde, erklärten die ›Rechtsextremismusexperten‹ von Polizei und Verfassungsschutz, dass dies ein Hirngespinst eines Aufschneiders sei.

Immer und immer wieder seien die polizeilichen Ermittler den
Angaben von Florian Heilig nachgegangen und – immer wieder – zu
demselben Ergebnis gekommen: nichts dran.

So hält der Bericht der ›Ermittlungsgruppe Umfeld‹ vom Januar
2014 fest: »Es bestehen keine weitergehenden Anhaltspunkte zur tatsächlichen Existenz der Organisation ›Neoschutzstaffel‹ (NSS).«

Ein gutes Jahr später folgte der Turnaround: In der Sitzung des
parlamentarischen Untersuchungsausschuss vom 13. März 2015 erklärte ein Ermittler des LKA das Phantomgebilde eines ›unglaubwür-
digen‹ Zeugen für extrem vital: Es gibt sowohl ein ›Matze‹ als auch
eine ›NSS‹.

> »Nach Informationen der ›Stuttgarter Nachrichten‹ heißt ›Matze‹ Mat-
> thias K. und stammt aus Neuenstein im Hohenlohekreis. … Er soll
> Mitglied der rechtsextremen ›Neoschutzstaffel‹ sein. Matthias K. habe
> ›NSS‹ auf seinem Körper tätowiert, berichtet das Blatt. Sein Vater, ein
> Sozialarbeiter, habe sein Büro im Untergeschoss des ›Hauses der Ju-
> gend‹ in Öhringen. Dort soll sich die ›Neoschutzstaffel‹ laut Florian H.
> einmal mit dem Nationalsozialistischen Untergrund (NSU) getroffen
> haben.« (*SWR*, 13.3.2015)

Was als Hirngespinst eines labilen Ex-Nazis abgetan wurde, ist nun
genau das, was der NSU immer propagiert hat: »Ein Netzwerk von
Kameraden – mit dem Grundsatz: Taten statt Worte.«

Ein noch lebender Zeuge, der zu Falschaussagen gezwungen wurde, packt aus

>»Ein zum Schweigen verpflichteter
>NSU-Zeuge bricht die staatliche Omertà.«
>*(Thomas Moser, telepolis, 7.7.2015)*

Dass Zeugen, die die offizielle Version nicht stützen, für unglaubwürdig erklärt werden; dass Zeugen, die gemachte Aussagen bestätigen wollen, Selbstmord begehen; dass Zeugen sich an nichts erinnern können, und das sehr genau: all das gehört zum NSU-VS-Komplex. Wie oft zweifelten Beobachter an solchen Zeugen, die über Nacht nichts mehr wussten, nachdem sie einem »Sensibilisierungsgespräch« von Seiten des Geheimdienstes unterzogen wurden? Für gewöhnlich bleibt am Ende ein Verdacht, eine starke Vermutung zurück – womit die Ermittlungsbehörden bestens leben können. Nun traut sich ein Zeuge genau das im Detail zu bestätigen, was man bislang als Unterstellung abtun konnte: Zeugen wurden und werden massiv unter Druck gesetzt, um bereits Gesagtes zu widerrufen, um Ereignisse und Abläufe zu fingieren.

Im Jahr 2003 traf sich der ehemalige V-Mann Torsten O. (alias »Erbse«) in den Räumen der evangelischen Kirche in Flein bei Heilbronn mit Günther Stengel, dem Referatsleiter des Landesamtes für Verfassungsschutz in Baden-Württemberg. Torsten O. bot dem Geheimdienstmitarbeiter Informationen über neonazistische Strukturen an. Das Gespräch dauerte lange, circa drei Stunden. Dabei erwähnte er auch den »NSU«, der sich als terroristische Gruppierung formiert habe. Auch Namen aus dieser Gruppe fielen, unter anderem konnte sich Herr Stengel noch an den Namen Mundlos erinnern. Am Ende machte sich Herr Stengel ordnungsgemäß Notizen von diesem Gespräch und unterrichtete seinen Vorgesetzten darüber. Dieser zeigte sich auf unerfindliche Weise gestört. Er wies seinen Untergebenen an, die Notizen zu vernichten.

Danach hörte er nichts mehr. Erst 2011, nachdem man offiziell die Existenz des NSU nicht mehr leugnen konnte, erinnerte sich Günther Stengel wieder an dieses denkwürdige Gespräch, und dass dort der

Name »NSU« bereits fiel. Ein Name, der ihn zuerst an das Motorenwerk NSU (Neckarsulm) erinnerte und sich deshalb in sein Gedächtnis eingebrannt hatte.

Daraufhin meldete sich Günther Stengel bei den Ermittlern, um über dieses Gespräch zu berichten. Dass er mit dieser Erinnerung völlig unerwünscht war, bekam er in der Folgezeit heftig zu spüren. Man machte ihn gänzlich unglaubwürdig, er fühlte sich – zu Recht – bedroht: »... dann suchten ihn Beamte des Landeskriminalamts auf und eröffneten ihm, es werde geprüft, ob er sich eines Geheimnisverrats schuldig gemacht habe.« (Thomas Moser, *kontextwochenzeitung.de*, 22.5.2013)

Schließlich behauptete sein Vorgesetzter, von einem solchem Gespräch nie etwas erfahren zu haben. Günther Stengel wurde in den Ruhestand versetzt und wie ein »Netzbeschmutzer«, ein »Kameradenschwein« behandelt. Damit war die Angelegenheit aber noch nicht ausgestanden, denn der »Informant« Torsten O. wurde am 16. März 2015 als Zeuge vor den parlamentarischen Untersuchungsausschuss in Stuttgart geladen. Dort füllte er diese Rolle grandios aus: Einzig und allein bestätigte er Ort und Datum des Treffens. Ansonsten widersprach er in Gänze den Aussagen von Herrn Stengel. Er habe nie über einen NSU gesprochen, genau so wenig seien Namen gefallen, schon gar nicht der von Uwe Mundlos. Damit war Günther Stengel als glaubwürdiger Zeuge lebendig begraben. Das Schweigekartell hatte gesiegt. In Baden-Württemberg weiß man seitdem wieder unisono, dass man dreizehn Jahre lang nichts gewusst hatte.

Wie so oft hatten Beobachter dieser Zeugenvernehmung das mehr als ungute Gefühl, dass dieser Mann präpariert worden war. Der Journalist Thomas Moser, der schon länger engagiert zu diesem Komplex arbeitet, ist diesem unguten Gefühl nachgegangen – und hatte überraschender- und glücklicherweise Erfolg. Was tatsächlich im Jahr 2003 in den Kirchenräume in Flein besprochen wurden, erzählte Torsten O. in einem Gespräch mit ihm:

»Im letzten Themenkomplex habe ich den Bereich des Rechtsspektrums angesprochen und habe dem Herrn S. Sachen mitgeteilt, die ich von einem verdeckten Ermittler des Bundeskriminalamtes berichtet bekommen habe. Unter anderem sind in diesem Zusammenhang auch die Namen Böhnhardt und Mundlos gefallen. Ich habe vom Thüringer Heimatschutz und von dem Nationalsozialistischen Untergrund gesprochen.«[11]

Wie kam es dazu, dass er genau diesen Inhalt bei späteren Zeugenvernehmungen geleugnet hatte?

Kaum war der Campingwagen der NSU-Mitglieder gelöscht und der NSU besagter Terror- und Mordanschläge verdächtig, bekam Torsten O. Besuch von Geheimdienstmitarbeitern:

»Wenige Tage nach dem Auffliegen des NSU am 4. November 2011 in Eisenach hätten ihn drei Verfassungsschützer aus dem Bett geklingelt, berichtet O. heute. Sie hätten ihm gesagt, er dürfe mit niemandem über das Gespräch mit Günter S. reden. Die Geheimhaltungs- und Schweigepflichterklärung, die er als V-Mann 1989 abgegeben habe, gelte auch für dieses Gespräch im Jahre 2003. Würde er sich nicht daran halten, wäre das Landesverrat und Geheimnisverrat. ›Dann wurde mir noch angedroht, wenn ich nur piep sage, würde man mich aus dem Verkehr ziehen und ich würde irgendwo in einem Gefängnis vergammeln‹…

Am 25. November wurde S. polizeilich vernommen. Am Abend jenes Tages, so berichtet es Torsten O., seien die drei Verfassungsschützer erneut vor seiner Wohnung aufgetaucht, hätten ihn unter Druck gesetzt und ihm Instruktionen für eine anstehende Vernehmung durch die Polizei-Sonderkommission ›Parkplatz‹ gegeben: ›Ich sollte sagen, wenn ich gefragt werde, das Gespräch mit dem Herrn S. hätte 10 bis 15 Minuten gedauert, und soll alles dementieren, was mit dem Rechtsspektrum im Zusammenhang steht‹.« (ebd.)

Genau diese Vorgaben hat er Punkt für Punkt umgesetzt.

Es wäre nur zu wünschen, dass sich noch mehr Menschen und Zeugen entscheiden, Nötigungen, Drohungen und Erpressungen zu widerstehen!

---

11 Thomas Moser: Staatliche Schweigepflicht, in: der Freitag, Nr. 28/2015.

In Anwesenheit eines V-Mann-Führers des LfV:
Der Mord an Halit Yozgat in Kassel 2006

>»Es geht ja nicht um mich, oder so. Es geht nicht um alle. Es geht um die Kasseler Problematik. Und in der Kasseler Problematik sitzt Du ja ein bisschen drin, ne?«
>
> *(Fehling, Chef der Außenstelle des LfV Hessen in Kassel, in einem Telefonat mit Andreas Temme vom 29. Mai 2006)*

Der Mord in Kassel weist zwei Besonderheiten auf: Zur Tatzeit war der hessische Verfassungsschutzmitarbeiter Andreas Temme am Tatort in einem Internet-Café – angeblich ganz privat. Ein Verfassungsschutzmitarbeiter, der den Spitznamen ›Klein-Adolf‹ trug, einen ortsbekannten Neonazi als V-Mann ›führte‹, mit dem er am Mordtag in telefonischem Kontakt stand.

Und es gibt eine weitere Besonderheit: Nach dem Mord an dem Besitzer des Internet-Cafés Halit Yozgat bricht die rassistische Mordserie ab. Aus der Logik der Täter ist dies nicht zu erklären. Es können nur andere Umstände sein, die dafür ausschlaggebend waren: die »Kasseler Problematik«, vor der der Vorgesetzte von Andreas Temme warnte, in die er »ein bisschen drinsteckt«?

In Kassel ereignete sich am 6. April 2006 der neunte Mord, der dem NSU zugeordnet wird. Dieses Mal wurde das Opfer, der Besitzer des Internet-Cafés Halit Yozgat, kaltblütig ermordet. Wie bei den vorangegangenen Morden wurde ›zufällig‹ auch dieser ins ausländische Milieu verortet. Wieder aus Zufall wurde »nie Richtung Rechtsextremismus ermittelt« (*FR*, 24.11.2011). Ebenso ›zufällig‹ wurden Täter im familiären und beruflichen Umfeld des Ermordeten gesucht.

Das Internetcafé ist am 6. April 2006 durchschnittlich besucht, als eine Person das Geschäft gegen 17 Uhr betritt, an die Theke tritt, eine Pistole mit Schalldämpfer zieht und kurz darauf Halit Yozgat mit zwei Schüssen in den Kopf so schwer verletzt, dass dieser noch am Tatort stirbt. Patronen werden am Tatort nicht gefunden, da eine über die Tatwaffe gestülpte Plastiktüte den Auswurf der Patronen verhinderte.

Die Mordkommission sichert kurze Zeit später den Tatort. Man hält die Personalien der noch anwesenden Internetbesucher fest, sichert die Spuren, die Internetbenutzerdaten.

Dem Aufruf der Polizei, sich als mögliche ZeugInnen des Mordes zu melden, folgen alle bis auf einen Besucher. Die Polizei kann die Identität dieser Person feststellen: Es ist Andreas Temme mit dem dienstlichen Aliasname Alexander Thomsen, der sich im Internet als ›Jörg Schneeberg‹ ausgegeben hatte. Daraufhin setzen interne und staatsanwaltschaftliche Ermittlungen ein. Andreas Temme wird als Tatverdächtiger unzählige Male vernommen. Dabei zeigt sich seine Erinnerung als äußerst biegsam: Er änderte je nach (ihm zugänglich gemachtem) Ermittlungsstand seine Aussagen:

>»Erst kannte er – in dem Glauben, die Anwesenheit sei ihm nicht nachweisbar – das Café angeblich nicht, dann war er zu einem anderen Zeitpunkt, am 5.4.2006, dort und schließlich will er von den maßgeblichen Vorgängen nichts mitbekommen haben.« (Beweisantrag der Nebenkläger vom 12.11.2013)

Nachdem er nicht mehr leugnen konnte, zur Tatzeit am Tatort gewesen zu sein, erinnerte er sich wieder ganz genau: Er habe dort als Privatperson in einem Erotik-Portal gesurft. Mit diesen Aussagen macht sich die Mordkommission an die Arbeit. Sie bringt in Kenntnis, dass Andreas Temme neben behaupteter ›Chat-Affäre‹ zur selben Zeit im operativen Einsatz war. Auf seinem Handy werden Verkehrsdaten sichergestellt, die belegen, dass er sowohl vor als auch nach seinem Internetbesuch Telefonkontakt zu einem Neonazi hatte. Damit konfrontiert, erklärt Temme, dass er V-Mann-Führer dieses Neonazis sei. Um aufzuklären, welche Rolle seine Anwesenheit am Tatort und die Telefonate mit einem Neonazi spielen, beantragt die Polizei unter anderem eine Aussagegenehmigung für den vom Verfassungsschutzmitarbeiter Temme geführten Neonazi. Diese Amtshilfe wird zuerst vom Chef des hessischen Verfassungsschutzes, wenig später vom hessischen Innenminister Volker Bouffier (CDU) abgelehnt: »Ich bitte um Verständnis dafür, dass die geplanten Fragen ... zu einer Erschwerung der Arbeit des Landesamtes für Verfassungsschutz führen würden.«[12]

Auch weigerte sich der Innenminister und heutige Ministerpräsident Volker Bouffier (CDU) in einer Innenausschusssitzung vom 17. Juli 2006, zum Stand der Ermittlungen Stellung zu nehmen.

In der Folge wurde die ermittelnde Polizei mit unvollständigen, also manipulierten Aktenbeständen versorgt. Die Akten zum Neonazi und V-Mann Benjamin Gärtner waren geschwärzt. Klarakten bekamen die Ermittler nie zu Gesicht.

Außerdem behauptet der hessische Verfassungsschutz allen Ernstes, dass es von V-Mann-Führer Temme angefertigte Treffberichte mit Benjamin Gärtner gäbe, nur keine für das Jahr 2006. Und das, obwohl Temme selbst bestätigt, dass er den Neonazi ein bis zwei Mal im Monat getroffen habe, was dem V-Mann Benjamin Gärtner die Note ›B‹ einbrachte, die zweithöchste Bewertung für Quellenglaubwürdigkeit.

Dermaßen mit Verschleierungen der Umstände konfrontiert, liefen alle Bemühungen um Aufklärung ins Leere. Beschützt, gedeckt und abgeschirmt, wurden die Ermittlungen gegen den V-Mann-Führer Temme im Januar 2007 eingestellt. Eine Meisterleistung in Sachen Behinderung der Aufklärung und des Verschwindenlassens von taterheblichen Beweismitteln.

Was haben den Chef des hessischen Verfassungsschutzes und den damaligen Innenminister Volker Bouffier als obersten Dienstherrn, dazu bewogen, dem ›Schutz‹ des Geheimdienstes einen höheren Rang einzuräumen als der Aufklärung eines Mordes?

Über vier Jahre lang hielten alle an dem Mordfall beteiligten Behörden dicht – von dem ansonsten so viel beschworenen Behördenwirrwarr keine Spur. Das änderte sich erst, als Beate Zschäpe als Folge der tödlichen Ereignisse am 4. November 2011 – mit der Versendung der Video-Kassetten – dafür sorgte, dass die Existenz des NSU nicht mehr geleugnet werden konnte.

Seitdem wissen wir noch lange nicht alles, aber genug, um die Behinderung, um die Verhinderung der Aufklärung dieses neonazisti-

---

12 Brauner Terror – Blinder Staat – Die Spur des Nazi-Trios, ZDF, 26.6.2012.

schen Mordes im Detail belegen zu können. Fast nichts stimmte, was damals als offizielle Version bekannt gemacht wurde.

Dabei ist ein Beweismittel von erheblicher Bedeutung, das nun in Auszügen vorliegt: Die Polizei hatte den Verfassungsschutz abgehört – eine Maßnahme, die durchaus Sinn ergibt. Über Wochen wurden die Telefonanschlüsse überwacht und protokolliert, die Andreas Temme benutzte. Es waren über 200 Telefonate.

Andreas Temme: ein Neonazi im Dienst des Staates – mit der Aufgabe, Neonazismus zu bekämpfen

Andreas Temme war – dem Wortsinn nach – kein Verfassungsschützer, sondern ein verbeamteter Verfassungsfeind. In seiner Jugend gab man ihm den Namen ›Kleiner Adolf‹, dem er auch als V-Mann-Führer von Neonazis gerecht wurde. In seiner Wohnung fand man Auszüge aus Hitlers ›Mein Kampf‹ und weitere neonazistische Propaganda. »In T.s Büro fanden sich Bücher wie ›Lehrplan für die weltanschauliche Erziehung der SS‹, ein Lehrplan des SS-Hauptamts oder ›Judas Schuldbuch‹.« (*stuttgarter-nachrichten.de*, 3.12.2013) Zudem wurden dort »Waffen, Drogen, umfangreiche Nazi-Veröffentlichungen, ein Buch über Serienmorde sowie geheime Verfassungsschutzunterlagen gefunden« (*Welt am Sonntag*, 17.5.2015).

Und was das hessische Innenministerium über fünf Jahre erfolgreich zu schützen versuchte, ist mittlerweile auch bekannt: Andreas Temme hat am Tattag nicht mit irgendjemandem telefoniert, sondern mit dem Neonazi und V-Mann Benjamin Gärtner, einmal um 13:06 Uhr und ein weiteres Mal um 16:10 Uhr, eine Stunde vor der Mordtat. Benjamin Gärtner wurde als Gewährsperson ›GP 389‹, also als Spitzel geführt.

Dieser hatte sehr gute Kontakte zur Neonaziszene in Kassel. Dazu gehörte auch sein Stiefbruder Christian Wenzl, der eine führende Rolle in der ›Kameradschaft Kassel‹ (ehemals ›Nationalistische Front‹) spielte.

Wenn man weiß, dass bei allen neun NSU-Morden Neonazis aus der betreffenden Region, aus der betreffenden Stadt mit dem Ausspähen von Örtlichkeiten und Opfern eingebunden waren, dann versteht man, was das hessische Innenministerium um jeden Preis verhindern wollte: Ermittlungen, die dem Verdacht nachgehen, dass ein vom Verfassungsschutz geführter Neonazi am Mord des Internetcafébesitzers beteiligt war, Ermittlungen, die dem Verdacht nachgehen, ob der V-Mann Führer Andreas Temme über seine ›Quelle‹ von den Mordvorbereitungen, vom Mord selbst gewusst haben könnte.

All dies erklärt jedenfalls viel schlüssiger, dass nicht die angebliche oder auch inszenierte ›Chat-Affäre‹ der Grund war, seine Anwesenheit zur Mordzeit zu verheimlichen, sondern die mögliche Verwicklung in diesen neonazistischen Mord. Bekanntlich reichen für den Vorwurf der Beihilfe zu Mord auch ›unsichtbare Tatbeiträge‹, wie das Gewährenlassen einer Tat, das Führen und Decken von Mittätern.

Dass Andreas Temme genau weiß, wie er seine Anwesenheit bei einem Mord ›gestalten‹ muss, belegt ein weiteres Detail: Ein Internetbesucher, der nach dem Mord befragt wurde, erwähnte einen groß gewachsenen Mann, der eine Plastiktüte dabei hatte, als er das Internetcafé betrat und sich an den PC-Platz Nr. 2 setzte. Der Platz, der einwandfrei Andreas Temme zugeordnet werden konnte. Der Zeuge beschreibt zudem, dass die Plastiktüte am Boden ausgebeult gewesen war, durch einen schweren »eckigen« Gegenstand. Bis heute bestreitet Temme, dass er eine Plastiktüte dabei hatte. Das ist umso bemerkenswerter, als seine Frau genau dies an ihrem Mann heftig kritisiert hatte. Auch diese Tatsache ist aufgrund der abgehörten Telefonate dokumentiert. Laut Telefonprotokoll hat sie ihrem Mann gesagt, »willst du nicht mal auf mich hören? Ich sage noch, ne, nimm keine Plastiktüte mit!« (*tagesspiegel.de*, 8.6.2015)

Und als wäre all das nicht genug, jeden Geschehensablauf für wahrscheinlicher zu halten als den von Andreas Temme angegebenen, zertrümmert nun ein noch größerer Stein Temmes Erinnerungsgebäude. Ein Stein, über den weder die Polizei noch die Medien acht Jahre berichtet haben: Bereits 2006 hatte man in der Wohnung seiner Eltern Handschuhe bei Andreas Temme sichergestellt, die »Schmauchspuren« aufwiesen. Was in jedem Dorfkrimi als die ›heiße Spur‹ ausgewertet wird, wurde hier professionell, als mit Vorsatz unterlassen: »Während die hessische Polizei die Spur als wichtig erachtete, wurden sie nach Rücksprache mit dem Bundeskriminalamt nicht weiterverfolgt. Das Argument lautete, Andreas T. sei Sportschütze, Schmauch an seiner Kleidung habe geringen Beweiswert.« (*freiepresse.de*, 6.6.2015)

Eine aberwitzige Begründung, die man als Strafvereitlung im Amt bezeichnen kann. Denn selbstverständlich kann man die Schmauchspuren an Temmes Handschuhen sehr genau den Waffen zuordnen, die er als Sportschütze benutzt hat. Würde man einen solchen Abgleich vornehmen, könnte man feststellen, ob die Schmauchspuren tatsächlich von der Waffe stammen, die er als Sportschütze benutzt hat.

Man mag es kaum glauben, aber genauso ist es passiert: Man verfolgte die *wichtigste* Spur in diesem Mordfall nicht! Das geschah weder aus Ahnungslosigkeit noch aus Trotteligkeit, sondern aus einem ganz anderen, viel naheliegenderen Grund: Man wusste, wohin die Auswertung dieser Spur führen würde, zu Andreas Temme: Man

»ließ außer Acht, dass besagte Schmauchspur eine unübliche chemische Zusammensetzung aufwies. Sie entsprach exakt der Treibladung der bei den Morden verwandten Munition eines tschechischen Herstellers. In T.'s Sportschützenverein gehörte diese Munition nach ›Freie Presse‹-Recherchen nicht zu den üblichen Munitionstypen.« (ebd.)

Hinter dem ›Zufall‹ verbirgt sich nichts anderes als ein anderer, ein viel plausiblerer Geschehensablauf

Landauf, landab werden uns die besonderen Kasseler Umstände, also die Anwesenheit eines Verfassungsschutzmitarbeiters bei einem Mord, als Zufall beschrieben.

Ganz besonders haben sich dabei Redakteure der *Süddeutschen Zeitung* (John Goetz, Hans Leyendecker und Tanjev Schultz) ausgezeichnet, als sie gleich in zwei Formaten einen Beitrag zur Ehrenrettung des hessischen Verfassungsschutzes abgeliefert hatten. Einmal als Zeitungsbeitrag: *Chaostheorie – Gibt es in Deutschland einen »Tiefen Staat«*

(*SZ*, 5.7.2012) und einmal als Fernsehversion: *Pleiten, Pech und Pannen* (*Panorama*-Beitrag, 5.7.2012).

In beiden Fällen zielen die Beiträge – entgegen der eigenen Erkenntnisse – darauf ab, Andreas Temme zur tragischen Figur zu stilisieren, mit dem Evergreen-Mantra vom ›Mann am falschen Ort zur falschen Zeit‹.

Ein Mantra, das umso lauter bemüht und gesungen wird, je planvoller und lückenloser sich ›Zufälle‹ ineinanderfügen. Am Ende dieses Mantras steht dann die Letztinstanz dieser esoterischen Weltsicht: Wer etwas anders als die offizielle Version für das Wahrscheinliche, für das immer Wahrscheinlichere hält, ist nicht mit den Fakten vertraut, sondern irregeleitet. ›Verschwörungstheorie‹ wird dann geraunt, von jenen am lautesten, die die Praxis dazu sehr gut beherrschen.

Wie dünn und fadenscheinig dieser Verweis auf ›Verschwörungstheorie‹ ist, spürte auch der *SZ*-Redakteur Hans Leyendecker, als er in der ARD-Sendung *Bericht aus Berlin* vom 14. April 2013 danach gefragt wurde. Geradezu panisch antwortete er in einer Endlosschleife:

> »Das is *ausermittelt*. Das ist nun wirklich *damals ausermittelt*, das ist jetzt *noch mal ausermittelt*. Der saß da, das is auch ne Figur wie eigentlich aus 'nem Roman, hat früher *Mein Kampf* intensiv gelesen. *Es passte scheinbar alles.* Aber *es ist ausermittelt*, er hat mit dieser Tat, wenn Sie gucken, die Mörder kamen aus Dortmund, es wäre möglich gewesen, dass sie in Münster gemordet hätten, dass sie woanders, er hat mit dieser Tat nicht zu tun gehabt. … Was *ausermittelt ist* und das *ist ausermittelt*. Und dann kann ich nicht mit 'ner *Verschwörungstheorie* noch mal um die Ecke kommen.«

Seine Redaktion wusste, dass genau das Gegenteil der Fall war und ist! Und das nicht aufgrund einer ominösen Verschwörungstheorie, sondern anhand der vorhandenen (und unterschlagenen) Ermittlungsergebnisse.

Wer sich mit polizeilichen Ermittlungstätigkeiten und -methoden beschäftigt, wird schnell erfahren, dass dort ›der Zufall‹ – also die Lehre vom Unwahrscheinlichen – als Erkenntnismethode nicht vorkommt. Zu Recht. Denn polizeiliche Ermittlungsmethoden gehen vom Gegenteil aus: von der Wahrscheinlichkeit eines Geschehensablaufes. Denn weder die Polizei noch ein Staatsanwalt noch ein Richter kennen die Wahrheit. Sie könnten im besten Fall nur ein Geschehen rekonstruieren – mithilfe von Indizien, Zeugen und Spuren. Ausgangspunkt ist folglich nicht ein Geschehen, ein bestimmtes, sondern verschiedene Geschehensabläufe, die sich aus den ›Beweismitteln‹ ergeben. Das bekommt – in der Theorie – den Namen: Ermittlungen in *alle* Richtungen.

Am Ende dieses Ermittlungsprozesses bleibt ein Geschehensablauf, der aufgrund der vorhandenen Beweismittel in sich konsistent ist, am plausibelsten rekonstruiert werden kann.

Nimmt man alle uns vorliegenden Beweismittel im Fall Kassel zur Grundlage und handelt nach diesen polizeilichen Prämissen, dann kommt man zu einem recht eindeutigen Ergebnis:

Für den Geschehensablauf, den Polizei und Gericht für die Ereignisse in Kassel für plausibel halten, spricht so gut wie nichts: Einzig und allein die Tatwaffe (eine Ceská 83), die im Brandschutt des Hauses gefunden wurde, in dem auch die NSU-Mitglieder wohnten, lässt eine Täterschaft des NSU infrage kommen. Mehr nicht.

Das ist ein schwacher, um nicht zu sagen hauchdünner Beweis. Denn damit ist weder geklärt noch bewiesen, dass die beiden NSU-Mitglieder auch die Täter waren – selbst wenn man davon ausgeht, dass sich die Waffe tatsächlich im Besitz der uns bekannten NSU-Mitglieder befand.

Gegen den Geheimdienstmitarbeiter Andreas Temme sprechen zahlreiche Indizien und Sachbeweise:

- Ein neonazistischer Hintergrund
- Ein Duz-Verhältnis zu einem Neonazi, der zum NSU-Netzwerk zählt
- Die Anwesenheit zur Tat- und Mordzeit
- Das Mitführen einer Plastiktüte, in der sich laut Zeugenberichten die Tatwaffe befunden haben könnte
- Das Auffinden von Handschuhen, an denen sich Schmauchspuren befinden, die identisch mit denen sind, die die Tatwaffe hinterlässt

- Die Verweigerung einer Zeugenschaft
- Zahlreiche Falschaussagen in Verbindung mit Absprachen von Falschaussagen
- Die Verhinderung der Aufklärung angeblicher ›privater‹ Umstände durch seine Vorgesetzten

Vergleicht man – ohne Ansehen der Person – die Indizien und Sachbeweise, die für eine Täterschaft der drei stets genannten NSU-Mitglieder und/oder für die (Mit-)Täterschaft von Andreas Temme sprechen, dann braucht man für dieses Ergebnis keine kriminalistische Ausbildung.

Geht man – gemäß der vorliegenden Beweismittel – von einer 20-prozentigen Wahrscheinlichkeit einer Täterschaft der uns bekannten NSU-Mitglieder aus, so belasten die restlichen 80 Prozent den hessischen Verfassungsschutzmitarbeiter Andreas Temme wegen möglicher Mittäterschaft bzw. Beihilfe zu Mord.

Fänden die polizeilichen Ermittlungsgrundsätze tatsächlich Anwendung, würde das Ermittlungsergebnis im Mordfall Kassel geradezu zwingend zu einer Anklage gegen Andreas Temme führen. Dass dies bis heute nicht passiert ist, hat auch nichts mit Zufall zu tun.

Nahe an der Wahrheit: Das System der Deckungs- und Verdunklungsarbeit

>»Ich sage ja jedem: Wenn er weiß, dass irgendwo so etwas passiert, bitte nicht vorbeifahren.«
>*(Gerald-Hasso Hess, Geheimschutzbeauftragter des LfV Hessen in einem Telefonat mit Andreas Temme am 9. Mai 2006)*

Mittlerweile lassen sich sowohl das Tun des Verfassungsschutzmitarbeiters Andreas Temme als auch die Dienstwege und Deckungsarbeiten deutscher Behörden konsistent rekonstruieren:

Der Verfassungsschutzmitarbeiter Andreas Temme traf sich mit seiner Quelle ›GP 389‹, mit dem Neonazi Benjamin Gärtner, am 6.4.2006. Danach erledigte er Bürotätigkeiten. Dann kommt es zu den besagten zwei Telefonaten, das letzte ist zehn Minuten lang: »… um 16.10 Uhr, etwa eine Stunde vor dem Anschlag, rief T. auf dem Handy von G. an.« (*welt.de*, 22.10.2013) Dann machte er sich auf den Weg nach Hause, wo seine schwangere Frau wartete, überlegte sich's jedoch anders und stoppte für eine ›Chat-Affäre‹ an einem Internetcafé in der Holländischen Straße.

Am Rechner Nr. 2 war er von 16:51 Uhr bis 17:01 Uhr eingeloggt – also zur Tatzeit. Der Internetbesitzer Halit Yozgat lag bereits ermordet hinter seinem Schreibtisch, als der Geheimdienstmann seinen Platz am Computer verließ. Ohne angeblich irgendetwas Ungewöhnliches bemerkt zu haben, ohne die ›Tropfspuren‹ auf dem Schreibtisch gesehen haben zu wollen, bezahlte der ca. 1.90 Meter große Geheimdienstmitarbeiter: »Er legte die 50 Cent für die Computernutzung auf die Ladentheke, hinter der wohl schon die Leiche lag. Die Polizei fand diese 50 Cent am Tatort.« (*FR*, 24.11.2011)

Nachdem der Mordfall auch die Mitarbeiter und Vorgesetzten im Landesamt für Verfassungsschutz (LfV) erreichte, kam es am 10. April 2006 zu einer Befragung von Andreas Temme durch die Kollegin und Quellenführerin Frau Ehrig: Auf diese Ereignisse angesprochen erklärte Andreas Temme, dass er weder das besagte Internetcafé noch das Opfer kenne. Danach wurde es wieder kollegial und dienstlich. Sie beauftragte ihn, den Namen des Opfers ›abzuklären‹, was Andreas Temme mit einer – überraschend kenntnisreichen – Bemerkung kommentierte: Temme gab ihr gegenüber an, »dass der Mord offensichtlich keinen regionalen Bezug hätte, da die Waffe bereits bei mehreren Taten im gesamten Bundesgebiet eingesetzt worden sei.« (Beweisantrag Rechtsanwaltsbüro b|d|k aus Hamburg, 6.11.2013)

Abgesehen von der Frage, woher der ahnungslose Verfassungsschützer seine detailreichen Kenntnisse hatte, nahm dieser Vermerk (Komplex Temme, Band 6, Blatt 81) ein merkwürdiges Ende: Die Bundesanwaltschaft unterschlug diesen Vermerk gegenüber dem in München tagenden Senat.

Dass Andreas Temme von Anfang wusste, wo er sich am 6. April 2006 aufgehalten hatte, geht auch aus einem Vermerk des Kriminalhauptkommissars Wetzel vom 22. April 2006 hervor: »Wir haben ihm

vorgehalten, dass er Kollegen gegenüber im Vorgespräch der Vernehmung sagte, dass ihm schon – bevor die Polizei zu ihm kam – bewusst
war, dass er am Tattag am Tatort war.« (Mord Yozgat SA, Hauptakte,
Bd. 2075, Bl. 15)

Am 9. Mai 2006 kam es zu einem Telefonat zwischen dem Geheimschutzbeauftragten Gerald-Hasso Hess vom Landesamt für Verfassungsschutz und den vor Vernehmungen stehenden LfV-Mitarbeiter
Andreas Temme: »Herr Hess gibt den Rat, was er auch grundsätzlich
bei der Arbeit sagt, so nahe wie möglich an der Wahrheit zu bleiben.«
(Komplex Temme, Band 15)

Darauf angesprochen, verklärte er diese Empfehlung zum lo-
ckeren Witz, um ins Gespräch zu kommen. Er weiß es besser. Denn
Falschaussagen lassen sich dann am besten durchhalten, wenn man
sie so nahe wie möglich an das tatsächliche Geschehen anlehnt. Kein
Joke also, sondern eine Anleitung zur professionellen Falschaussage,
die er ganz »grundsätzlich« versteht und als seine Aufgabe als Geheimschutzbeauftragter begreift.

Tatsächlich folgte der Verfassungsschutzmitarbeiter dieser Anwei-
sung vorbildhaft: Fortan erinnerte er sich daran, am Tattag in besagtem Internetcafé gewesen zu sein – ohne etwas vom Mord bzw. von
den Tätern mitbekommen zu haben.

Der V-Mann Führer Andreas Temme bekommt noch mehr Rat
und Beistand: Am 29. Mai 2006 kommt es zu einem Telefonat zwischen Herrn Fehling, Chef der Außenstelle des LfV Hessen in Kassel,
und Andreas Temme. Dieses Telefonat wurde protokolliert, als die
Ermittlungsbehörden Andreas Temme als Tatverdächtigen geführt
und aus diesem Grunde seine Telefonanschlüsse abgehört hatten.
Den Inhalt des Gespräches gibt die Tageszeitung *Die Welt* wie folgt
wieder, wobei die Zeitung den Behördenchef Fehling als ›Herr F‹ le-
gendierte:

»Das abgehörte Gespräch der beiden Verfassungsschützer klingt nach
einer vertraulichen Plauderei unter Freunden. Herr F. spricht am
29. Mai 2006 zu seinem untergebenen V-Mann-Führer Andreas T.
über den Mord an Halit Yozgat. Was die beiden nicht wissen: Die Poli-

zei hört jedes Wort mit, da sie Andreas T. als Verdächtigen führt. Verfassungsschützer F. schärft seinem Schützling Andreas T. ein, dass er zu der Situation und dem Verlauf der Ermittlungen der Polizei gegen T. nichts sagen dürfe. Dann sagt er noch, dass es nicht um ihn oder ›um alle‹ gehe. Es gehe um die ›Kasseler Problematik‹ und in dieser Problematik ›sitzt du ja ein bisschen drin, ne?, so F. Schließlich spricht F. noch ein Gespräch an, dass Andreas T. mit dem Direktor des Landesamtes für Verfassungsschutz Hessen, Lutz I., geführt habe, und teilt T. anerkennend mit: ›Und wie du das bei dem I. gemacht hast und hast dich nicht so verhalten, wie mir das gesagt wurde, so restriktiv wie bei der Polizei, also du hast denen alles dargestellt. Ich darf und will es nicht wissen. Ich hoffe, dass es für dich gut ausgeht.‹

Im Klartext: Andreas T. hat seinen Vorgesetzten im Amt mehr erzählt als der ermittelnden Kriminalpolizei, wurde dafür gelobt und ist diesem ›restriktiven‹ Aussageverhalten über die Jahre treu geblieben.« (*Die Welt*, 29.1.2014)

Ein gut angelegtes und gesteuertes Wissensgefälle

»Und, äh, es ist alles ruhig, es ist alles, äh, es läuft alles nach Plan und wie es weitergeht, müssen wir mal sehen.«
(*Frank-Ulrich Fehling, Chef der Außenstelle des LfV Hessen in Kassel, im Gespräch mit Andreas Temme*)

Andreas Temme lügt. Er lügt mit Rückendeckung und nach Plan. Sein selektives Erinnerungsvermögen ist nicht den Gedächtnislücken geschuldet, sondern einem klar kalkulierten Vorgehen.

Fest steht auch: Andreas Temme handelt dabei nicht alleine, sondern in bestem Einvernehmen mit seinem Abteilungsleiter, dem Direktor des Landesamtes für Verfassungsschutz Hessen, Lutz Irrgang, und dem Geheimschutzbeauftragten des LfV Gerald-Hasso Hess, der eigentlich für die Rechtmäßigkeit von ›Aktionen‹ Sorge tragen soll. Zusammen halten sie Wissen zurück und behindern aktiv und mit Vorsatz die Aufklärung dieses Mordes.

Dass es dabei nicht alleine um die Person Andreas Temme geht, hat dessen Vorgesetzter zwar vieldeutig und doch treffend genug umschrieben: es geht um die ›Kasseler Problematik‹.

Fakt ist auch, dass das OLG München dieses äußerst wichtige Protokoll nicht in den NSU-Prozess eingeführt hat. Erst die Rechtsanwälte von Nebenklägern sind darauf gestoßen, als sie die Akten bei der Bundesanwaltschaft in Karlsruhe gesichtet hatten.

Einen halben Monat nach dem Telefonat zwischen Fehling und Temme, am 16.6.2006, fand im Landesamt für Verfassungsschutz eine Besprechung statt, an der Vertreter des Verfassungsschutzes, der Staatsanwaltschaft und der Polizei teilnahmen. Staatsanwaltschaft und Polizei legten dar, warum sie eine dienstliche Erklärung von Andreas Temme, die Sicherheitsakte des LfV-Mitarbeiters und die Vernehmung des Neonazis und V-Manns Benjamin Gärtner beantragen. Die Besprechung blieb ohne Erfolg:

»Im Verlauf des Gespräches stellte Herr Hess (Geheimschutzbeauftragter des LfV) klar, dass eine Vernehmung und der damit einhergehende Verlust der Quellen das größtmögliche Unglück für das Landesamt darstellen würden. Er meinte, dass, wenn solche Vernehmungen genehmigt würden, es für einen fremden Dienst ja einfach sei, den gesamten Verfassungsschutz lahm zu legen. Man müsse nur eine Leiche in der Nähe eines VMs bzw. eines VM-Führers positionieren.«[13]

Das LfV lehnte jede Zusammenarbeit ab und verwies darauf, dass das Innenministerium das letzte Wort habe. Dieses entschied im Konflikt zwischen Staatsanwaltschaft/Polizei und Verfassungsschutz zugunsten des letzteren.

Vorläufiger letzter Akt dieser fortgesetzten Unterschlagung und Manipulierung von Beweismitteln und Aktenbeständen: Zum ›Fall Temme‹ existieren – soweit bekannt – insgesamt 35 Leitzordner im

---

13   MAT A GBA-4/11 e, S. 281; vgl. auch: Stenografisches Protokoll der 24. Sitzung des 2. Untersuchungsausschusses vom 5.7.2012, S. 40 (http://dipbt.bundestag.de)

Hause der Bundesanwaltschaft. Bis heute liegen diese weder dem im München tagenden Senat noch den Rechtsanwälten vor.

Soviel zur ›Aufklärungspflicht‹ einer Bundesanwaltschaft und der Aufgabe des Gerichtes, im Rahmen ihrer Aufklärungspflicht »alle nicht von vorneherein aussichtslosen Schritte zu unternehmen, um zu einer möglichst zuverlässigen Beweislage zu gelangen.« (Beweisantrag der Nebenkläger vom 12.11.2013)

Wer immer noch glauben will und muss, das Versagen der Behörden wäre einem Behördenwirrwarr und bedauerlichen Fehlleistungen Einzelner geschuldet (gewesen), wird hier eines Besseren belehrt. Auch am *Fall Kassel* lässt sich belegen, dass das System ›Cleaning‹ in Form von Falschaussagen, Anstiftung zu Falschaussagen, Manipulationen der Beweislage, Deckungsarbeit durch Vorgesetzte bis heute sehr koordiniert vorgenommen und von den jeweiligen Spitzen der beteiligten Behörden abgesegnet wird.

Politisch gewollte Rechts- und Straffreiheit

Dass bis heute an der Vertuschung der Mordumstände festgehalten wird, dass die versprochene Aufklärung *ohne Ansehen der Person* eine Farce ist, belegt Mely Kiyak als Beobachterin des NSU-Bundestagsuntersuchungsausschusses in Berlin im Juni 2012. Befragt wurde Gerhard Hoffmann, leitender Kriminaldirektor des Polizeipräsidiums Nordhessen und damaliger Leiter der ›SOKO Café‹. Aus dem Gedächtnis gibt sie folgenden Dialog zwischen Mitgliedern des Untersuchungsausschusses (UA) und dem SOKO-Chef Gerhard Hoffmann (G.H.) wieder:

»*G.H.: Innenminister Bouffier hat damals entschieden: Die Quellen von Herrn T. können nicht vernommen werden. Als Minister war er für den Verfassungsschutz verantwortlich.*
UA: Er war doch auch Ihr Minister! Ist Ihnen das nicht komisch vorgekommen? Jedes Mal, wenn gegen V-Männer ermittelt wurde, kam einer vom Landesamt für Verfassungsschutz vorbei, stoppt die Ermittlung mit der Begründung, der Schutz des Landes Hessen ist in Gefahr. Aus den Akten geht eine Bemerkung hervor, die meint, dass man erst

eine Leiche neben einem Verfassungsschützer finden müsse, damit
man Auskunft bekommt. Richtig?
G.H.: Selbst dann nicht …
UA: Bitte?
*G.H.: Es heißt, selbst wenn man eine Leiche neben einem Verfassungsschützer
findet, bekommt man keine Auskunft.«* (*FR*, 30.6.2012)

Es stockt einem der Atem, wenn man dies liest und weiß, dass solche
Worte keinen größeren Aufschrei zur Folge hatten.

Mithin fragt sich: Wie lange wird diese Art der ›Aufklärung‹ hingenommen? Haben Verfassungsschutz und Innenministerium – anstatt
das Land und die Verfassung zu schützen – nicht vielmehr Beihilfe zu
Mord geleistet?

Liegt gegen Verfassungsschutz und Innenministerium, wenn sie
auf die gezeigte Weise offen im straf- und rechtsfreien Raum agieren,
nicht zumindest – einmal vorausgesetzt, der Staat würde auch gegen
eigene staatliche Einrichtungen ermitteln – ein Anfangsverdacht zur
Ermittlung nach § 129a StGB (Unterstützung einer terroristischen Vereinigung) vor? Doch selbst deren Mitarbeiter sollen fortan nicht be-
langt werden dürfen. »Keine Straffreiheit für den Geheimdienst« forderte etwa die Humanistische Union im Juni 2015 bei einer Aktion vor
dem Bundestag – mit dem Ziel, die »geplante Straffreiheit für V-Leute
und Verdeckte Ermittler aus dem Entwurf für ein neues Verfassungs-
schutzgesetz zu streichen«[14].

Dass der Unwille, den Mordanschlag von Kassel aufzuklären seine
Fortsetzung im NSU-Prozess findet, stellt das OLG München selbst
unter Beweis. Verschiedene Nebenkläger stellten den Antrag, dass die
Einbeziehung von Telefonüberwachungs-Akten von Andreas Temme
zur Einsicht und Überprüfung vorgelegt werden. Anstatt diesem Antrag stattzugeben, lehnte der Vorsitzende Richter Götzl die Hinzuzie-
hung dieser Akten ab: Die Unterlagen würden nichts dazu beitragen,
den Fall aufzuklären. Mit dieser Entscheidung unterschreitet der Vor-

---

14 »Keine Straffreiheit für den Geheimdienst – Bürgerrechtler demonstrieren
    vor dem Bundestag«, www.verfassung-schuetzen.de.

sitzende Richter selbst das Ermittlungsniveau der Staatsanwaltschaft
Kassel, die erklärt hatte:

>»Der gegen Herrn Temme bestehende Anfangsverdacht konnte auch
durch die weiteren geführten Ermittlungen noch nicht ausgeräumt
werden ... Aus hiesiger Sicht ist in Anbetracht der Bedeutung der
Mordserie und des bundesweiten Interesses jedoch eine sorgfältige
Abarbeitung der ›Spur Temme‹ geboten« (Schreiben der StA Kassel,
13.7.2006)

Der Schlüssel für das Ende der
NSU-Mordserie liegt nicht in Zwickau

In der Logik der Täter war der Mord an Halit Yozgat ein Erfolg. Sie
konnten unerkannt entkommen. Nicht einmal eine Täterbeschrei-
bung konnten die Zeugen liefern. Auch auf die Ermittlungsbehörden
war Verlass. Wie bei allen Mord- und Terroranschlägen zuvor suchten
die Ermittler die Motive im familiären Umfeld des Ermordeten. Es
gab keine Videoaufnahmen wie im Fall Köln 2004. Es gab also nicht
einen einzigen Grund für den NSU, die Pläne für weitere Morde aufzugeben. Oder doch?
   Der Grund kann nur Andreas Temme sein. Wäre er nur der falsche Mann am falschen Ort gewesen, hätte er keine Gefahr für den
NSU dargestellt. Wenn hingegen der NSU damit rechnen muss, dass
Andreas Temme ›umfällt‹, also sein gesteuertes Wissensgefälle zusam-
menbricht, dann stellt Andreas Temme ein dauerhaftes, unkalkulier-
bares Risiko dar.
   Das wissen nicht nur die Täter, sondern auch die Ermittler. Alexander Kienzle, Anwalt der Familie Yozgat:

>»Die damaligen Kasseler Ermittler gehen heute noch davon aus, dass
es nur zwei Erklärungen für das Verhalten von T. gibt. Entweder hat er
am Tatort was gesehen und sagt es nicht. Oder er war selbst in die Tat
verstrickt.« (*FAZ*, 1.11.2014)

Dass bis heute Andreas Temme von seinen Vorgesetzten gedeckt wird, hat nur am Rande etwas mit persönlichen Sympathien zu tun. Was sie zusammenschweißt und zusammenhalten lässt, ist die berechtigte Sorge, dass sich die ›Kasseler Problematik‹ wie ein roter Faden durch alle beteiligten Behörden zieht, was – angesichts eines Mordes – auch die Möglichkeit der Beihilfe einschließt. Und diese verjährt nicht.

6.
Das Phantom 123

Die rechtsfreie Zone des V-Manns – ein Lehrstück

> »Ich lasse mir eine gute Story nicht durch Fakten verderben.«
> *(Edi Clontz, Chefredakteur der* Weekly World News, *nach:* FR, *30.8.2007)*

Der als Verfassungsschutz bezeichnete Inlandsgeheimdienst bezeichnet ihn als V-Mann oder ›VM‹, also vertraulichen Mitarbeiter. Dort, wo man ihn ›gewinnt‹, nennt man ihn Spitzel. Nach dem Gesetz werden V-Leute geworben und eingesetzt, um in Kriminalitätsschwerpunkten schwere Straftaten zu verhindern bzw. deren Vorbereitung aufzudecken. Bevorzugte Einsatzgebiete sind linke Zusammenhänge, neonazistische Gruppierungen und Bereiche, die man unter ›Organisierter Kriminalität‹ subsumiert – wie zum Beispiel das Drogen- oder Rockermilieu oder das, was man jahrelang als ›Ausländerkriminalität‹ verfolgt hatte Ein geradezu boomendes Einsatzgebiet für Spitzel kam seit 2001 dazu: Alles, was man mit Islamismus in Verbindung bringt bzw. unter dem Kampf gegen den ›gewaltbereiten Islamismus‹ firmiert.

Auffällig ist, dass V-Leute – nach bisherigen Erkenntnissen zumindest die des Inlandsgeheimdienstes – dort nicht eingesetzt bzw. gewonnen werden, wo der Schaden krimineller Handlungen besonders groß ist: in führenden Wirtschaftsunternehmen wie in Finanzinstituten.

In aller Regel, also in der Wirklichkeit, werden V-Leute nicht ›gewonnen‹, sondern zur Zusammenarbeit erpresst. Im Behördenjargon nennt man das ein ›Konzessionsangebot‹. Die Personen sind meist mit einem Strafverfahren konfrontiert und werden in der Phase der Anklageerhebung von Geheimdienstmitarbeitern angesprochen. Man bietet ihnen die Einstellung des Verfahrens an, wenn sie im Gegenzug Informationen an den Geheimdienst liefern.

Dass dieses erpresserische ›Angebot‹ sehr häufig von den Angeworbenen widerwillig angenommen wird, liegt folglich in der Natur dieses Arbeitsverhältnisses. Zahllose Beispiele belegen, dass solche V-Leute genau das berichten, was ihre V-Mann-Führer hören wollen. Schließlich wollen sie ihre Vergünstigungen nicht aufs Spiel setzen.

Nicht selten stützen sich Anklagen auf Aussagen solcher V-Leute. Sich dagegen zur Wehr zu setzen, ist schwer, denn man bekommt sie nicht zu Gesicht. Das nennt man dann ›Quellenschutz‹. Kommt es zu gerichtlichen Auseinandersetzungen, werden solche V-Leute durch ihre V-Mann-Führer in den Prozess eingeführt. Ob das stimmt, was dieser über seine ›Quelle‹ zu berichten weiß, ist also äußerst schwer zu überprüfen.

Dass V-Leute gerade nicht Straftaten verhindern, sondern in erheblichem Maße selbst Straftaten begehen bzw. ermöglichen, beweist der NSU-VS-Komplex in Hülle und Fülle. Obwohl bis heute mehrere Dutzend V-Leute im Nahbereich der neonazistischen Terrorgruppe NSU eingesetzt waren, konnte die Terror- und Mordserie des NSU angeblich weder verhindert noch gestoppt werden. Belegt ist hingegen das Gegenteil: Zahlreiche V-Leute, also bezahlte Neonazis, haben zum Aufbau des Nationalsozialistischen Untergrundes beigetragen und deren mörderische Machenschaften durch substanzielle Tatbeiträge ermöglicht. Es waren V-Leute, die die 1998 abgetauchten Mitglieder des Thüringer Heimatschutzes (THS), aus dem der NSU hervorging, mit allem ausgestattet hatten, was man für einen Untergrund braucht: Sie sammelten Geld, stellten illegale Papiere und Ausweisdokumente zur Verfügung. Sie besorgten Sprengstoff und Waffen. Und sie waren auch daran beteiligt, den NSU-Mitgliedern Wohnungen und Autos zu besorgen, die jeweils auf falschem Namen angemietet wurden.

Die Rechtfertigung, Neonazis als V-Leute anzuwerben, um schwere Straftaten im Vorfeld zu verhindern und so den Neonazismus mit den Mitteln des Rechtsstaates zu bekämpfen, kann nur als Farce bezeichnet werden.

Welche Rolle also V-Leute beim Aufbau dieser neonazistischen Terrorgruppe spielten, welchen Tatbeitrag sie – mindestens durch Gewährenlassen – leisteten, ist Gegenstand zahlreicher parlamentarischer Untersuchungsausschüsse. Dass bei der Aufklärung dieses staatlichen Anteils vonseiten des Verfassungsschutzes nicht Aufklärung betrieben wird, sondern auf jede nur erdenkliche Weise Sabotage, komplettiert diesen Schattenbereich eines staatseigenen Untergrundes. Fast bei jeder Gelegenheit wurde und wird in allen Bundesländern versucht, die Existenz von V-Leuten im Nahbereich des NSU zu leugnen. Meist dringt deren Existenz und Einsatz erst dann an die Öffentlichkeit, wenn sie durch Recherchen von Antifa-Gruppen oder politisch Engagierter auffliegen, also namentlich identifiziert werden. Dann werden sie vom Verfassungsschutz aus dem Verkehr gezogen und nicht selten in ein sogenanntes Zeugenschutzprogramm gesteckt. Man könnte es treffender auch Vertuschungsprogramm nennen, denn nun werden die verbrannten V-Leute auf ihre Vernehmung als Zeuge vorbereitet. Auch dafür hat sich der Verfassungsschutz einen einfühlsamen Namen ausgedacht: Laut eigener Einlassungen handelt es sich bei dieser Art der Betreuung um ›Sensibilisierungsgespräche‹. Dementsprechend protegiert, sind ihre Aussagen in aller Regel von größtmöglicher Ungenauigkeit und Bedeutungslosigkeit. In solchen Fällen ziehen V-Mann und Verfassungsschutz als aktueller Schutzpatron an einem Strang. Der V-Mann möchte seine Privilegien im Zeugenschutzprogramm nicht verlieren (neue Identität, ein auskömmliches Gehalt und berufliche Wiedereingliederungshilfen als Nicht-Spitzel) und der Verfassungsschutz will unter allen Umständen vermeiden, dass dem V-Mann ein Tatbeitrag zur Terror- und Mordserie des NSU nachgewiesen werden kann. Wäre dies der Fall, träte die ›Amtshaftung‹ ein. Das wäre nichts anderes als der politische Super-GAU.

Dass V-Leute ein nicht verifizierbares Beweismittel sind, ist eine Sache. Was ist aber, wenn in einem Ermittlungsverfahren, in einem Prozess ein V-Mann eingeführt wird, den es gar nicht gibt? Von einem solchen Fall ist im Folgenden die Rede.

Über Aufstieg und Fall des V-Mannes ›123‹

Im Jahr 2006 erhielt der Autor ein Schreiben vom Bundesamt für Verfassungsschutz. Darin wurde ihm mitgeteilt, dass er im Rahmen eines Ermittlungsverfahrens sechs Monate überwacht worden ist. Man habe dem Verdacht nachgehen wollen, dass er Mitglied einer terroristischen Vereinigung namens ARMK gewesen sei, der zahlreiche Sabotageaktionen zur Last gelegt wurden. Da auch die sechsmonatige Überwachung diesen Verdacht nicht erhärten konnte, wurden die Überwachungsmaßnahmen eingestellt, ebenso das Ermittlungsverfahren. All das fand zum Zeitpunkt der Mitteilung vor acht Jahren statt, will man den Schreiben dieser Behörde Glauben schenken.

Der lange Marsch durch die Institutionen

Diese dem Verfassungsschutz nicht verborgen gebliebene ›terroristische Neigung‹ machte auch mich neugierig. Anstatt mir psychologische Hilfe zu holen, beantragte ich Akteneinsicht. Auch im journalistischen Sinne sprach mich dieser ›Fall‹ an. Schließlich bot sich so die Möglichkeit, endlich einmal mit allen (zur Verfügung gestellten) Akten arbeiten zu können, anstatt sich mit sehr selektiven Informationsgaben zufriedengeben zu müssen. Auch politisch gab der ›Fall‹ einiges her. Gewöhnlich muss man mutmaßen, wie jemand in einen Terrorismusverdacht gerät, welche Beweise dafür vorliegen (müssen), wie mit geheimdienstlichen Befugnissen umgegangen wird. Im eigenen Fall kann man sich viele Spekulationen ersparen, wenn man sein eigenes Leben einigermaßen rekapitulieren kann.

In der Summe bot sich also die Chance, sehr genau den Weg eines Terrorverdachts von seiner Entstehungsgeschichte über die Beschaffung und Herstellung von Beweismitteln bis hin zur Einstellung des Ermittlungsverfahrens zu verfolgen.

Nach ein paar Monaten bekam ich ›Akteneinsicht‹. Diese doch recht lange Bearbeitungszeit hatte ihre Gründe: Es war Handarbeit am Werk. Nach strikten Vorgaben wurden Seiten aus der Akte entfernt bzw. bestimmte Passagen und Worte geschwärzt. Am Ende dieses Aktentunings kann man sagen: Der Aktenumfang wurde um ein

Drittel reduziert und die restlichen Zwei Drittel wiesen an substanziellen Stellen fast immer Schwärzungen auf, die das davor und danach Lesbare meist wertlos machten.

Dennoch machte ich mich an die Arbeit, mit den vorhandenen Informationen zumindest die Entstehungsgeschichte dieses Terrorverdachtes zu rekonstruieren.

Rekonstruktion

Spätestens 1996 wurde ein »Ermittlungsverfahren gegen Unbekannt wegen des Verdachtes der Bildung einer terroristischen Vereinigung nach § 129« eingeleitet. Anlass war mit größter Wahrscheinlichkeit eine Sabotageaktion am Frankfurter Flughafen 1995, die auch medial für große Aufmerksamkeit und schrille Schlagzeilen sorgte. An mehreren Stellen rund um den Flughafen wurden Glasfaserkabel durchtrennt bzw. zerstört. Dies führte zu massiven Beeinträchtigungen: Die elektronische Erfassung der Passagiere musste per Hand vorgenommen werden, Rechner fielen aus, die Bankautomaten im Flughafenbereich waren außer Betrieb gesetzt, viele Telefonverbindungen tot, es kam zu Verzögerungen im Flugbetrieb. In der Presse war von »High-Tech-Terroristen gegen die Kommunikationsgesellschaft« (*Der Spiegel*, 6/1995), von einem Millionenschaden die Rede.

Eine Gruppe namens ›Keine Verbindung e. V.‹ brachte ihre Sabotageaktion mit der zerstörerischen Bedeutung des Frankfurter Flughafens, mit den Hunderten von Abschiebungen, die über den Airport jährlich abgewickelt werden, in Verbindung. Man kann davon ausgehen, dass eine Sonderkommission (SOKO) auf Landesebene eingerichtet wurde, um in dieser Angelegenheit zu ermitteln. Als schließlich ein Jahr später eine weitere Sabotageaktion auf das Glasfaserkabelnetz rund um den Frankfurter Flughafen verübt worden war, übernahm die Bundesanwaltschaft den Fall. Als terroristische Vereinigung wurde die seit 1988 bestehende ›Rhein-Main-Koordination‹ (RMKO) ausgemacht, die man fortan als ›Autonome Rhein-Main-Koordination‹ (ARMK) führte. Als Beweis, dass »mit hoher Wahrscheinlichkeit Täter aus dem Bereich der ARMK« infrage kommen, dienten »auffällige sprachliche Übereinstimmungen« zwischen Texten, die der ARMK zugeordnet wurden und den entsprechenden Bekennerschreiben.

Diese linguistische ›Beweisführung‹ kann man durchaus mit Traumdeutungen vergleichen. 2007 verbrachte Andrej Holm, der als Soziologe zur Stadtentwicklung arbeitet und sich u. a. und unentwegt kritisch zur ›Gentrifizierung‹ äußert, wegen ›linguistischer Nähe‹ zur ›Militanten Gruppe‹ (mg) mehrere Wochen hinter Gittern. Mit *Neun Wörter – ein Terrorverdacht* beschrieb die *Frankfurter Rundschau* (31.8.2007) knapp und völlig ausreichend die staatsanwaltschaftliche Beweisführung, die zum Haftbefehl und dessen Vollstreckung führte. Was sich wie ein Witz anhört und der Welt des *Großen Diktators* von Charlie Chaplin entlehnt sein könnte, machte Andrej Holm dringend verdächtig, Mitglied in einer terroristischen Vereinigung zu sein: Das Bundeskriminalamt fand heraus, dass es zwischen einem Text von besagtem Soziologen und Bekennerschreiben der ›mg‹ eine »Vielzahl« von Übereinstimmungen gäbe, um genau zu sein besagte neuen Wörter, darunter ›Reproduktion‹, ›implodieren‹, ›Prekarisierung‹, ›Bezugsrahmen‹, ›politische Praxis‹ oder das nicht ganz leichte Wort ›Gentrifizierung‹ würden in beiden Texten auftauchen.

Dass das nicht ausreichte, seine Inhaftierung fortzusetzen, lag nicht am Justizwesen, sondern an der großen Solidarität und Aufmerksamkeit, die dieser Fall bekommen hatte.

Zurück ins Jahr 1995. Monatelang wurden verdächtige Personen observiert, Freunde, politische Treffen und Veranstaltungen überwacht und Kontakte durchleuchtet. Der damit beauftragte Verfassungsschutz in Hessen resümierte Ende 1996: »Die bisherige Beobachtung der Betroffenen zeigt, dass es wegen ihres konspirativen und vorsichtigen Verhaltens unmöglich ist, einschlägige Aktivitäten allein durch Observationen aufzudecken. Nur der gebündelte Einsatz aller in Frage kommenden nachrichtendienstlichen Mitteln verspricht Erfolg.« (Aus der Erstanordnung der G-10-Maßnahme vom 22.1.1997)

Dass Geheimdienste die erfolglose Suche nach Beweisen für den aufgestellten Verdacht damit begründen, dass die Beschuldigten besonders konspirativ vorgehen würden, hat sicherlich eine besondere

Note. Gerade weil man ihnen nichts nachweisen kann, machen sie sich in hohem Maße verdächtig! So verwandelt man Beweisnot in einen noch dringlicheren Tatverdacht.

Dass die fehlende Mitarbeit bei der eigenen Überwachung kein Orwell'sches Phänomen ist, sondern fortgesetzt als Begründung für weitere und schärfere Repressionsmaßnahmen verwandt wird, musste auch bereits erwähnter Stadtsoziologe Andrej Holm erfahren. Neben seiner sprachlichen Nähe zu Bekennerschreiben anderer wurde ihm auch sein (sparsamer) Umgang mit dem eigenen Handy zum Verhängnis. Die Fahnder beklagten sich, dass Andrej Holm Treffen mit Personen vereinbart habe, ohne dies über sein Handy kommuniziert zu haben. Die mangelhafte Mitarbeit bei der lückenlosen Überwachung der eigenen Person wertete die Staatsanwaltschaft als markantes Merkmal für konspiratives Verhalten.

›Tatsächliche Anhaltspunkte‹ mit einem Wirklichkeitsgrad von plus/minus 50 Prozent

Um den »gebündelten Einsatz aller in Frage kommenden nachrichtendienstlichen Mittel« zu erwirken, braucht es in Deutschland nicht viel. Es genügt, wenn der Antragsteller ›tatsächliche Anhaltspunkte‹ anführt, die einen umfassenden Lauschangriff rechtfertigen. Also eine Mischung aus begründetem Verdacht und Vermutung.

Im angeführten Fall wurden bereits im Jahr 1997 auf diese Weise gegen mindestens drei Personen Maßnahmen zur Überwachung des Telefon- und Postverkehrs bewilligt. Mit der fünften Verlängerung wurde im Jahr darauf die Ausweitung dieser Lauschangriffe auf meine Person beantragt und genehmigt.

Als ›tatsächlichen Anhaltspunkt‹ diente ein wie von Gott gesandter ›V-Mann 123‹ des hessischen Verfassungsschutzes. Dieser will just vor Antragstellung ein Gespräch am 27. Februar 1998 zwischen mir und weiteren namentlich nicht genannten Personen mitbekommen haben. Anschließend soll und will jener ›V-Mann 123‹ das Gespräch mit seinem V-Mann-Führer zusammen protokolliert haben. Von den durch Schwärzungen unkenntlich gemachten Passagen abgesehen, gleicht es einer Lebensbeichte: Sie beginnt mit einer schweren Kindheit, streift berufliche und arbeitsrechtliche Probleme, gesundheitliche Schwierigkeiten, den gefundenen »Traumberuf« als »Berufsrevolutionär«, um schließlich mit einem Feuerwerk an Anschlägen, die kurz bevorgestanden hätten, und Anschlagszielen, die für die nächsten 20 Jahre reichten, abzuschließen: »Ein Ansatz sei für alle Fälle die Sabotage der Info-Verbindungen. … Einen Sendemast zu ›fällen‹, der Knotenpunkt für Fernsehen, Funktelefon und die Leitungen von Polizei, Militär und Geheimdiensten sei, habe 100 Mal mehr Wirkung als das Sägen von Strommasten je hatte und sei außerdem risikoärmer.« Die Quellenglaubwürdigkeit dieses V-Manns wurde mit ›B3‹ bewertet, also ziemlich hoch.

Es kam ein weiterer ›tatsächlicher Anhaltspunkt‹ dazu, den man in den Antrag einfügte wie eine Münze, die man aus Versehen fallen gelassen hatte – in der sicheren Erwartung, dass sie aufgehoben wird: dem Besuch einer Filmveranstaltung am 27. September 1996 im Café Exzess in Frankfurt. Dort wurde der Video- und Lehrfilm *How to come trough…?* gezeigt, in dessen Ankündigungstext es heißt: »Begleiten Sie uns auf einem Spaziergang zu den Schnittstellen der Informationsgesellschaft.«

Die Anfangssequenzen des Films zeigen Nachrichten des Hessischen Fernsehens. Der Sprecher berichtet über den Anschlag von Februar 1995 auf das Glasfasernetz rund um den Frankfurter Flughafen mitsamt den geschilderten Folgen. Kurz darauf wird ein Sprecher der Telekom, die das Glasfaserkabelnetz unterhält, mit den Worten anmoderiert: »Die Telekom wurde heute nicht müde, aller Kritik zum Trotz, stets das Eine zu betonen, ›dass unser Netz internationalen Standards Stand hält. Es ist so sicher, wie es eben nur sein kann. Allerdings ist auch unter Experten unumstritten, dass sie mit krimineller Energie fast alles oder gar alles tun können‹.«

Dann folgt ein Werbefilm der Lufthansa, ein wunderbar blauer Himmel, freundliches und himmelblau gekleidetes Personal, glückliche und zufriedene Kunden. Dieser Spot geht nahtlos in einen Beitrag über die Abschiebepraxis am Frankfurter Flughafen über, ohne blauen Himmel, dafür in einem fast fensterlosen Trakt, in dem die Abzuschiebenden untergebracht sind.

Im Rest des Filmes folgen wir vor allem der Kamera. Meist ist sie auf den Boden gerichtet, auf der Suche nach Schächten, in denen die Glasfaserkabel verlegt sind, begleitet von der leicht beschwingten Filmmusik vom *Rosaroten Panther*, die die Telekom ab 1995 als Erkennungsmelodie verwendete. Die Kamerafahrt beginnt in der Nähe des Frankfurter Flughafens und wird immer wieder von Sequenzen unterbrochen, die Ereignisse der letzten Jahre Revue passieren lassen: Die Belagerung und Erstürmung des Flüchtlingsheimes in Rostock-Lichtenhagen 1992, den Mord- und Brandanschlag in Solingen 1993, den Selbstmord eines Flüchtlings, der wieder abgeschoben werden sollte, die Blockade des Bundestages in Bonn anlässlich der faktischen Abschaffung des Asylrechts 1993, eine Demonstration in Hamburg gegen die rassistische Flüchtlingspolitik unter dem Motto: ›Die Zeit der Trauer ist vorbei.‹

Die Videofahrt verlässt die betonierten Straßen, biegt in einen Wald ein. Es ist dunkel, als die Videokamera vor einem Schacht zum Stehen kommt. Man sieht, wie der Deckel geöffnet wird. Die Kamera fängt das Innenleben, die in Metallschlaufen hängenden Kabel ein. Dann folgt ein Störungssignal, das man aus dem Fernsehen kennt. Der Bildschirm grieselt, und die Ansage, die folgt, kommt einem auch bekannt vor: *Kein Anschluss unter dieser Nummer.*

Der Film verzichtet in Gänze auf Erklärungen und Kommentare. Er spricht in Bildern und Kontexten. Ein Blatt Papier wird in die Kamera gehalten. Auf diesem steht: *Ende?*

Doch dann folgt noch ein kurzer Ausschnitt aus dem wunderbaren Spielfilm ›Birdy‹. Birdy, ein Psychiatrie-Insasse, der nie geredet hat, schreit heraus: »Wir sollten durchdrehen…« Sein Mitinsasse nimmt ihn vor Freunde in den Arm und reißt ihn mit, auf den Flur, auf das Dach der geschlossenen Anstalt – verfolgt von den Wärtern. ›Birdy‹ rennt an den Rand des Daches, sein Freund ruft ihn voller Verzweiflung zurück. Doch ›Birdy‹ springt… und bleibt am Leben.

Dieses Ende bekommen die etwa 70 Zuschauerinnen im Café Exzess in Frankfurt am 27.9.1996 nicht mehr mit. Dem Ruf »Die Bullen kommen« folgen Stühle, die in die Richtung geworfen werden, aus der der Ruf kam. Es folgt Chaos, Schreie – alles im Dunklen.

Dann wird das Licht im Saal angemacht. Überall verteilt stehen vermummte Polizeibeamte, die immer noch rufen: »Stehen bleiben. Keine Bewegung.« Irgendwo in der Mitte des Saales stehen mehrere Personen in Zivil, im Anzug: Staatsschutzbeamte, ein Staatsanwalt und ein Richter. Fast drei Stunden zog sich die Personalienfeststellung hin. Unter den Personalien befanden sich am Ende auch meine.

Von all diesen ›tatsächlichen Anhaltspunkten‹ war der G-10-Ausschuss beeindruckt und bewilligte den Antrag. Das Ergebnis der nun stattfindenden Lauschangriffe war nach drei Monaten so mager wie die Anhaltspunkte – was ganz offensichtlich auch dem Verfassungsschutz schwante. Dennoch beantragte man eine Verlängerung um weitere drei Monate. Dieses Mal sollte ein abgehörtes Telefonat als ›tatsächlicher Anhaltspunkt‹ herhalten. Man wollte damit belegt haben, dass ich »intensive Kontakte« zu anderen Mitgliedern der ›ARMK‹ pflege.

Vorsichtshalber legte das Bundesamt für Verfassungsschutz auch noch eine ›Kurzbiografie‹ über mein politisches Leben bei, das mit großer Akribie über 30 Jahre hinweg polizeiliche und geheimdienstliche Erkenntnisse zusammenfasste. Dank besagten ›Terrortelefonats‹ und beigelegter Hintergrundberichte wurde der Verlängerungsantrag vom G-10-Ausschuss des Bundestages durchgewunken.

Auch diese drei Monate vergingen und ergaben nichts. Danach wurden keine weiteren G-10-Maßnahmen beantragt bzw. genehmigt. Das 129a-Verfahren wurde eingestellt.

»Wir können sie nicht zwingen, die Wahrheit zu sagen, aber immer unverschämter zu lügen«[15]

Trotz der selektiv zur Einsicht überlassenen Akten und der darin vorgenommenen Schwärzungen, die für gewöhnlich eine Überprüfung erschweren bzw. unmöglich machen, reichte ich Klage gegen die o. g. Lauschangriffe ein. Im Kern ging es mir darum, die Unsichtbarkeit eines V-Mannes sichtbar zu machen, seine Nicht-Existenz zu be-

---

15 Das Zitat wird in der Regel Ulrike Meinhof zugeschrieben.

weisen. Das hört sich irrwitzig an – und das ist es auch. Denn für gewöhnlich bekommt man weder den V-Mann zu Gesicht, noch bekommt man die Gelegenheit, den V-Mann mit seinen ›Aussagen‹ zu konfrontieren. In aller Regel bleibt er unangreifbar, vor allem dann, wenn man seine wahre Identität nicht kennt, wenn er also noch nicht ›verbrannt‹ ist. Es ist eine Gespensterschlacht, in der man normalerweise nichts zu gewinnen hat. Im Durchschnitt werden seine Aussagen durch ›Dritte‹ eingeführt, also durch seinen V-Mann-Führer. Und wenn man viel Glück hat, wird tatsächlich ein ›V-Mann‹ präsentiert. Doch woher kann ein Betroffener wissen, ob es genau der ist, den er nicht kennt, den er nie zu Gesicht bekommen hat?

Meinem Anliegen kam ein besonderer Umstand zu Hilfe: Ich war mir ganz sicher, dass es diesen V-Mann ›123‹ gar nicht gibt, dass es dieses Gespräch, an dem er ›beteiligt‹ gewesen sein soll, nie stattgefunden hatte und dass folglich seine ›Erkenntnisse‹ pure Erfindung waren. Kurzum: Der V-Mann ›123‹ ist ein Phantom des BfV, der eine einzige Aufgabe hatte: Seine fiktiven ›Erkenntnisse‹ sollten die Parlamentarier im G-10-Ausschuss davon überzeugen, dass nun Überwachungsmaßnahmen erfolgen müssen, um noch größeren Schaden von der Bundesrepublik Deutschland abzuwenden.

Des Weiteren war ich mir sicher, dass das abgehörte Telefonat, das die Fortsetzung der Überwachungsmaßnahmen um weitere drei Monate begründen sollte, genau das Gegenteil beweisen würde, wenn der Inhalt den Parlamentariern im G-10-Ausschuss nicht unterschlagen worden wäre. Ich wollte also beweisen, dass der G-10-Ausschuss mit manipulierten »tatsächlichen Anhaltspunkten« zur Zustimmung dieser Maßnahme veranlasst wurde bzw. sich mit manipulierten ›Beweisen‹ zufriedengegeben hatte.

Die politische Brisanz dieses ›Falles‹

In der Vergangenheit traten schon verschiedene V-Männer auf, die gelogen bzw. ihre Aussagen je nach Opportunität und Druck neu kreiert haben. Meist konnte man dies nur nachweisen, nachdem diese

›verbrannt‹ waren, also ihre Identität nicht mehr verheimlicht werden konnte (wie im Fall der zahlreichen V-Männer im NSU-Umfeld). In vielen anderen Fällen werden jedoch Aussagen von V-Männern in ein Verfahren durch ›Dritte‹ – meist Staatsschutzbeamte mit beschränkter Aussageerlaubnis – eingeführt, was eine Überprüfung der Vorwürfe kaum noch möglich macht.

In diesem Fall geht es – auf den ersten Blick – um etwas schier Unmögliches. Wie will und kann man die Nicht-Existenz eines V-Mannes beweisen?

Ich wählte einen verblüffend einfachen Weg, der auch das Gericht überzeugen sollte. Ich erklärte dem Gericht, dass ich belegen könne, dass ich an dem fraglichen Tag, an dem der V-Mann Zeuge meiner Lebensbeichte wurde, gar nicht in Deutschland war, schon gar nicht Frankfurt, wo das Gespräch stattgefunden haben soll. Außerdem könne ich belegen, dass die Lebensbeichte aus Quellen gespeist wurde, die beweisen, dass der Verfassungsschutz die Lebensbeichte selbst geschrieben habe, um diese dann mit dem Zeugnis eines vermeintlichen V-Mannes zu legendieren. Für beides bot ich entsprechende Beweismittel an. Unter anderem ein ordentlich geführtes Tagebuch aus dem Jahre 1998.

Zu meiner Überraschung gab das Verwaltungsgericht Berlin der Klage tatsächlich statt und beraumte für den 8. Juli 2009 in Berlin eine mündliche Verhandlung an. Neben dem Prozessbevollmächtigten des Bundesministeriums des Innern (BMI), Prof. Dr. Wolff, erschienen Hr. Brebeck vom Bundesamt für Verfassungsschutz und eine weitere Mitarbeiterin des BfV, die im Zuschauerraum Platz nahm.

Vorab ließ der Vizepräsident des Verwaltungsgerichts in Berlin, Hans-Peter Rueß, die Streitparteien wissen, dass diese Kammer zum ersten Mal mit einer Klage wegen G-10-Maßnahmen beschäftigt sei. Da sich das Gericht nur auf wenige Klagen bzw. Urteile in diesem Fall stützen konnte, habe man sich intensiv mit der Rechtslage bzw. den -voraussetzungen befassen müssen. Diese Vorabinformation stellte sich im Laufe der Verhandlung mitnichten als eine Lappalie heraus.

Zu Beginn rekapitulierte der Vorsitzende Richter die Vorgeschichte des Verfahrens sinngemäß wie folgt:

Am 7. Dezember 2006 erhielt Wolf Wetzel ein Schreiben vom Bundesamt für Verfassungsschutz, in dem ihm mitgeteilt wurde, dass zwischen dem 28.4.1998 und dem 23.10.1998 sowohl der Telefonanschluss als auch der Postverkehr überwacht worden waren. Begründet wurden diese G-10-Maßnahmen damit, dass Wolf Wetzel im Verdacht stand, Mitglied der terroristischen Vereinigung ›ARMK‹ zu sein, der »zahlreichen Brandanschläge und Sabotageaktionen mit erheblichem Sachschaden in der Zeit von 1988 bis heute«, also 1996, zugeordnet wurden.

Am 29. Februar 2007 legte Wolf Wetzel Widerspruch gegen oben bezeichnete G-10-Maßnahmen ein:

»Da es keine konkreten Verdachtsmomente gibt, die in dem Schreiben des Bundesamts für Verfassungsschutz aufgeführt sind, muss ich von einer Fantasiekonstruktion ausgehen. Eine selbst geschaffene Vorratsorganisation, mit dem verfassungswidrigen Ziel, mit den freigegebenen ermittlungstechnischen Mitteln die Verdachtsmomente erst zu finden, die Voraussetzung sein müssten, um einen solch schwerwiegenden Eingriff in die Schutzrechte vornehmen zu können.« (Schreiben an das Verwaltungsgericht Berlin vom 29.2.2007)

Nach Ablauf der Überwachungsmaßnahmen wurden diese um drei Monate verlängert. Als ›tatsächlicher Anhaltspunkt‹ diente dieses Mal ein abgehörtes Telefonat, das belegen sollte, dass Wolf Wetzel »intensive Kontakte« zu anderen Mitgliedern der ›ARMK‹ pflege.

Fortlaufend ergebnislos, wurden die G-10-Maßnahmen eingestellt. Mit der Klage gegen o. g. Eingriffe ist ein Hilfsantrag verknüpft, der das Bundesamt für Verfassungsschutz dazu verpflichten soll, entscheidungsrelevante Akten herauszugeben und substanzielle Schwärzungen rückgängig zu machen. Der Kläger begründet das mit dem Vorwurf, dass die massiven Schwärzungen und die vorenthaltenen Akten nicht dem Schutz der Bundesrepublik Deutschland und deren V-Männer dienen. Vielmehr wird der Vorwurf erhoben, dass damit die gezielte und vorsätzliche Manipulation vertuscht, der G-10-Ausschuss im Bundestag mit frisierten und nicht vorhandenen ›Beweisen‹ getäuscht werden sollte.

Der Vorsitzende Richter erinnerte daran, dass die Eingriffsschwelle in einem G-10-Verfahren deutlich vorverlegt sei. Ein ›dringender Tatverdacht‹ sei nicht nötig. Das Bundesinnenministerium müsse lediglich ›tatsächliche Anhaltspunkte‹ vorbringen. Da es sich um einen massiven Eingriff in Grundrechte handele, sei es umso mehr notwendig, diese ›tatsächlichen Anhaltspunkte‹ präzise und nachvollziehbar zu begründen.

Bevor das Gericht seine eigenen Zweifel an der Rechtmäßigkeit der G-10-Maßnahmen vortrug, bestimmte es die Rangfolge geheimdienstlicher Mittel. In der Rechtsprechung seien geheimdienstliche Mittel wie offene und verdeckte Observationen zwar massive Eingriffe, jedoch in ihrer Schwere vor G-10-Maßnahmen einzuordnen. Man gehe davon aus, dass man sich einer Observation möglicherweise entziehen könne, jedoch machtlos sei, angesichts von Telefon- und Postüberwachungsmaßnahmen, denen sich der Betroffene nicht entziehen könne. Von daher seien G-10-Maßnahmen die »Ultima Ratio« im Arsenal geheimdienstlicher Ermittlungen. Erst wenn sich andere Mittel, niedrigschwelligere Eingriffe als wirkungslos erwiesen hätten, könnten G-10-Maßnahmen beantragt bzw. durchgeführt werden.

Nach diesem kleinen Rechtsdiskurs wandte sich der Vorsitzende Richter an den Prozessbevollmächtigten Prof. Dr. Wolff, einen angesehenen Professor für Staatsrecht. Wenn der Verfassungsschutz einen so erfolgreichen V-Mann besessen habe, von dem jeder Verfassungsschutz »träume«, dann gäbe es rechtlich keine Grundlage für die beantragten und durchgeführten G-10-Maßnahmen. Ob er ihm folgen könne? Wolff schien gänzlich irritiert und folgte ihm nur schweigend, während der Vorsitzende Richter den entscheidenden Gedanken zu Ende führte: Nur wenn eine niedrigschwelligere Maßnahme wirkungs- und aussichtslos bliebe, könne auf das ›letzte Mittel‹ zugegriffen werden. In jedem anderen Fall ist ein solch schwerer Eingriff rechtswidrig.

Im Folgenden legte der Beisitzer, durch die geschwärzten Akten blätternd, nach, und konstatierte, dass die ›tatsächlichen Anhaltspunkte‹ nicht substanziiert seien, womit das BMI bzw. BfV seiner

Begründungspflicht nicht nachgekommen sei. Obwohl das Gericht das Innenministerium mit Schreiben vom 15. Juni 2009 aufgefordert habe, die »Übersendung des vollständigen Erstantrages« zu veranlassen, seien weiterhin alle Ausführungen zu den vorgeblichen ›tatsächlichen Anhaltspunkten‹ geschwärzt und somit nicht nachvollziehbar gemacht worden.

Dem schloss sich der Vorsitzende Richter an: Aus den vorliegenden Akten »erschließt sich uns nicht« die Begründung der Maßnahme. Das Gericht werde also einen Beschluss fassen müssen, der das BfV dazu verpflichte, jene Stellen zu entschwärzen bzw. Akten zur Verfügung zu stellen, die der Begründungspflicht tatsächlich genügen.

An mich gewandt, stellte er die Frage, ob ich bereit sei, jetzt die Belege vorzulegen, die beweisen, dass das Gespräch mit besagtem ›V-Mann 123‹ am 27. Februar 1998 nicht stattgefunden haben konnte. Er rekurrierte auf das Tagebuch, das ich erwähnt hatte, nachdem das BfV in einer Stellungnahme anführte, dass man sich nach so langer Zeit nicht mehr (genau) erinnern könne.

Ich erklärte, dass beim Stand des Verfahrens nicht ich begründen müsse, warum die Maßnahmen des BfV rechtswidrig waren. Vielmehr müsse das BfV bzw. Innenministerium seiner Pflicht nachkommen, die Maßnahme zu begründen anstatt zu verschleiern.

Im weiteren Verlauf der Verhandlung stand die Existenz bzw. Nicht-Existenz des ›V-Manns 123‹ im Mittelpunkt. Der Vorsitzende Richter fragte mich, ob ich bereit wäre, einige Belege dafür vorzubringen, dass besagtes Gespräch nicht stattgefunden haben konnte. Ich stimmte zu.

Beleg Nr. 1
Folgendes Beispiel belegt eindrucksvoll, dass das vermeintlich Gehörte nicht einem Gespräch entstammen konnte, sondern anderen ›Quellen‹ geschuldet war, mit denen der V-Mann-Bericht ausgestattet wurde.

Der ›V-Mann 123‹ will am 27. Februar 1998 gehört haben, dass ich »seit *vier Monaten* ... in psychotherapeutischer Behandlung« sei. Hätte ein solches Gespräch tatsächlich stattgefunden, hätte ich im besten Fall gesagt, dass ich in *diesem* Monat mit einer Therapie begonnen habe.

Wie kommt das BfV respektive der ›V-Mann 123‹ zu diesen falschen Zeitangaben? Hat sich der ›V-Mann 123‹ vielleicht nur verhört? Nein, es wurden präzise und falsch zugleich andere Quellen ausgewertet und in ein fiktives Gespräch implantiert. Tatsächlich schöpfte das BfV andere ›Quellen‹ ab, zum Beispiel Informationen, die es über die Krankenkasse erhalten hatte. In deren Unterlagen beginnt die Bewilligung der Therapie bereits mit Vorgesprächen, sogenannten probadorischen Sitzungen, die dazu dienen sollen, herauszufinden, ob die Therapieform zusagt bzw. der Therapeut der geeignete ist. Wenn also der V-Mann gehört haben will, dass ich vier Monate zuvor mit der Therapie begonnen hatte, sind zwar die Fakten korrekt ausgewertet und eingearbeitet worden, jedoch mit einem handwerklichen Fehler: Für die Krankenkasse beginnt die Therapie mit ihrer Bewilligung, für mich hingegen mit der ersten Sitzung, die wenige Tage vor jenem ominösen Gespräch am 27. Februar 1998 stattgefunden hatte.

Beleg Nr. 2

In besagtem Gespräch will der ›V-Mann 123‹ gehört haben, dass ich »das Problem« habe, wieder angestellt zu werden, nachdem ein Kündigungsverfahren eingestellt werden musste und ich meine Arbeit als Jugendklubleiter fortsetzen konnte. Ich hätte »keine Lust mehr« und wolle ohnehin aufhören.

Ganz offensichtlich ging das BfV davon aus, dass zu einem »Berufsrevolutionär«, für den ich mich laut ›V-Mann 123‹ halte, nicht die Lohnarbeit eines Sozialarbeiters passe. Sollte also das Gespräch dem Profil eines ›Berufsrevolutionärs‹ gehorchen, musste er ein »Problem« artikulieren. Tatsächlich widersprach ich der Kündigung mit allen mir zur Verfügung stehenden Mitteln. Da sowohl meine arbeitsrechtlichen Einwände evident, als auch die Unterstützung vonseiten der MitarbeiterInnen und der kirchlichen Mitarbeitervertretung (MAV) groß war, zog der Arbeitgeber die Kündigung zurück und musste mich zum 1. März 1998 wieder einstellen.

Abschließend führte ich aus, dass ein abgehörtes Telefonat, das zur Begründung einer Verlängerung der G-10-Maßnahmen angeführt wurde, in seiner eigentlichen Aussage manipuliert und in seinem Kontext verschleiert wurde, wodurch der G-10-Ausschuss des Bundestages wissentlich getäuscht wurde.

Das Telefonat sollte die »intensiven Kontakte« mit und unter Terrormitgliedern belegen. Um diesen Eindruck nicht zu stören, wurde der G-10-Ausschuss lediglich davon in Kenntnis gesetzt, die Gesprächsteilnehmerin stände im Verdacht, ebenfalls Mitglied der terroristischen Vereinigung ›ARMK‹ zu sein. Damit sollte suggeriert werden, dass es sich bei dem abgehörten Telefonat um ein Gespräch unter Terroristen handelte. Die Tatsache, dass es sich in Wirklichkeit um ein Dienstgespräch handelte, und zwar zwischen mir, als Jugendklubleiter, und besagter Person, als Mitarbeiterin, wurde dabei vorsätzlich unterschlagen. Der Inhalt des Gesprächs belege außerdem, dass sich hier eben nicht Mitglieder einer terroristischen Vereinigung unterhalten hatten, sondern zwei Angestellte einer Jugendeinrichtung.

Nachdem der Prozessbevollmächtigte Wolff diese Einwände nicht entkräften konnte, ergriff der Vorsitzende Richter wieder das Wort. Auch er äußerte Zweifel an der Existenz des V-Mannes und ließ durchblicken, dass es in der Rechtspraxis üblich sei, eine Person dann für unglaubwürdig zu halten, wenn sie in mehreren Einlassungen erwiesenermaßen die Unwahrheit gesagt hat. Wäre dies der Fall, wäre das Gespräch in seiner Gesamtheit unglaubwürdig.

Wolff schwante Schlimmes, ein doppeltes Fiasko: Wenn der ›V-Mann 123‹ existierte, wären die angeordneten G-10-Maßnahmen rechtswidrig, wenn er nie existiert hat, erst recht. Offensichtlich nicht von seinem Auftrag, sondern von der Lage der Dinge getrieben, stellte Wolff geradezu prophetisch fest: »Ob der V-Mann getürkt ist oder nicht, kann nur eine höhere Instanz entscheiden.«

Offensichtlich ging Wolff davon aus, dass die Frage nach der Existenz eines V-Mannes selbstverständlich von keinem Gericht entschieden werden könne. Nachdem auch er den Schaden seiner Aussage erkannte, beließ er es beim persönlichen Zwiespalt: »Ich weiß nicht, ob der V-Mann 123 existiert.« Noch am selben Tag stand das mündliche Urteil fest:

> »Es wird festgestellt, dass die Anordnungen des Bundesministers des Inneren vom 20. April und 20. Juli 1998 zur Überwachung und Aufzeichnung des Fernmeldeverkehrs des Klägers (Zeitraum vom 28. April bis zum 23. Oktober 1998) sowie zur Öffnung und zum Einsehen der für den Kläger bestimmten Postsendungen (Zeitraum vom 11. Mai bis zum 28. Oktober 1998) rechtswidrig waren.«[16]

Dieses doch überraschende Urteil kommentierte die *Frankfurter Rundschau* wie folgt:

> »*Verfassungsschutz in Erklärungsnot | Traumberuf Terrorist*
> Vor dem Verwaltungsgericht Berlin ging es an diesem Mittwoch um einen Spion, der womöglich nie lebte. Die Beklagte war die Bundesrepublik Deutschland, der Kläger ein Künstler und Politaktivist – der Fall ein Lehrstück darüber, wie schnell man bisweilen zum ›Terroristen‹ werden kann. Am 7. Dezember 2006 erhält Wolf Wetzel einen Brief vom Bundesamt für Verfassungsschutz. 1998, heißt es darin, sei er rund sechs Monate lang abgehört worden, auch seinen gesamten Briefverkehr habe man kontrolliert.«

Dass ich in meinem ganzen Leben nie Künstler war, sollte man der *Frankfurter Rundschau* nachsehen. Wahrscheinlich musste ich als ›Künstler‹ vorgestellt werden, damit sie sich für mich verwenden konnte. Dann folgt in dem wirklich wohlgesonnenen Artikel eine Rekonstruktion des ›Falles‹, um dann wieder auf die Verhandlung zu sprechen zu kommen:

> »Der 54-Jährige macht keinen Hehl daraus, dem Staat kritisch gegenüberzustehen. Er war bei Aktionen gegen die Startbahn West, Castor-Transporte und anderen linken Vollversammlungen dabei. Auch wur-

---

16 Beschluss der 1. Kammer des VG Berlin vom 8.7.2009 / VG 1 A 10.08.

de er 1996 im Frankfurter Szenetreff Café Exzess festgenommen und
sofort wieder freigelassen, nachdem er sich als Journalist ausweisen
konnte. ... Wolf Wetzel nimmt sich einen Anwalt. ... Die Schriftsätze,
die seither hin und her fliegen und der *FR* in Auszügen vorliegen, zeigen einen bemerkenswerten Umgang staatlicher Stellen mit Mutma-
ßungen und Fakten. Um die Überwachung Wetzels zu rechtfertigen,
stützen sich die Ermittler im Wesentlichen auf ein Gespräch, das er am
27.2.1998 mit dem ›V-Mann 123‹ geführt haben soll.«

Die *Frankfurter Rundschau* resümiert das angeblich stattgefundene Gespräch, in dem der Bespitzelte neue Anschlagsziele und seinen Traumberuf verriet: Berufsrevolutionär – was den konspirativ Redseligen in
der Verhandlung zu der Bemerkung hinriss: »Das gibt's nicht mal bei
James Bond«.

»Auch die Verwaltungsrichter zeigten sich ... erstaunt: Von derartiger
Zutraulichkeit, so der Vorsitzende Hans-Peter Rueß, ›träumt ja jeder
Verfassungsschutz‹. Wer so rede, könne ›nur unter erheblichem Alko-
holeinfluss gestanden haben‹. Da sich der Verfassungsschutz weigert,
den genauen Ort und die Zeit der Terror-Beichte preiszugeben, und
Wetzel schwört, das Gespräch habe nie stattgefunden, sagt sein Anwalt
Thomas Kieseritzky: ›Den V-Mann gibt es nicht.‹ Wie so oft hätten Ermittler einen Terrorverdacht konstruiert, um in Ruhe die linke Szene
auszuforschen.

Merkwürdig auch, dass die damalige Rundum-Überwachung von
Wetzel nach drei Monaten vor allem deshalb weiter genehmigt wurde,
weil er ›intensive Kontakte‹ zu einer Person unterhielt, deren Name
in den Akten geschwärzt ist. Dummerweise übersah das Amt an einer
Stelle den Namen, Wetzel weiß daher, dass es sich um Barbara B.
(Name der Red. bekannt) handelte. Sie war damals Sozialarbeiterin
in einem kirchlichen Jugendtreff in Frankfurt-Griesheim, den Wetzel
leitete. ›Intensive Kontakte‹ mit ihr bestreitet er naturgemäß nicht.
Eine ARMK-Zugehörigkeit konnte auch der Frau nie nachgewiesen
werden. Dass der G10-Ausschuss des Bundestages, der weitreichende
Überwachungen genehmigen muss, Grundrechtseingriffe auf derart

dünner Beweislage durchwinkt, hält Kieseritzky für erstaunlich: ›Dem Ausschuss kann man offenbar einiges zumuten, ohne dass kritisch nachgefragt wird.‹

Das Gericht erklärte die gesamte Abhöraktion nun für rechtswidrig. Der Verfassungsschutz habe nur behauptet, aber nie bewiesen, dass es tatsächliche Anhaltspunkte für sein Vorgehen gebe. Zu den ›erheblich geschwärzten‹ Akten sagte Richter Rueß: ›Das erschließt sich uns nicht.‹ Das wiederum fand der Prozessvertreter der Bundesrepublik unfair: ›Im Vergleich zu anderen Fällen ist das hier ein sehr transparentes und faires Vorgehen.‹

Das heißt wohl nichts Gutes für andere Fälle.« (*FR*, 9.7.2009)

Das Bundesinnenministerium legt
Berufung gegen das ergangene Urteil ein

Der überraschende Erfolg dieser Klage hatte auch eine Schattenseite. Schließlich ließ es das Gericht offen, ob es den besagten ›V-Mann 123‹ gibt, da dies für die Rechtswidrigkeit der Maßnahme nicht entscheidungserheblich gewesen sei. Viele Beobachter waren deshalb der Ansicht, dass das BMI bzw. der Verfassungsschutz damit gut leben könnte. Auch ich fragte mich, ob man auch gegen ein erfolgreiches Urteil Berufung einlegen kann. Diese theoretische Überlegung erledigte sich mit dem Schreiben des BMI vom 30. Juli 2009, in dem Berufung gegen das ergangene Urteil angekündigt wurde.

Knapp zwei Monate später lag die Begründung des Antrages auf Zulassung der Berufung vor: Auf 40 Seiten mit schätzungsweise 400 Verweisen auf Paragrafen, Urteile und Kommentare wird dargelegt, warum man mit dem Urteil partout nicht leben will.

Wenn man die Verweise einfach mal herausfiltert und sich ganz auf den Grundton konzentriert, findet man recht schnell den ›Stein des Anstoßes‹: Das Urteil hält unmissverständlich fest, dass die (gängige) Praxis des Verfassungsschutzes, einen massiven Eingriff in Grund- und Schutzrechte mit »formelhaften« Satzbausteinen (»eine Aufklärung des Sachverhalts (ist) allein mit anderen nachrichtendienstlichen Mitteln

nicht möglich«) zu begründen, rechtswidrig ist. Darüber hinaus, und
das ist in der Tat für die gesamte V-Mann-Praxis von erheblicher Bedeutung, weist das Gericht die Standardbegründung von VS/BMI zurück, eine nachvollziehbare Überprüfbarkeit von V-Mann-Erkenntnissen gefährde den Schutz des V-Mannes, den Verfassungsschutz selbst
und summa summarum die Bundesrepublik Deutschland. Für den
Wahrheitsgehalt von V-Mann-Erkenntnissen bürge nicht die Glaub-
würdigkeit des Präsidenten des Verfassungsschutzes[17], sondern einzig
und allein eine überprüfbare »Darstellung sämtlicher erfolglos eingesetzter nachrichtendienstlichen Mittel und die fehlenden Erfolgsaus-
sichten nicht eingesetzter nachrichtendienstlicher Mittel«.

Folglich müsse jede Anordnung »substanziiert und nachprüfbar begründet« werden, was selbstverständlich auch die Überprüfbarkeit und
Verifizierbarkeit von ›tatsächlichen Anhaltspunkten‹ einschließt.

Was eigentlich nach der Substanz des Rechtsstaates an sich fragen
lässt, löste bei BMI und VS helles Entsetzen und dramatische Szena-
rien aus. Die Aufforderung des Gerichts, Überwachungsmaßnahmen
»rational nachvollziehbar« zu machen, sei viel »zu streng« (S. 5) und
würde die Begründung »ins Unermessliche hochschrauben« (S. 15).
Man kann die Erschütterung spüren, wenn der Prozessbevollmächtigte des Bundesinnenministeriums, Prof. Dr. Heinrich Amadeus Wolff,
zum Schlusswort ansetzt:

»Diese Konkretisierung ist völlig neu und ist mit einer historischen,
wörtlichen und teleologischen Auslegung von § 4 G 10 a. F. [d. h. alte
Fassung] kaum zu begründen. Diese Konkretisierung schießt weit über
das Erfordernis einer substanziierten Darlegung hinaus. Eine solch detaillierte Darlegung würde, wenn man sie ernst nehmen würde, die
Offenbarung der eigenen operativen Schwächen erfordern; was kaum
vom G 10 gefordert sein dürfte.«[18]

---

17 Tatsächlich gibt es in den Berufungsschreiben des BMI genau diese Begrün-
    dung: »Auch nach dem Bundesverwaltungsgericht verlangt die Darlegung
    des Verdachts ... nicht die Preisgabe der Informationsquellen, für deren Zu-
    verlässigkeit der Präsident des BfV persönlich die Verantwortung ... über-
    nimmt.«

18 Berufungsschreiben des BMI vom 16.9.2009.

Vorsorglich verweist die Berufungsbegründung auf die »grundsätzliche Bedeutung« (S. 36) dieses Urteils und auf insgesamt neun »fallübergreifende Rechtsfragen«, die »einer Klärung bedürfen«.

Zonen der Rechtlosigkeit

Dass dieses Urteil nach dem Willen des BMI/VS keinen Bestand haben darf, dass es fallübergreifenden Präzedenz-Charakter bekommen könnte, versteht man, wenn man mitberücksichtigt, dass diese Praxis seit Jahren gang und gäbe ist.

Diese Praxis macht nicht einmal gegenüber einem parlamentarischen Untersuchungsausschuss Halt. Der Versuch, die Verwicklung des BND im Krieg gegen den Irak 2003 und dessen Beteiligung an CIA-Flügen mit Terrorverdächtigen via deutsche Flughäfen aufzuklären, scheiterte an eingeschränkten Aussagegenehmigungen für geladene Zeugen und der teilweisen Sperrung von angeforderten Akten. Dabei berief sich die Bundesregierung auf einen ›Kernbereich der exekutiven Eigenverantwortung‹, eine andere Umschreibung für eine rechtsfreie Zone.

Trotz der großkalibrigen Drohungen und Warnungen wurde die Berufung zurückgewiesen, das Urteil war damit rechtskräftig.

7.
»Ein Abgrund an geheimen Parallelstrukturen«[19]

Der Untergrund im Rechtsstaat

> »Die Gefährdung der Verfassung geht vom Staat aus.«
> *(Vorwort zum Grundrechte-Report 2015)*

Gibt es einen *tiefen Staat* auch in Deutschland? Haben sich die Geheimdienste verselbstständigt? Eine Staatsanalyse.

Wenn man die Rolle des Staates beim Zustandekommen und Gewährenlassen des NSU nicht als Behördenversagen, als eine Serie von bedauerlichen Pannen begreifen will, dann landet man im Allgemeinen beim großen Achselzucken oder in der verschwörungstheoretischen Ausnüchterungszelle.

Nicht viel anders verhält es sich mit dem ›NSA-Abhörskandal‹, der durch die Veröffentlichungen von Geheimdokumenten des ehemaligen NSA-Mitarbeiters Edward Snowden 2013 ins Rollen gebracht wurde. Ein Stein, der es im Magazin *Der Spiegel* bis zum Vorwurf des Landesverrates gebracht hat – adressiert an die Bundesregierung: »Der Verrat: BND und Bundesregierung gegen deutsche Interessen.« (Nr. 19/2.5.2015) Auch auf diesem Feld grassiert seitdem eine schlagartig eingetretene »Verantwortungsdiffusion« (Heribert Prantl) –

---

19 Hajo Funke: Jenseits des Rechts, in: Andreas Förster (Hg.), Geheimsache NSU. Zehn Morde, von Aufklärung keine Spur, Tübingen 2014, S. 238 f.

gleichsam eine Immunerkrankung, die sich rasend schnell ausbreitet und leider nicht heilbar ist: Zuerst wusste man von nichts und wies alles andere als blanke Unterstellungen zurück. Dann wusste man doch etwas, findet aber partout niemanden, der das Gewusste unterschlug bzw. Anweisungen zur Ahnungslosigkeit gab. Nun haben parlamentarische Opposition und ›Qualitätsmedien‹ einen gemeinsamen Rettungsschirm aufgespannt:

- »Die Behörde in Pullach (also der BND, d. V.) entwickelte ein Eigenleben, ihre Aufseher in Berlin ließen sie gewähren.« (*Der Spiegel*, Nr. 19, 2.5.2015)
- »Außer Kontrolle ... Es ist nicht geheim, dass die Kontrolle der Geheimdienste nicht funktioniert. ... Ohne gute Kontrolle bleibt aber ein Geheimdienst ein Fremdkörper in der Demokratie.« (Heribert Prantl, in: *SZ*, 30.4.2015)

Wie lange sollen die Geheimdienste ein Eigenleben geführt haben? Wie lange will das niemand bemerkt haben? Wie lange haben sie sich selbst Aufträge erteilt? Und all das soll sich in einem Land abgespielt haben, das vor Dienstwegen und Zuständigkeiten nur so strotzt?

In großer Übereinstimmung macht man verselbstständigte Geheimdienste für das Desaster verantwortlich. Bereits 2011/2012 stellten *FAZ* und *FR*, mit Blick auf den ›NSU-Skandal‹, fest:

- »Heute können wir nur ihr völliges Versagen (der Geheimdienste; W. W.) feststellen, mindestens zehn Menschen könnten noch leben, wenn sie ihre Arbeit gemacht hätten. Die Dienste dienen nur sich selbst. Es ist darum richtig, sie aufzulösen. Eine unabhängige Wahrheitskommission, wie sie etwa die Publizistin Carolin Emcke seit Langem fordert, sollte die historischen Zusammenhänge zwischen Terrorismus und Geheimdienst ausleuchten.« (Nils Minkmar, Feuilletonchef der *FAZ*, 20.11.2011)
- »Die Kernfrage bei der Forderung nach einer Demokratisierung der Dienste ist die Beschäftigung von V-Leuten. Es geht um nicht weniger als das Paradox, ob wir ein nicht beherrschbares, nicht rechtsstaatliches Gebilde dulden wollen, um den Rechtsstaat zu schützen.« (*FR*, 16.9.2012)

Die Mär vom Eigenleben der Geheimdienste

Gehen wir also der These vom Eigenleben Fall für Fall nach.

Wenn die geheime paramilitärische NATO-Einheit ›Gladio‹[20] – und damit die Bewaffnung, Instruierung und Anleitung von Faschisten als staatsterroristische Reserve – seit den 60er Jahren an allen parlamentarischen Institutionen vorbei über Jahrzehnte geführt wurde, dann stellt sich doch zwingend die Frage: Wer hat die politische Entscheidung – außerhalb der dafür vorgesehenen und legitimierten Dienstwege – getroffen? Wie muss man sich diese staatliche Parallelstruktur vorstellen, die diese politische Entscheidung operativ umsetzt und gegen alle geltenden Gesetze und parlamentarischen Kontrollgremien abschirmt?

Wie geht es ganz praktisch vonstatten, wenn staatsterroristische Aktivitäten befreundeter Staaten gedeckt und mithilfe deutscher Behörden umgesetzt werden?

Dasselbe gilt für die Totalüberwachung aller Kommunikationswege durch den Geheimdienstverbund aus NSA, GCHQ und BND. Nachdem die Mär von der blinden Maus BND zerstört, seine aktive Rolle belegt ist, stellt sich die Frage: Wer genehmigt den Bruch nationaler und internationaler Rechtsgarantien? Wer entscheidet, dass parlamentarische Institutionen obsolet werden? Gibt es einen staatseigenen Untergrund, der auch dann noch existiert, wenn ›Gladio‹, wie durch die Bundesregierung bekannt gegeben, Ende 1991 »aufgelöst« wurde?

Im Folgenden geht es darum, auf diese Fragen Antworten zu finden, um sie für eine strukturelle, staatstheoretische Analyse zu nutzen. Sich mit diesen Fragen genau und achtsam auseinanderzusetzen, ist dann von großer Wichtigkeit, wenn man daraus das eigene politische Handeln ableitet. Eine solche Einordnung ist gleichermaßen Voraussetzung dafür, die eigene Praxis überprüfen und ggf. ändern zu können.

---

20 Gladio: Eigentlich der Name der Stay-behind-Einheit in Italien, aber als Synonym für andere westeuropäische Geheimarmee verwendet.

Haben sich die Geheimdienste verselbstständigt?

In vielen Analysen wird die Rolle der Geheimdienste, also des BND, des Verfassungsschutzes und des Militärischen Abschirmdienstes (MAD), als wesentliche Ursache für die Nichtverfolgung des NSU, für die fortgesetzte Weigerung, die Terror- und Mordserie des NSU aufzuklären, verantwortlich gemacht. Diese Einschätzung wird durch zahlreiche Belege gestützt. Hinlänglich dokumentiert ist, dass der Verfassungsschutz als V-Männer tätige Neonazis im Nahbereich des NSU gewarnt, polizeiliche Zugriffe verhindert hatte, sein Wissen über die abgetauchten Neonazis, deren Verbindungen zu anderen neonazistischen Gruppierungen unterschlagen hatte.

Mehr noch: Es ist belegt, dass zahlreiche V-Männer des Verfassungsschutzes beim Aufbau eines neonazistischen Untergrundes beteiligt waren, also zur Konstituierung einer terroristischen Vereinigung beigetragen haben. Anstatt neonazistische Straftaten (in der Vorbereitung) zu verhindern, haben sie nachweislich dafür gesorgt, dass sie begangen werden konnten.

So richtig die Feststellung ist, dass der Verfassungsschutz eine aktive Rolle dabei spielte, dass der NSU entstehen konnte, dass die Terror- und Mordserie nicht gestoppt wurde, so stellt sich doch die Frage, ob der Verfassungsschutz eigenmächtig, also ohne Zustimmung der übergeordneten Instanzen, jenseits parlamentarischer Kontrollgremien (Parlamentarisches Kontrollgremium im Bundestag, G-10-Ausschüsse) gehandelt hat.

Tatsächlich fehlen für die Verselbstständigung der Geheimdienste die Belege. Nimmt man das bislang an die Öffentlichkeit gelangte Material zur Hilfe, so muss man diese Annahme zurückweisen.

Dazu muss man wissen bzw. vorausschicken, dass die Dienstwege zwischen dem Geheimdienst und anderen Behörden klar geregelt sind: Auf Länderebene ist das Innenministerium oberster Dienstherr von Polizei und Geheimdienst. Wenn es um ›nationale Belange‹ geht, hat das Bundeskanzleramt die Dienstaufsicht über Verfassungsschutz und BND. Gibt es auf Länderebene einen – konstitutionell gewollten – Konflikt zwischen Polizei- und Geheimdienstinteressen, entscheidet das Innenministerium. Wurde dieser Dienstweg im NSU-Komplex eingehalten? Nach allem, was vorliegt: ja. Eins von zahlreichen Beispielen aus der Anfangszeit: Unter Berufung auf das Thüringer Landeskriminalamt berichtete der Mitteldeutsche Rundfunk (MDR),

> »dass die drei Hauptverdächtigen 1998 kurz nach ihrem Untertauchen von Zielfahndern aufgespürt worden waren. Ein Sondereinsatzkommando der Polizei habe die Möglichkeit zum Zugriff gehabt, sei aber im letzten Moment zurückgepfiffen worden.« (zit. nach *junge Welt*, 19.11.2011)

Die Weigerung, die abgetauchten Mitglieder des Thüringer Heimatschutzes festzunehmen, ist bis in das Jahr 2002 dokumentiert: »Vergangene Woche war in einer vertraulichen Sitzung des Thüringer Justizausschusses bekannt geworden, dass ein halbes Dutzend Aktennotizen aus der Zeit zwischen 2000 und 2002 existieren, laut denen das Innenministerium Festnahmeversuche verhindert hatte«, war in der *Frankfurter Rundschau* (8.12.2011) zu lesen.

Die Belege, dass in jenen Bundesländern, in denen die Terror- und Mordserie des NSU verübt wurde, die jeweiligen Innenministerien das letzte Wort hatten, unabhängig davon, ob sie von der CSU oder der SPD geführt wurden, sind zahlreich und fast lückenlos. Der Schlüssel für die fortgesetzte Untätigkeit, der Schlüssel für den Umstand, dass der NSU über zehn Jahre morden konnte, liegt also nicht im Dunkeln, sondern in den jeweiligen Innenministerien.

Der staatsterroristische Sektor im toten Winkel – oder: als rote Zone

Der emeritierte Politikwissenschaftler Hajo Funke merkte 2014 an:

> »Der faschistische Staatsrechtler Carl Schmitt brachte es auf den Punkt: ›Souverän ist, wer über den Ausnahmezustand entscheidet‹. Genau das wird mit der geplanten Reform der Sicherheitsbehörden faktisch er-

reicht. Indem V-Leute vor Strafverfolgung weitgehend geschützt sind, erhalten sie eine von außen unkontrollierbare Macht über einen rechtsfreien Ausnahmezustand. Ohne jede wirkliche Analyse der Mordserie und des staatlichen ›Versagens‹ wird ein Abgrund an geheimen Parallelstrukturen im Staat rechtlich etabliert.«[21]

Diese Überlegungen griffen Hajo Funke und der Publizist Micha Brumlik im April 2014 in einem beachtenswerten Kommentar nochmals auf: Gemeinsam sehen sie einen ›tiefen Staat‹ am Werk -»samt seiner Wasserträger im Parlament ... eine Sphäre jenseits des Rechtsstaates« (*taz*, 25.4.2014)

Dass auch dieser Staat geltendes nationales und internationales Recht bricht, ist mit Blick auf die Beteiligung an und Initiierung von Kriegen fast schon Teil der Staatsraison, Bestandteil der seit Jahrzehnten geforderten ›Normalisierung‹ geworden. Wie zum Beispiel der Angriffskrieg gegen die Bundesrepublik Jugoslawien 1999 oder die aktive Unterstützung eines Putsches in der Ukraine, mit maßgeblicher Beteiligung faschistischer Kräfte.

Dass dieser Staat auch staatsterroristische Aktivitäten anderer befreundeter Staaten unterstützt, wird ebenfalls mit großer Gleichgültigkeit und breitem parlamentarischen Wohlwollen unter Beweis gestellt: So werden Drohnenangriffe, also extralegale Hinrichtungen, die die US-Regierung in aller Welt durchführt, auch mithilfe von militärischen Einrichtungen in Deutschland (z. B. US-Airbase Ramstein) koordiniert und umgesetzt. Dasselbe gilt für das sogenannte Rendition-Programm der US-Regierung, das bei der weltweiten Entführung von ›Zielpersonen‹ auch auf die Unterstützungsleistungen deutscher Behörden setzen konnte bzw. kann. Ein Bericht des Europarats von Juni 2006 schätzte, dass etwa 100 Personen vom US-amerikanischen Geheimdienst CIA auf europäischem Gebiet entführt und in andere Länder verschleppt wurden – häufig erst, nachdem sie in geheimen Gefängnissen gefoltert worden wurden.

---

21 Hajo Funke: Jenseits des Rechts, in: Andreas Förster (Hg.): Geheimsache NSU. Zehn Morde, von Aufklärung keine Spur, Tübingen 2014, S. 238 f.

Dies wurde in Deutschland durch die Verschleppung des deutschen Staatsbürgers Khaled al-Masri durch den CIA öffentlich. Obwohl die Beteiligung eines BKA-Beamten mit dem Decknamen ›Sam‹ und seine Entführer identifiziert werden konnten, erklärte die damalige SPD-Bundesjustizministerin Renate Zypries, »dass die Bundesrepublik keine Schritte gegenüber den USA einleiten würde, um die Kidnapper festzunehmen.«[22]

Gleiches gilt für die Totalüberwachung aller Kommunikationsmittel durch einen Geheimdienstverbund aus NSA, GCHQ und BND. Dass dies mit stiller bzw. aktiver Billigung (bis auf das Handy von Bundeskanzlerin Angela Merkel) der deutschen Bundesregierungen geschieht, war zu Beginn der Enthüllungen von Snowden noch eine böse Annahme, die nur Verschwörungstheorien bediene. Mittlerweilen weiß man, dass all das weder gegen die jeweiligen Bundesregierungen, noch unter Umgehung ihrer Führungskompetenzen geschehen ist. Auch die Behauptung, der BND habe sich verselbstständigt und das Bundeskanzleramt hintergangen, dient vor allem einem: der Verschleierung politischer und operativer Verantwortlichkeiten.

Denn die Grundlagen für dieses umfassende Überwachungssystem wurden genau von jenen mit geschaffen, die sich heute erschrocken zeigen und eine lückenlose Aufklärung verlangen.

Es war die rot-grüne Bundesregierung, die 2002 die politischen Voraussetzungen für diese Abhörallianz geschaffen hatte. Das sechsseitige Papier mit einem 70 Seiten starken Anhang trägt den Namen: ›Memorandum of Agreement‹.

Süffisant verweist die *Süddeutsche Zeitung* darauf, dass sich dieser Skandal für vieles eignet, nur nicht für einen aufgemotzten Parteienstreit und noch weniger für politische und juristische Drohungen, um eine umfassende Aufklärung dieser kriminellen Handlungen zu erzwingen: »Für parteipolitischen Streit innerhalb der großen Koalition eignet sich die Geschichte dennoch nur bedingt. Der heutige Außen-

---

22 Zit. nach: Manfred Gnjidic: Verlorene Würde, in: Andreas Förster (Hg.): Geheimsache NSU. Zehn Morde, von Aufklärung keine Spur, Tübingen 2014, S. 269.

minister Frank-Walter Steinmeier billigte 2002 als Chef des Kanzleramtes eben jenes ›Memorandum of Agreement‹, auf dessen Grundlage der BND die NSA beliefert. Ein ausdrücklicher und ausreichender Schutz für die europäischen Freunde wurde nicht verhandelt.« (*SZ*, 2./3.5.2015)

Bis weit in die 1990er Jahre hinein wurde der Vorwurf, deutsche Behörden rüsten Neonazis in Deutschland mit Waffen und Sprengstoff aus, leiten sie an und decken ihre terroristischen Aktivitäten, bestenfalls als paranoid abgetan. Tatsächlich war dies die gängige Praxis seit den 1960er Jahren. Zuerst wurden sie als Stay-behind-Truppen gegen eine kommunistische Invasion unterhalten, ab den 1970er Jahren wurden sie – nicht nur in Deutschland – gegen Linke im eigenen Land eingesetzt.

2013 erklärte die Bundesregierung das, was jahrzehntelang ins Reich der Verschwörungsfantasie abgeschoben wurde, für hoheitliches Handeln. Wie bereits weiter oben erwähnt, habe der BND »zum Ende des 3. Quartals 1991 die Stay-behind-Organisation vollständig aufgelöst« – womit deren Existenz eingeräumt wurde. (Plenarprotokoll 17/236 vom 24.4.2013).

Sicherlich spielte in den 70er und 80er Jahren – angesichts der Stärke der (außer-)parlamentarischen Linken – die systemische Bedeutung der Neonazis als faschistische Reserve zur Aufrechterhaltung der kapitalistischen Ordnung noch eine größere Rolle. Zugleich wurde bereits damals der faschistische Terror auch dazu genutzt, ein Klima zu schaffen, das den Regierungen freie Hand dabei geben sollte, Schutzrechte außer Kraft zu setzen bzw. Anti-Terror-Gesetze durchzusetzen.

Es ist nachvollziehbar und naheliegend, dass all diese staatsterroristischen Beteiligungen und Operationen, weder in der Vergangenheit noch in der Zukunft im Parlament diskutiert und in letzter Lesung verabschiedet wurden bzw. werden. Auch darf man davon ausgehen, dass eine solche Praxis geleugnet oder mit dem lapidaren Satz quittiert wird: *Zu operativen Maßnahmen äußere man sich prinzipiell nicht.*

Aber *wo* wird eine solche verfassungswidrige Praxis entwickelt und ausgeführt und *wie* wird sie geschützt?

Der ›tiefe Staat‹: Musterfall Ergenekon?

In diesem Kontext fällt immer wieder das Wort vom ›*tiefen Staat*‹. Es wird häufig mit den politischen Verhältnissen in der Türkei in Verbindung gebracht, wo im Zusammenhang mit der AKP-Ära inzwischen auch von einem »neuen« oder – mit Blick auf religiöse Farben – von einem »grünen tiefen Staat« die Rede ist. Der Begriff beschreibt eigentlich einen Staat im Staat seit Ende der 1960er / Anfang der 70er Jahre, als die damalige Regierung von der Sorge getragen war, dass die kapitalistische Ordnung mit legalen Mitteln nicht mehr aufrechtzuerhalten ist. Damals besaß nicht nur eine starke und breit verankerte Linke einen großen Einfluss auf den Fortgang der Geschichte, auch die kurdische Bewegung organisierte sich und hatte zunehmenden Einfluss. Ohne die Verfassung (ganz) aufzuheben, ohne das parlamentarische System zu suspendieren, sollten Institutionen und Wege etabliert werden, die staatsterroristische Aktionen billigten und deckten. Dazu bediente man sich sowohl der faschistischen Kräfte (MHP/ Partei der Nationalen Bewegung, ›Graue Wölfe‹) als auch besonderer militärischer Einheiten, die für operative Ziele eingesetzt wurden. Diese Koalition aus verlässlichen Militärs und Geheimdienstsektoren, aus Faschisten und Regierungspartei bildete den ›Staat im Staat‹, der über viele Jahre für die (außer-)parlamentarische Opposition eine Mutmaßung, ein kaum belegbarer Verdacht bleiben musste. Tatsächlich mündete diese Strategie 1980 in einen Militärputsch.

Aber auch mit dem Rückzug der Militärs änderte sich an der Existenz dieses Staat-im-Staat-Gebildes wenig. Der politische Apparat knüpfte vielmehr dort an, wo er aufgehört hatte.

Für einen Agententhriller wäre ein solcher Plot zu plump, für eine Verschwörungsfantasie zu einfältig, im wirklichen Leben spielte sich Folgendes ab: 1996 ereignete sich in der Türkei ein schwerer und tödlicher Autounfall. Nichts ungewöhnliches, wenn man die Insassen außen vor lässt: In besagtem Auto saßen der stellvertretende Polizeichef von Istanbul, ein Aktivist der Grauen Wölfe und dessen Frau sowie ein Abgeordneter der ehemaligen Regierungspartei DYP. Ein folgender Untersuchungsbericht stellte fest, dass die Grauen Wölfe im Vorfeld des Militärputsches systematisch vom Staat als Stoßtrupp gegen Linke genutzt wurden. Seit den 1990er Jahren richtete sich der tiefe Staat zudem gegen den zunehmenden Einfluss der islamisch-geprägten Wohlfahrtspartei von Necmettin Erbakan (Ministerpräsident 1996/97) und der seit 2002 regierenden AKP (Partei für Gerechtigkeit und Fortschritt) von Recep Tayyip Erdoğan. Diese Parteien brachen – zunächst gemeinsam mit dem Netzwerk des von den USA aus wirkenden islamischen Predigers Fethullah Gülen – die jahrzehntelangen Vorherrschaft der kemalistischen Klasse..

2007 will die Regierung Erdoğan eine Verschwörung namens ›Ergenekon‹ aufgedeckt haben. Regierungsangaben zufolge fand die Polizei in dem Jahr in einem Haus in Istanbul 27 Handgranaten, Sprengstoff und Geheimdokumente, die auf besagte Verschwörung hinweisen sollen. Am Ende werden 275 Personen angeklagt, Mitglieder dieser Verschwörung gewesen zu sein. Der Vorwurf: Sturz der Regierung Erdoğans.

Unter den Angeklagten befinden sich hochrangige Mitglieder des alten, kemalistischen Regimes: der Ex-Kommandant der 1. Armee, der Ex-Chef der Gendarmerie, der General Ilker Basbug (türkischer Generalstabschef von 2008 bis 2010), der Chef der Arbeiterpartei, (Ex-)Abgeordnete der Republikanischen Volkspartei (CHP), Journalisten und Professoren.

Im August 2013 wurden die Urteile verkündet: 21 Angeklagte wurden freigesprochen. Die Haftstrafen für alle anderen reichen von lebenslänglich bis zu mehrjährigen Haftstrafen.

In diesem Kampf um die Kontrolle des Staatsapparats geht es immer auch um mehr: Neben der Zerschlagung besagter Ergenekon-Verschwörung zielten die Säuberungen auch auf jenen Teil der Presse, der sich nicht gefügig zeigte: Tausende von unliebsamen Journalisten (offiziell über 4.000, Stand 2010) wurden seitdem mit Verfahren überzogen.

Der Kampf des ›tiefen Staates‹ aus der kemalistischen Ära gilt zugunsten eines neuen als verloren, seitdem sich die AKP nicht nur an den Wahlurnen durchgesetzt hat, sondern auch Justiz und Polizei unterwandert und schließlich unter Kontrolle gebracht wurden. Dass die alte kemalistische Elite von führenden NATO-Staaten fallen gelassen wurde, tat dabei sein Übriges.

Nimmt man diese ›Staat im Staat‹- Strukturen als Vorlage, stellt sich die Frage: Gibt es Ähnliches in Deutschland? Worin unterscheiden sie sich?

Der Rechtsstaat im Untergrund

> »Im Fall NSU spricht die Reaktion der Dienste Bände: Kaum wird die Geschichte der beiden Uwes offenbar, geht das große Schreddern los. Selbstschutz geht vor. Weder Gerichte noch Untersuchungsausschüsse vermögen bislang die Geheimdienste zur Aufklärung zu bewegen. Unsere offene Gesellschaft unterhält in ihrer Mitte eine geschlossene, und aus diesem Zwiespalt erwächst der Albtraum von Sicherheitsbehörden, die ein doppeltes Spiel spielen.«
>
> *(Nils Minkmar,* FAZ, *17.6.2014)*

In der Türkei wurden die Gladio-Strukturen Bestandteil des ›tiefen Staates‹. Welche Strukturen wurden dafür in Deutschland geschaffen? Wer hat ›Gladio‹ in Deutschland politisch gewollt und operativ umgesetzt, wenn man von der Annahme ausgeht, dass diese Allianz aus Neonazis und Staat ohne eine parlamentarische Beteiligung respektive Kontrolle geschmiedet wurde?

Wer entscheidet darüber, dass sich deutsche Behörden an staatsterroristischen Operationen der US-Regierung beteiligen? Wo wird die politische Zustimmung zur Totalüberwachung der BürgerInnen durch US-amerikanische und britische Geheimdienste umgesetzt? Wo wird die operative Zusammenarbeit mit befreundeten Geheimdiensten geleitet – wenn wir davon ausgehen, dass die Bundesrepublik Deutschland nicht Opfer ›fremder Mächte‹ ist, sondern in die Nutzung und Optimierung solcher Technologien und der dabei gewonnenen Erkenntnisse eingebunden ist?

Dass dieser Sektor im rechts- und straffreien Raum agiert – und agieren muss –, hat die Bundesstaatsanwaltschaft in Karlsruhe bewie-

sen. Sie hatte zwar nach eigenen Angaben zwar im Juni 2013 »einen
Prüfvorgang angelegt«, lehnte es aber schlicht ab, ein Ermittlungsverfahren gegen US-Regierungsstellen einzuleiten, um die illegale Praxis
der Überwachung auf deutschem Boden strafrechtlich zu verfolgen.
Die Bundesanwaltschaft begründet diese Arbeitsverweigerung damit,
dass es aussichtslos sei, die Verantwortlichen zu finden.

Man kann sich diesen Fragen jedoch retroperspektiv nähern, indem man sich die bereits angeführte dürre Erklärung der Bundesregierung aus dem Jahr 2013 zur Allianz mit Neofaschisten noch einmal
näher anschaut:

> »Infolge der weltpolitischen Veränderungen hat der Bundesnachrich-
> tendienst in Abstimmung mit seinen alliierten Partnern zum Ende des
> 3. Quartals 1991 die Stay-behind-Organisation vollständig aufgelöst.«
> (Plenarprotokoll 17/236, Anlage Nr. 15, S. 64, 24.4.2013)[23]

Auch wenn diese Erklärung extrem dünn und schmallippig ist, lohnt
es sich, den spärlichen Informationsgehalt auszuwerten.

Die Wiederbewaffnung von Faschisten in Stay-behind-Truppen
war ein militärisches Projekt, das von vielen ›alliierten Partnern‹ getragen und umgesetzt wurde. Die Initiierung und Durchführung dieses Terrorkonzeptes lag also in Regierungshand, in den jeweiligen
Partnerstaaten. Da dieses Stay-behind-Konzept über Jahrzehnte aufrechterhalten wurde, hatte es die Zustimmung aller Parteien, die die
jeweiligen Bundesregierungen stellten: Das reicht von CDU/CSU-
FDP-geführten Regierungen bis hin zur Großen Koalition aus Union
und SPD. Das heißt: ›Gladio‹ wurde von allen im Bundestag vertre-
tenden Parteien, die in Regierungsverantwortung waren, gedeckt und
durchgereicht.

Auch das zweite Detail verrät mehr als gewollt. Mit der Umsetzung dieses Stay-behind-Konzeptes wurde der BND beauftragt, der

---

23 Der Stenografische Bericht der 236. Bundestagssitzung (Plenarprotokoll
   17/236) ist auch dokumentiert unter: http://dip21.bundestag.de/dip21/
   btp/17/17236.pdf, S. 29634.

Auslandsgeheimdienst der Bundesrepublik Deutschland. Obwohl er also für Aufgaben im Inneren nicht zuständig ist, wurde er mit der Rekrutierung, Bewaffnung und Instruierung von Neonazis in Deutschland beauftragt. Die verantwortliche Stelle, an der Entscheidungen über Operationen und Kooperationen von Geheimdiensten getroffen werden, ist das Bundeskanzleramt. Auch dort sind Kompetenzen und Zuständigkeiten klar geregelt: Geleitet wird das Bundeskanzleramt von einem Chef. Der Inlands- und Auslandsgeheimdienst (VS/BND) wird vom ›Beauftragten für Nachrichtendienste‹, dem Geheimdienstkoordinator der Bundesregierung, geführt. Für den BND gibt es eine eigene ›Fachaufsicht‹ im Bundeskanzleramt. Sie unterstehen alle direkt der jeweils amtierenden Bundesregierung.

Fassen wir zusammen:

Das über Jahrzehnte geführte Gladio-Programm beweist sehr eindrucksvoll, dass sich Geheimdienste nicht verselbstständigt hatten und haben. Der BND hat vielmehr einen Regierungsauftrag bekommen und ihn umgesetzt – ohne sich einer Beteiligung zu widersetzen.

Verfassungsrechtlich hätten parlamentarische Kontrollgremien die Rechtmäßigkeit dieses Gladio-Programmes überprüfen müssen. Wenn sie damit betraut gewesen waren, haben sie sich zu Komplizen eines Verfassungsbruches gemacht. Wenn sie übergangen worden sind, schweigen sie bis heute über diesen institutionellen Rechtsbruch.

Eine politische und juristische Aufklärung findet bis heute nicht statt. Darin sind sich alle Parteien einig, die daran mitgewirkt haben – völlig gleichgültig, ob sie heute in der Regierung sind oder in der Opposition.

Diese drei zentralen Merkmale treffen sehr exakt auf das zu, was Hajo Funke und Micha Brumlik als ›tiefen Staat‹ skizziert haben – »samt seiner Wasserträger im Parlament ... eine Sphäre jenseits des Rechtsstaates«.

Alles spricht also dafür, dass diese sehr grob skizzierte Struktur weiterhin existiert und durch die jeweilige Bundesregierung weitergeführt wird. Schließlich ist unbestreitbar, dass weiterhin Operationen durchgeführt und unterstützt werden und dabei dieselben Merkmale aufweisen:

- Die Bundesregierung ist der *politische* Garant.
- Im Bundeskanzleramt wird die *operative* Umsetzung vorgenommen.
- der Geheimdienst in Gestalt des BND ist das *ausführende* Organ.

Dass diese Struktur und diese politischen Entscheidungswege auch im Fall des NSU-Komplexes durchscheinen, macht unter anderem die politische Laufbahn des ehemaligen Vize-Chefs des Verfassungsschutzes Klaus-Dieter Fritsche (CSU) deutlich. Seine Karriere zeigt, dass die Geheimdienste weder versagt noch sich verselbstständigt hatten.

Von Oktober 1996 bis November 2005 war Fritsche Vizepräsident des Bundesamtes für Verfassungsschutz. Von Dezember 2005 bis zum Dezember 2009 arbeitete er als Geheimdienstkoordinator im Bundeskanzleramt. Nachdem die Existenz des NSU nicht mehr zu verheimlichen war, versprach Bundeskanzlerin Angela Merkel 2011 der Öffentlichkeit und den Angehörigen der Opfer des NSU-Terrors lückenlose Aufklärung. Zeitgleich begann im Bundesamt für Verfassungsschutz eine umfangreiche Vernichtung von Akten vor allem solcher V-Leute, die im Nahbereich des NSU operierten. Mehr als 300 Akten wurden beseitigt. Für das, was wochenlang und akribisch im beim Verfassungsschutz angeordnet, durchgeführt und dann als ›Versehen‹ bedauert wurde, fand Klaus-Dieter Fritsche vor dem NSU-Ausschuss in Berlin am 18. Oktober 2012 klare Worte:

»Es dürfen keine Staatsgeheimnisse bekannt werden, die ein Regierungshandeln unterminieren. Es darf auch nicht so weit kommen, dass jeder Verfassungsfeind und Straftäter am Ende genau weiß, wie Sicherheitsbehörden operativ arbeiten und welche V-Leute und verdeckten Ermittler im Auftrag des Staates eingesetzt sind. Es gilt der Grundsatz ›Kenntnis nur wenn nötig‹. Das gilt sogar innerhalb der Exekutive. Wenn die Bundesregierung oder eine Landesregierung daher in den von mir genannten Fallkonstellationen entscheidet, dass eine Unterlage nicht oder nur geschwärzt diesem Ausschuss vorgelegt werden kann, dann ist das kein Mangel an Kooperation, sondern entspricht den Vorgaben unserer Verfassung. Das muss in unser aller Interesse sein.«

Auf unfreiwillige Weise bestätigte der ehemalige Vize-Chef des Inlandsgeheimdienstes damit, dass eine tatsächliche Aufklärung der Terror- und Mordserie des NSU eine Beteiligung staatlicher Stellen offenlegen würde, die »Regierungshandeln unterminieren« könnte.

Die doch recht offene Ankündigung und Rechtfertigung, die juristische und politische Aufklärung zu sabotieren, hat diesem Mann nicht geschadet. Im Gegenteil, er hat sich verdient gemacht: Seit Januar 2014 ist er Staatssekretär für die Belange der Nachrichtendienste im Bundeskanzleramt. Dieser Posten wurde von Bundeskanzlerin Angela Merkel neu geschaffen. Es klingt nach *1984* plus 30.

Die Sphäre jenseits des Rechts(-Staates) hat einen Namen

Dass der Rechtsstaat auch jene Bereiche markiert, die sich einer rechtlichen und parlamentarischen Kontrolle entziehen, gehört seinem Selbstverständnis. Immer, wenn es um diesen rechtsfreien Raum geht (also um das, was darin möglich gemacht werden soll, worüber es keine Auskünfte, sondern angewiesenes Schweigen gibt), wird die extralegale Zauberformel vom »Kernbereich der exekutiven Eigenverantwortung« aufgerufen.

Zuletzt wurde diese sehr oft bemüht: So hat sich die Partei Die Grünen vergeblich darum bemüht, gerichtlich zu erzwingen, dass das Parlament davon Kenntnis erhält, wenn Rüstungsgeschäfte mit ausländischen Staaten und Unternehmen geplant werden. Nur eine Kenntnisnahme dieser geplanten Waffendeals mache es möglich, sie auf ihre Recht- und Verfassungsmäßigkeit hin zu überprüfen und ggf. vor Vertragsabschluss zu verhindern. Genau dieses elementare Recht wurde dem Parlament im Oktober 2014 vom Bundesverfassungsgericht abgesprochen. Es gehöre zum »Kernbereich der exekutiven Eigenverantwortung«, solche Waffengeschäfte ohne jede parlamentarische Kontrolle abzuschließen. Erst wenn alles auf den Weg gebracht ist, müsse die Bundesregierung das Parlament darüber informieren – wenn an dem Vertrag nichts mehr zu ändern ist.

Auch mit Blick auf den NSA-Ausschuss in Berlin verfährt die Bundesregierung auf dieselbe Weise: Sie lässt den BND anweisen, dass seine Mitarbeiter so gut wie nichts aussagen. Schließlich bewege sich ihr Wissen fast durchweg im »Kernbereich der exekutiven Eigenverantwortung« und/oder gefährde, würde es öffentlich, das »Staatswohl«.[24]

Eine politische (und juristische) Aufklärung der praktizierten Totalüberwachung durch US-amerikanische, britische und deutsche Geheimdienste ist also kaum möglich. Sage bloß niemand, die BRD sei ein *Unrechtsstaat.* Schließlich genießt selbst das ›Unrecht‹ in diesem Land höchstrichterlichen Segen.

Die Selbstauflösung des Parlaments

Gehen wir einmal von dem kaum vorstellbaren Fall aus, dass die parlamentarische Opposition von der Existenz der Stay-behind-Truppen nichts wusste, dann wurde dieses staatsterroristische Projekt unter Ausschaltung parlamentarischer Kontrollgremien installiert.

Ob es also an den mangelhaften parlamentarischen Kontrollrechten liegt oder an dem Unwillen, sie als potenzielle Regierungspartei zu nutzen, lässt sich recht einfach überprüfen!

Die Partei Die Grünen ist seit 1983 im Bundestag vertreten. Als Oppositionspartei hatte sie das Recht, alle parlamentarischen Kontrollrechte zu nutzen und in Anspruch zu nehmen. Warum schweigt die Grünen bis heute darüber, ob sie über das bis 1990 fortgeführte Gladio-Programm informiert worden war? Warum schweigt sie sich darüber aus, ob sie in den parlamentarischen Kontrollgremien davon Kenntnis erhalten hatte? Und wenn dies nicht der Fall war, stellt sich die Frage: Warum klagt sie nicht gegen die Ausschaltung jeglicher parlamentarischen Opposition?

Diese Fragen lassen sich auch an die SPD richten. Warum unternimmt die SPD nichts Derartiges? Schließlich war sie Oppositions-

---

24 »Aussagegenehmigung: Wir veröffentlichen die Liste an Sachen, die BND-Mitarbeiter dem Parlament nicht sagen dürfen«, netzpolitik.org, 1.10.2014.

partei, als diese Stay-behind-Organisationen aufgebaut wurden? Oder war sie von Anfang an eingeweiht und hat diese bei Regierungsübernahme weitergeführt und die Existenz dieser staatsterroristischen Struktur gegenüber den parlamentarischen Kontrollgremien verschwiegen?

Mit Blick auf andere, aktuelle staatsterroristische Aktivitäten stellt sich die Frage: Haben die parlamentarischen Kontrollgremien davon gewusst, dass deutsche Behörden bei der Umsetzung des Entführungs- und Folter-Programmes ›Rendition‹ der US-Regierung beteiligt waren?

Wenn sie von alldem nichts gewusst haben, stellt sich die Frage: Warum unternehmen sie nicht das Geringste, um die Umsetzung dieser demokratischen Kontrollrechte zu erzwingen? Warum nehmen sie nicht das Recht in Anspruch, oder besser: gehen ihrer Pflicht nach, ›geheimdienstliche‹ Aktivitäten auf ihre Rechtmäßigkeit zu überprüfen, um sie ggf. zu unterbinden?

Liegt es an der Einsicht jeder parlamentarischen Opposition, die in Regierungsverantwortung kommen will, dass sie diese rechts- und straffreien Räume decken muss, wenn sie ihre Regierungs- und Koalitionsfähigkeit unter Beweis stellen will? Mit dieser Frage ist auch die Partei Die Linke konfrontiert.

Kontrollierter Kontrollverlust

> Abhöraffäre des Verfassungsschutzes (1963) … Urbach-Affäre (1968/69) … Abhöraffäre von Stammheim (1975/76) … Lauschangriff auf Traube (1976) … Celler Loch-Skandal (1978) … Plutonium-Affäre (1994) … die Jörg-Haider-Affäre (2002) … die Irak-Affäre (2003) … Affäre um Befragungen in US-Gefangenen-Camps (2003/04) … Journalisten-Affäre (2005) … Libyen-Affäre (2008) … Kosovo-Affäre (2008) … Eichmann-Affäre (2011) …

Heribert Prantl, Leiter des Ressorts Innenpolitik bei der *Süddeutschen Zeitung*, schreibt mit Blick für die unzähligen Geheimdienstskandale in der Geschichte der Bundesrepublik: »Dass es diese Kontrolle nicht gibt, ist ein Skandal, der alle bisherigen Geheimdienstskandale miteinander verbindet.« (*SZ*, 30.4.2015) Wenn einem der Spaß nicht vergangen ist, könnte man mit den Machern der Satiresendung *Die Anstalt* ausrufen: »Neun Kontrolleure gegen 10.000 Geheimdienstmit-arbeiter. Jetzt aber ran!« (*Die Anstalt, ZDF*, 26.5.2015)

Tatsächlich handelt sich bei dem, was mit dem Namen ›parlamen-tarisches Kontrollgremium‹ (PKGr) bezeichnet wird, um eine Farce. Dieses setzt sich aus sage und schreibe neun Bundestagsmitgliedern zusammen, wobei entsprechend des Proporzes die Mehrheit derer, die Regierungshandlungen kontrollieren sollen, selbst Teil der Regie-rung sind.

Doch sollten einzelne Abgeordnete tatsächlich die Absicht haben, Kontrolle auszuüben, also zu überprüfen, ob (Ko-)Operationen rechts-und verfassungskonform sind, haben sie die Grenze ihres Auftrages bereits erreicht bzw. überschritten. Denn die rechtlichen Möglichkei-ten des PKGr sind bewusst so gehalten, dass die Geheimdienste ledig-lich angewiesen sind, über »besondere Vorkommnisse« zu berichten. Wann ein Ereignis, eine Operation »besonders« ist, bestimmen die Geheimdienste selbst!

Faktisch ist es oft so, dass das PKGr nicht einmal über »besondere Vorkommnisse« informiert wird, sondern diese aus der Presse und den Medien erfährt, um dann in einer geheimen Sitzung die Geheim-dienste zu bitten, sie doch ein bisschen mehr aufzuklären.

Und sollten die Vertreter im PKGr dort tatsächlich etwas mehr erfahren als das, was bereits in der Öffentlichkeit bekannt ist, sind sie verpflichtet, darüber weder das Parlament noch die Öffentlichkeit zu informieren.

Diese Ohnmächtigkeit, dieser organisierte Wille zur Nichtkontrol-le ist also weder neu, noch ein besonders gehütetes Geheimnis. Sie ist so gewollt, sie wird noch von jeder Bundesregierung, in welcher politi-schen Konstellation auch immer, fortgeführt, gepflegt und zementiert.

Umso verwunderlicher ist, dass ›investigative‹ Journalisten wie He-ribert Prantl nicht den nächsten Schritt gehen, nämlich die Schlussfol-gerung auszusprechen, die sich geradezu aufdrängt: Wenn der Unwille zur parlamentarischen und politischen Kontrolle der Geheimdienste von Anbeginn nicht vorhanden war, wenn kein Skandal daran etwas ändert, dann handelt es sich um einen staatseigenen Untergrund, der kein Skandal, sondern eine politisch gewollte Praxis ist.

Hätten die jeweiligen Regierungsparteien tatsächlich ein Interesse daran, die Ursachen der jeweiligen Skandale abzustellen, würde sie zumindest die Kontrollgremien mit den notwendigen rechtlichen Mitteln ausstatten und Gesetze verabschieden, die die Befugnisse der Geheimdienste so regeln, dass das, was später als Skandal bekannt wird, erst gar nicht passiert. Dass Geheimdienste auch die parlamentarischen Kontrollgremien belügen, dass dies wiederum von parlamentarischen Mitgliedern beklagt wird, gehört also zum Spiel.

Tatsache ist, dass Geheimdienste und Regierungsparteien ein gemeinsames Interesse daran haben, dass das, was im schlimmsten Fall als Skandal öffentlich wird, weiterhin geschieht, und zwar so, dass sich am Ende die zuständigen ParlamentarierInnen ihre Hände im Bad der Unwissenheit waschen können und Geheimdienste freie Hand bei dem haben, was aufgrund der Verfasstheit der Bundesrepublik Deutschland ein Verfassungsbruch darstellt: Beteiligung an schweren Verbrechen, Kriegshandlungen, Beteiligung an Entführungen, Zusammenarbeit mit Diktaturen und Folterstaaten usw.

Solange dies so bleibt, ist davon auszugehen, dass eine »Sphäre jenseits des Rechtsstaates« politisch gewollt und erwünscht, ja: dass diese fester Bestandteil der Staatsraison ist.

Wie tief sind staatliche Institutionen in die Terror- und Mordserie des NSU involviert?

Angesichts von Hunderten von Akten, die bislang vernichtet wurden, angesichts der ungezählten Akten, die die Bundesanwaltschaft unter Verschluss hält, ist die Frage nach der Tiefe von staatlicher Verstrickung in das NSU-Netzwerk zweifellos am schwersten zu beantworten.

Dennoch lässt sich anhand der noch vorhandenen Fakten und Indizien der Staatsanteil am NSU recht valide eingrenzen und bestimmen.

Sicher belegbar ist die Rolle staatlicher Behörden bis zum Jahr 2000, bis zum ersten Mord, der dem NSU zugeordnet wird. Das Abtauchen der Mitglieder des Thüringer Heimatschutzes 1998 war gewollt. Man hat sie geradezu dafür aktiviert und jede Möglichkeit, sie festzunehmen, unterbunden. Diese Entscheidung wurde jeweils auf der Ebene der Innenminister getroffen. Möglicherweise wollte man mit ihrer Hilfe an weitere terroristische Strukturen herankommen, um diese verfolgen und zerschlagen zu können.

Wenn diese sehr freundliche Annahme das Gewährenlassen erklärt, dann stellt sich die Frage: Wussten staatliche Stellen, die den NSU mithilfe von etwa 40 V-Leuten eskortiert haben[25], von den Mord- und Terrorplänen?

Dass zum Teil jahrelang ›geführte‹ und als sehr vertrauenswürdig eingestufte V-Leute im Nahbereich des NSU davon wussten, lässt sich zurzeit nur im Umkehrschluss beantworten: Die Vernichtung von Hunderten von Berichten über Treffen mit V-Leuten im BfV und anderen Dienststellen galt vor allem Vorgängen aus der Zeit nach dem ersten Mord im Jahr 2000. Wenn sie nichts Belastendes enthalten hätten, hätte man sie nicht beseitigt, sondern als Beweis staatlicher Unschuld vorgelegt.

Inwieweit wären staatliche Interessen an der rassistischen Mordserie plausibel? Dass es sich bei den NSU-Opfern um Kleinunternehmer türkischer – und in einem Fall griechischer – Herkunft handelte, kann kein staatliches Motiv an den Morden begründen. Warum wur-

---

25 »Die Mitglieder des ›Thüringer Heimatschutz‹ (THS) liefen innerhalb weniger Stunden mit mehr als 100 Mann auf. In Hochzeiten gehörten zwischen 140 und 160 Neonazis der Organisation an – darunter die Rechtsterroristen Uwe Böhnhardt, Uwe Mundlos und Beate Zschäpe. … Der THS war bis 2001 das mitgliedsstärkste, militanteste, dichteste Neonazi-Netzwerk in Thüringen. Wasserdicht war es nicht: Zwischen 35 und 45 von ihnen sollen den Nachrichtendiensten von Bund und Ländern Informationen aus der Szene gesteckt haben. Damit wäre etwa jedes vierte THS-Mitglied V-Mann, Spitzel oder Informant gewesen. Das ergibt sich aus internen Berechnungen der Untersuchungsausschüsse von Bundestag und Landtagen, die sich mit dem ›Nationalsozialistischen Untergrund‹ (NSU) beschäftigen.« (Julia Jüttner: V-Leute im »Thüringer Heimatschutz«: »Spitzel bespitzelt Spitzel«, Spiegel Online, 4.9.2012)

den aber die zahlreichen Möglichkeiten nicht genutzt, die Terror- und Mordserie aufzuklären bzw. zu stoppen?

Mit viel Bitterkeit und Zynismus könnte man sagen: Der NSU lieferte (ab dem Jahr 2000) die Toten, und die Ermittlungsbehörden lieferten den ihn passenden politischen Kontext, als Beleg für die ständig beschworene Gefahr der ›Ausländerkriminalität‹, als blutigen Beweis für das Anwachsen ›Organisierter Kriminalität (OK), dessen Bekämpfung einmal mehr intensiviert werden muss.

Zur Erinnerung: Alle Morde, die dem NSU zugeordnet werden, wurden dreizehn Jahre lang als Mordtaten krimineller Ausländer ›verkauft‹. Unisono war an jedem der Tatorte von ›Dönermorden‹ die Rede. Das war kein Zufall und schon gar nicht das Ergebnis von Ermittlungen in *alle* Richtungen. Die so kontextualisierten Morde lieferten den blutigen Beweis für das, was man mit 9/11 als neues Feindbild ausgegeben hatte: unauffällige im Land lebende Ausländer, die nur darauf warten, loszuschlagen. ›Tickende Zeitbomben‹ und ›Schläfer‹ eben.

Es gab und gibt einen weiteren gewichtigen Grund, die neonazistischen Morde aus ihrem politischen Kontext zu reißen, die Ermittlungen in eine falsche Richtung zu lenken.

Hätte man bereits im Jahr 2000 die Ermittlungen in Richtung Neonazismus aufgenommen, wäre man sehr schnell auf das Faktum gestoßen, dass unzählige V-Leute beim Zustandekommen des NSU mitgewirkt hatten, was strafrechtlich nichts anders bedeutet als Unterstützung einer terroristischen Vereinigung. Diesen Tatanteil wollte man unter allen Umständen verbergen und leugnen – was sich an jedem Tatort nachzeichnen ließe.

Koste es, was es wolle, war man bereit, die Gefahren eines »gewaltbereiten Rechtsextremismus« klein und die immer wieder belegte Gefahr eines neonazistischen Untergrundes für gänzlich übertrieben zu halten. Das kann man in den ›Verfassungsschutzberichten‹ dieser Jahre nachlesen oder man kann den ehemaligen hessischen Innenminister Volker Bouffier zu Wort kommen lassen, der 2008 ewig lächelnd verkündete, dass Nazis »um Hessen einen Bogen« (*FR*, 28.6.2008) machen würden. Man könnte auch sagen: Wer einen ›Klein Adolf‹ als V-Mann-Führer für Neonazis einstellt, der braucht keinen ›auswärtige‹ Hilfe.

»Auf vollen Touren« in die falsche Richtung

Wie sich all dies auf die Ermittlungen, auf die Nicht-Aufklärung des Mordfalles in Kassel 2006 auswirkte, lässt sich – aufgrund ungewöhnlicher Umständen – sehr genau dokumentieren.

Die polizeilichen Ermittlungen wurden im Mordfall Yozgat anfangs tatsächlich in alle Richtungen geführt. Recht schnell war klar, dass Halit Yozgat ein zufälliges Opfer war – was gegen eine Annahme sprach, dass es sich um eine Abrechnung im ›kriminellen Milieu‹ handelte. Von daher wurden rassistische Motive nicht ausgeschlossen: »Wir haben dazu ein Täterprofil erstellt … Eine gewisse Nähe zur rechten Szene haben wir als wahrscheinlich angesehen.«[26]

Diese Fallanalyse, die Annahme eines neonazistischen Hintergrundes hätte einen Wendepunkt markieren können. Und genau dies wurde auf höchster Ebene, durch verschiedene Interventionen des damaligen hessischen Innenministers Volker Bouffier verhindert. Doch nicht nur auf Landesebene tat man alles, um die falsche Fährte nicht zu gefährden.

Die Entscheidung, »auf vollen Touren, Stoßrichtung organisiertes Verbrechen« (ebd., S.645) zu ermitteln, fiel auf einer Innenministerkonferenz, knapp ein Monat nach dem Mord in Kassel, am 4. Mai 2006 – auf der Zugspitze:

> »Im Vorfeld der Fußball-WM treffen sich die Innenminister der Länder mit dem Bundesinnenminister Wolfgang Schäuble zu einer Konferenz auf der Zugspitze. … Wenige Tage nach dem Mord von Kassel war ein Deutsch-Äthiopier in Potsdam zusammengeschlagen worden. Normalerweise nimmt die Öffentlichkeit selten Notiz von oder gar Anteil an einem solchen Überfall – aber unmittelbar vor der WM wird der Fall zu einer großen Story. … Was würde wohl passieren, wenn der neueste Stand der Ceska-Serie durchsickern würde? Wie würden die Reporter

---

26 Profiler Alexander Horn vor dem NSU-Untersuchungsausschuss, nach: Stefan Aust / Dirk Laabs: Heimatschutz. Der Staat und die Mordserie des NSU, München 2014, S.646.

aus England, Israel, den USA mit den Informationen umgehen, dass
ein deutscher Geheimdienstmann ein Verdächtiger in einer Mordserie
an Migranten ist, die seit sechs Jahren ... nicht gestoppt werden kann?
Am Rande der Innenministerkonferenz wird entschieden, ... dass die
BAO Bosporus in ihren Strukturen mehr oder weniger so bleiben soll
wie bislang. Also keine Übernahme durch das BKA.« (ebd., S. 644 f.)

Dennoch scheiterte der Versuch, die Anwesenheit des genannten V-
Mann-Führers Andreas Temme am Tatort zu vertuschen. Damit war
die Büchse der Pandora geöffnet: Die Präsenz eines Geheimdienstmitarbeiters am Tatort, seine eigene neonazistische Einstellung, das
›Führen‹ eines Neonazis als V-Mann, der sich im Netzwerk des NSU
bewegte, machte aus der provokativen eine geradezu zwingende Frage:
    Gibt es im Netzwerk ›NSU‹ *Knotenpunkte*, die mithilfe staatlicher
Behörden geschaffen und kontrolliert wurden? Wie zum Beispiel
mittels des VS-Mitarbeiters Andreas Temme (alias »Klein Adolf«) in
Hessen, eines Thomas Richter, V-Mann mit Decknamen ›Corelli‹, der
kurz vor seiner Vernehmung als Zeuge an einer nicht erkannten Dia-
betes sterben musste? Oder mithilfe des Gründers der rassistischen
Vereinigung Ku-Klux-Klan/KKK in Schwäbisch Hall, Achim Schmid,
der Neonazis mit Polizeibeamten zusammenbrachte, und selbst als V-
Mann geführt wurde? Nicht zu schweigen von Querverbindungen zu
dem geheimdienstlich durchsetzten, europaweiten Neonazi-Netzwerk
›Blood & Honour‹ (B&H) mit dessen bewaffnetem Arm namens
›Combat 18‹ (C 18). So stieg der langjährige V-Mann des Berliner LKA
Thomas Starke, der zeitweise mit Beate Zschäpe liiert war und der
Terrorzelle schon in den 90ern Sprengstoff besorgte, laut *Spiegel on-
line* von September 2012 »in die Spitze der sächsischen Sektion des
militanten Neonazi-Netzes ›Blood & Honour‹ (B&H) auf.«[27] Auf eine
ähnliche Verbindung lässt sich mit Andrea Röpke, Journalistin u. a. für
Monitor, *Panorama* und *Stern*, verweisen: »Als einer der eifrigsten Ver-

---

27 Matthias Gebauer / Sven Roebel / Holger Stark: NSU-Sprengstofflieferant
    war V-Mann der Berliner Polizei, Spiegel online, 13.9.2012.

fechter von C 18 galt der 1995 wegen Anstiftung zum Mord an einem
Angolaner ... verurteilte Neonazi Carsten Szczepanski aus Berlin, der
später als Informant des Verfassungsschutzes enttarnt wurde. Auch er
bewegte sich im Umfeld des abgetauchten Trios.«[28]

Die rassistische Mordserie des NSU endete mit Kassel 2006. Mit
der (erfolgreichen) Tat kann dies nichts zu tun haben. Um einiges
wahrscheinlicher ist es, dass die Aufdeckung der Anwesenheit eines
hessischen Geheimdienstmitarbeiters bei einem Mord nicht nur seine
Vorgesetzten in fieberhafte Aktivitäten versetzt hat, sondern auch die
Mitglieder des NSU.

Auch der Mordanschlag von Heilbronn 2007, bei dem die Polizistin Michèle Kiesewetter getötet und deren Kollege Martin A. lebensge-
fährlich verletzt wurde, weist weit über das ›NSU-Trio‹ und Rassismus
hinaus. Die Nicht-Aufklärung dieses Mordanschlages scheitert nicht
an rassistischen Motiven. Wenn die Mörder von ›deutschen Polizisten‹
nicht gefunden werden sollen, muss es andere Gründe geben. Geradezu erdrückend kann belegt werden, dass mit allen Mittel unterbunden
wurde, mithilfe überwältigend klarer Indizien und Hinweise (Phantombilder, Zeugenaussagen etc.) nach den Tätern zu fahnden.

Die Tatsache, dass jahrelang mit Vorsatz eine Fahndung mithilfe der erstellten Phantombilder unterbunden wurde und falschen
Spuren (Wattestäbchenphantom) mit Hingabe verfolgt wurden, ist
ermittlungsmethodisch nur so zu erklären: Man wollte und will um
jeden Preis vermeiden, auf die Mörder zu stoßen. Mörder, die am
allerwenigsten die beiden NSU-Mitglieder Mundlos und Böhnhardt
sein konnten. Ein solches Vorgehen überschreitet mit Sicherheit die
Kompetenzen einer Landesregierung, vor allem dann, wenn andere,
in diesem Fall US-amerikanische Geheimdienste vom Tatgeschehen
Kenntnis hatten.

Der Tod der beiden NSU-Mitglieder in Eisenach 2011 kann in vielerlei Hinsicht als finales Ereignis gewertet werden. Was dreizehn Jah-

---

28 Andrea Röpke: Im fanatischen Netz. Blood & Honour, Hammerskins und
    Combat 18 – Spuren und ideologische Vorbilder in Europa, in: Bodo Rame-
    low (Hg.): Made in Thüringen? Nazi-Terror und Verfassungsschutz-Skandal,
    Hamburg 2012, S. 45-53, hier S. 50.

re lang mit Unkenntnis erklärt bzw. getarnt wurde, war nun nicht mehr zu verheimlichen: die Existenz des NSU und ihr Bekenntnis zu Terror- und Mordtaten. Über alle Landes- und Parteigrenzen hinweg war allen Beteiligten klar, dass nun die allerorts verhinderte Aufklärung der Mordserie als neonazistische Taten zur Sprache kommen würde.

Ebenfalls über alle Landes- und Parteigrenzen hinweg würde die Rolle der V-Leute in den Mittelpunkt rücken, die im Nahbereich des NSU operierten.

Und ganz offensichtlich existierte ein waches Bewusstsein darüber, dass der »Selbstmord« der beiden NSU-Mitglieder weder mit der politischen Biografie, noch mit den vorliegenden Fakten vereinbar ist. Die ›dritte Hand‹ im NSU-VS-Komplex war kaum noch zu übersehen.

Spätestens zu diesem Zeitpunkt wurde zentral veranlasst, was auch zuvor schon eingeübt worden war und was das Gegenteil einer nicht nur in Mordfällen notwendigen Spurensicherung darstellt: Die kurz nach Aufdeckung des NSU einsetzende ›Operation Konfetti‹, die Vernichtung von kompromittierenden Spuren, in allen Behörden, auf allen Hierarchieebenen, in allen Bundesländern, trägt nicht die Handschrift von Einzelgängern, sondern die eines ›Krisenstabes‹.

Ein Krisenstab, der mit der Kompetenz und Macht ausgestattet ist, die Aufklärung der neonazistischen Terror- und Mordserie zu manipulieren, zu hintergehen – an allen parlamentarischen Kontrollinstanzen vorbei.

Was nach dem Tod der beiden NSU-Mitglieder in Eisenach 2011 in Gang gesetzt wurde, hat wenig mit dem Schutz des NSU oder gar Sympathie für deren rassistischen Motive zu tun. Im Mittelpunkt steht – bei aller Vorläufigkeit – die akute Sorge, dass evident werden könnte, dass staatliche Instanzen in das NSU-Geschehen auf eine Weise involviert sind, die unter juristischen Gesichtspunkten den Tatbestand der Beihilfe zu Mord erfüllt, politisch betrachtet eine Staatskrise auslösen müsste.

8.
Nous sommes tous Charlie – vraiment?

Feindbildproduktion in Zeiten permanenter Kriegsführung

> »Da fragen mich ernsthaft Journalisten: ›Und? Wie stehen Sie als Moslem und Satiriker zu den Anschlägen in Paris?‹ Was sagt man da? Nee, fand ich als satirischer Moslem super, die Anschläge. Waren ja Moslems, wie ich. So, als würde man einen evangelischen Kinderchor fragen: Na ihr Kleinen, wie sehr schämt ihr euch denn für die Kreuzzüge?«
>
> *(Serdar Somuncu, Mitternachtsspitzen, WDR Fernsehen, 17.1.2015)*

Am 11.9.2001 wurde das World Trade Center in New York durch zwei entführte Linienflugzeuge zerstört. Am selben Tag beschädigte ein drittes entführtes Flugzeug Teile des US-Verteidigungsministeriums in Washington schwer. Bei diesen Terroranschlägen wurden ca. 3.000 Menschen ermordet. Wer sich auch immer auf dieser Ereignis und seine Folgen bezieht, spricht meist nur von ›9/11‹.

Es steht nicht nur für menschenverachtenden Terrorismus. Es markiert auch den Beginn eines neuen ›Kreuzzuges‹ (US-Präsident George W. Bush), für einen bis heute andauernden Kriegszustand.

9/11 steht aber auch für einen neuen (inneren und äußeren) Feind. Nachdem der Kommunismus über Jahrzehnte auch als Kriegsbegründung hatte herhalten müssen und mit dem Zusammenbruch des Ostblocks vorerst obsolet geworden war, musste ein neues Feindbild geschaffen und implantiert werden, das man mit den laufenden und kommenden Kriegen zusammenbringen konnte: Es war der Durchbruch des ›gewaltbereiten Islamismus‹, des ›islamischen Terrorismus‹.

Nicht nur der Anschlag vom 7. Januar 2014 auf die Satirezeitschrift *Charlie Hebdo* in Paris, auch seine politische Ausdeutung und mediale Aufbereitung erinnern in vielem an 9/11 in den USA.

Prolog

Am 7. Januar 2015 ereignete sich in Paris ein Anschlag auf die Satirezeitschrift *Charlie Hebdo*, bei dem elf Menschen ermordet wurden, in der Mehrheit Mitglieder einer Redaktionssitzung. Danach, so die Polizeiversion, flüchteten die beiden Angreifer. Noch während ihrer Flucht ließ sich die Identität von einem von ihnen feststellen. Er hatte seinen Ausweis im Fluchtauto liegen gelassen. Zwei Tage später stürmte ein weiterer Attentäter einen koscheren Supermarkt im Osten von Paris, tötete einige Kunden und nahm die anderen als Geisel. In einem Telefonanruf stellte er die Tat in Verbindung mit dem Anschlag auf *Charlie Hebdo* und forderte, Frankreich solle alle seine Truppen aus sämtlichen muslimischen Ländern abziehen. Die Polizei umstellte wenig später den Supermarkt und stürmte ihn. Insgesamt wurden dort fünf Personen getötet – unter ihnen auch der mutmaßliche Attentäter. Am selben Tag erschoss eine Sondereinheit der Gendarmerie die beiden anderen Attentäter, die sich in einer Druckerei in dem Ort Dammartin-en-Goële verschanzt hatten.

Nachdem diese tot waren und sich eine angeblich dritte Beteiligte nicht mehr in Frankreich aufhielt, konzentrierten sich alle Medien auf den politischen und ideologischen Hintergrund der Tat. Zusammengefasst lautete das Fazit so: Der Islamische Staat (IS) führt seinen Krieg im Namen des Koran und des Propheten Mohammed im Nahen Osten (Syrien, Irak) und trägt ihn nun auch nach Europa. Dies sei die Antwort auf die ›Anti-IS-Allianz‹ des Westens, die seit Monaten einen Krieg auf syrischem und irakischem Boden führt, um zu ›neutralisieren‹, was sie als IS ausmacht.

Neben dieser außenpolitischen Einordnung musste es auch zu einer innenpolitischen Deutung kommen. Und die war so fantastisch und sagenhaft wie die Begründungen für einen Gottesstaat: Dieser mörderische Angriff auf eine Satirezeitschrift sei ein gemeiner Anschlag auf die Presse- und Meinungsfreiheit, die es jetzt gemeinsam zu verteidigen gelte. Ein blutiger Anschlag auf den ›freien Westen‹, wo Satire alles dürfe, wo alle so frei sind, dass man jede Religion verspotten, jede Gottheit lächerlich machen könne.

Als Befürworter dieser ungewöhnlichen Freiheit waren plötzlich auch Außenseiter gefragt, die Zeit ihres Lebens mehr als Staatsfeinde verfolgt, denn als Demokratiestifter geschätzt wurden. Besonders gerne zitiert man ausnahmsweise Kurt Tucholsky: »Die Satire muss übertreiben und ist ihrem tiefsten Wesen nach ungerecht« oder »Was darf die Satire? Alles.«

Das sei jetzt – so hört man von ganz oben – unsere Freiheit, die wir alle so schätzen, ob als Regierung oder als Volk. Deshalb stünden wir jetzt zusammen, um dieses gemeinsame Gut zu schützen – gegen die Feinde der Freiheit, die selbstverständlich und klar indiziert von außen kommen: mit Bart, mit dem Koran in der Hand und mit Hass im kalten Herzen. Damit wurde innenpolitisch ein ›nationaler Konsens‹ imaginiert, der auch in Frankreich seit Jahren zerbrochen, zerschlissen und aufgebraucht war und ist – und gerade deshalb umso heftiger beschworen werden muss. Genau diese Chance sah auch die *Süddeutsche Zeitung.* Jetzt sollte die »Gunst der schrecklichen Stunde« genutzt werden, um diesen nationalen Konsens zu revitalisieren.

Die Inszenierung eines 9/11 in Frankreich – für Europa, für die ›freie‹ Welt

Für den 11. Januar 2015 war ein Trauermarsch in Paris angekündigt. Man rechnete mit über einer Million Menschen alleine in Paris. So unterschiedlich die Motive zur Teilnahme auch waren, es sollte eine

Demonstration der westlichen Wertegemeinschaft werden, die zusammenkommt, um gemeinsam die Freiheit zu verteidigen. Dazu wurden viele Regierungschefs eingeladen.

Tatsächlich waren die Kamerabilder und -perspektiven beeindruckend, überwältigend und ganz speziell. Ganz vorne, an der Spitze, sieht man die ersten Reihen, die aus Regierungschefs gebildet wurden. In der Mitte der französische – für diesen Tag gleichsam unser aller – Präsident François Hollande, der zuvor erklärt hatte: »Paris ist heute die Hauptstadt der Welt.« Um ihn herum, an seiner Seite der ›freie Westen‹ und seine Freunde: Großbritanniens Premier David Cameron, die deutsche Kanzlerin Angela Merkel, der spanische Regierungschef Mariano Rajoy, der ukrainische Oligarch und Regierungschef Petro Poroschenko, der israelische Ministerpräsident Benjamin Netanjahu, der palästinensische Präsident Mahmud Abbas, der türkische Regierungschef Ahmet Davutoğlu, Jordaniens König Abdullah II., die Staatschefs aus Ägypten und Algerien u. v. a. m.

Dann gibt Hollande ein Zeichen, das Zeichen zum Losgehen. Die erste Reihe, mit eingehakten Regierungschefs wogt wie eine Welle einen Schritt nach vorne. Die Demonstration beginnt, setzt sich in Bewegung. Mit diesen Bildern im Gedächtnis schwenken die Kameras nach oben, verändern die Perspektive. Nun sieht man die Zehntausende, die folgen, die Hunderttausende, die an diesem Trauermarsch teilnehmen.

So wurde es tagelang, auf privaten wie öffentlichen Sendern gezeigt. Ein eindrucksvolles Zeichen, dass oben und unten, vorne und hinten, links und rechts, schwerreich und bitterarm, Banlieues und Gated Communities keine Rolle spielen, wenn es um die Freiheit geht. Eine einzige und geeinte Gemeinschaft.

Die Zeitungen, die sich immer und fortan der Meinungs- und Pressefreiheit verpflichtet fühlen, schrieben auf, was sie gesehen, was sie miterlebt haben … *müssten*:

- »Seite an Seite im Gedenken an die Opfer der Anschläge von Paris. Mehr als 40 Staats- und Regierungschefs haben heute an dem Trauermarsch teilgenommen.« (*Die Tagesschau, ARD*, 11.1.2015)

- »15:31 | An der Spitze des Schweigemarsches stehen die in schwarz ge-
  kleideten Regierungschefs Schulter an Schulter. Jetzt setzen sie sich in
  Bewegung.« (Jana Stegemann, *SZ*, 11.1.2015)
- »Etwa 50 Staats- und Regierungschefs kamen zu dem Trauermarsch
  nach Paris, darunter Kanzlerin Angela Merkel und der britische Pre-
  mierminister David Cameron.« (*Die Zeit*, 12.1.2015)
- »Staatschefs aus aller Welt vereinen sich zu riesiger Demonstration in
  Paris« (»World leaders unite for massive Paris march«, *The Washington
  Post*, 11.1.2015).

Manche Fernsehberichte waren mit dem Ton des Demonstrationszu-
ges unterlegt. Alle diese Bilder und Kommentare galten einem Motto:
»Nous sommes tous Charlie!« – flankiert von den Parolen »Tous unis
pour la démocratie!« (»Alle vereint für die Demokratie!«), und »On
n'a pas peur!« (Wir haben keine Angst!«)

Diese Szenen und Erzählungen wurden tagelang wiederholt, immer wieder eingeblendet. Jede Talkshow, die sich den politischen
Konsequenzen aus diesem mörderischen Anschlag widmete, unter-
legte ihr Anliegen mit diesen Bildsequenzen. Sie sollten und sollen
sich einbrennen, ganz tief, ganz unerreichbar für das, was wirklich
passiert(e).

Dann tauchten in der Nacht auf Montag die ersten Bilder im
Internet auf, die nicht ins Bild, schon gar nicht in diese Choreografie
passten. Eines wurde von einem Fenster mit Blick auf die Straße aufgenommen. Man sieht einen Politikertross aus ca. 40 Personen. Dahinter ist die Straße leer, die Bürgersteige auch. Schnell machte dieses
Bild die Runde. Dann kam ein weiteres Bild dazu, das wahrscheinlich
von einem Dach aufgenommen wurde. Von dort oben blickt man in
die Straßenschlucht. Auf diesem sieht man, wie ein Tross aus Foto-
grafen und Kamerateams vor dem Politikertross Stellung nimmt und
Fotos macht. Das Bild wird mit der Anmerkung kommentiert, dass
es in einer Seitenstraße aufgenommen wurde, die für diesen Anlass
abgesperrt worden war. Auch der Zeitpunkt dieser Aufnahme wird
genannt. Es ist eine halbe Stunde vor Beginn des Trauermarsches:
»Nach kurzer Zeit seien dann alle Spitzenpolitiker wieder in ihre

Autos gestiegen und davongefahren, berichtet *Le Monde*.« (*Der Spiegel*, 12.1.2015)

Mit diesen Bildern wird sehr schnell klar: Die Berichterstattung über den Trauermarsch in Paris ist manipuliert worden. An der Manipulation dieses Ereignisses waren alle Journalisten und Fernsehsender beteiligt, die diesen Akt in der Seitenstraße fotografierten, um ihn dann mit dem später beginnenden Trauermarsch zusammenzuschneiden. Sie wurden nicht betrogen. Sie waren aktiver Teil des Betrugs. Im US-Krieg gegen den Irak bekam ein solcher Journalismus den Namen: *embedded journalism.*

Tatsächlich folgten den Politikern nicht eineinhalb Millionen Menschen, sondern ausschließlich Bodyguards und Sicherheitspersonal.

Nachdem diese Inszenierung nicht mehr zu verheimlichen war, sahen sich einige Medien dazu gezwungen, Stellung zu beziehen. Schließlich war dies ein Tag, an dem die Presse- und Meinungsfreiheit wortreich verteidigt werden sollte. Ganz praktisch war man gemeinsam mit einer Manipulation beschäftigt.

Am 14. Januar 2015 nahm die *Süddeutsche Zeitung* Stellung. Plötzlich hatte sie auch ein anderes Foto – aus einer anderen Perspektive – parat: Dieses zeigt die Politikerriege so, dass man auch über ihre Köpfe hinweg sehen konnte. Und was sieht man dort? Eine einsame Ansammlung von Politikern, gefolgt von einer großen (Sicherheits-) Lücke, die am Ende von Personen abgeschirmt wird, die mit Armbinden gekennzeichnet, Polizeiaufgaben wahrgenommen hatten. Links und rechts von der Straße stehen Absperrgitter, wieder von Security-Personal garniert. Dieses Bild untertitelte die *SZ* wie folgt: »Allzu nahe kamen die Spitzenpolitiker aus aller Welt den normalen Demonstranten nicht. Das hatte wohl vor allem Sicherheitsgründe.«

Unter der Überschrift »Wo ist das Volk?« versucht die *SZ* die nicht mehr zu unterdrückende Manipulation zum Vernünftigen zu erklären: »Stimmen die Bilder? Standen die Politiker wirklich an der Spitze des Protestzuges in Paris? Über das Bild von den untergehakten Politikern ist jedenfalls eine heftige Zankerei im Internet entbrannt, so wie über vieles im Netz gern gezankt wird.« (*SZ*, 14.1.2015)

Zickereien eben, Nörgler, denen nie etwas recht zu machen ist. Diese dümmlichen Denunziationen waren notwendig, um den LeserInnen im Folgenden zu erklären, dass Fälschungen und Täuschungen keine sind, wenn sie im Namen der Sicherheit gemacht werden:

> »Also alles gefälscht und inszeniert? Nein. Schon die Vorstellung, dass
> ein einziger Staatschef wenige Tage nach dem schlimmsten Terroran
> schlag der vergangenen Jahre in Europa durch Paris schlendert, wür
> de jedem Personenwächter schlaflose Nächste bereiten. Die Gefahr ist
> hoch. ... So stehen die Politiker vor einem unauflösbaren Dilemma:
> Sie stehen an der Spitze – aber eben nicht an der Spitze einer Massen
> demonstration. Wer das als Inszenierung abtut, der hat das Problem
> nicht verstanden.« (ebd.)

So unterschiedlich kann Meinungsfreiheit verstanden und gelebt werden! Gehen wir also davon aus, dass die Parole ›On n'a pas peur!‹ (Wir haben keine Angst!) für alle DemonstrantInnen gemeint ist und nicht für Politiker von Rang. Gehen wir weiter davon aus, dass dies vernünftig und richtig ist. Warum zeigt man dies nicht genau so? Warum hatte man so viel Angst vor dem reklamierten Problembewusstsein?

Sicherlich werden einige verständnisvoll einwenden, dass das doch nicht so wichtig ist. Schließlich geht es doch nur um einen symbolischen Akt. Man kann dieses Ereignis auch anders beurteilen. Man sollte es tun – wenn man die Meinungs- und Pressefreiheit wirklich verteidigen will. Wenn man bei jeder anderen Gelegenheit darauf insistiert, einer Presse zu misstrauen, die sich zum Sprachrohr des Staates, der Regierungspartei macht.

Wenn so viele Journalisten und Fernsehschaffende, so viele Zeitungs- und Fernsehredaktionen bei einem symbolischen Akt an Manipulationen mitwirken, an der Herstellung und Verbreitung einer Lüge beteiligt sind, dann stellt sich die Frage: Was tun sie, wenn es um wirklich ernste Angelegenheiten geht? Um die Aufklärung des NSA-Skandals? Um ihre eigene Rolle als KriegsberichterstatterInnen, in der Ukraine, in Syrien, in Libyen, in Afghanistan, im Irak?

Die Antwort haben viele Medien bereits gegeben.

Lügenpresse

Die Jury, die das *Unwort des Jahres* kürt, hatte für das Jahr 2014 ein
Näschen, fast könnte man sagen, eine böse Vorahnung, um sich und
ihr Publikum zu immunisieren. Sie entschied sich für das Un-Wort
›Lügenpresse‹. Zur Begründung flüchtete die Jury in die Vergangenheit. Dieses Schlagwort sei »bereits im Ersten Weltkrieg ein zentraler
Kampfbegriff« gewesen »und diente auch den Nationalsozialisten zur
pauschalen Diffamierung unabhängiger Medien«.

Der Deutsche Journalisten-Verband (DJV) fühlte sich angesprochen, entlastet und erklärte sich sofort solidarisch. Das Wort werde
von Menschen gebraucht, die weder mit objektiver Berichterstattung
noch mit Pressefreiheit etwas anfangen könnten. Nicht ganz so ›ein-
gebettet‹ reagierte die damalige Chefredakteurin der *taz*, Ines Pohl:

»Leider belegt der Umgang mit den Bildern des Pariser Marsches der
Mächtigen, dass das Wort ›Lügenpresse‹ nicht nur ein Hirngespinst der
Pegida-Anhänger ist, sondern dass die Wirkung der Bilder – übrigens
auch für deutsche Medienmacher – manchmal wichtiger ist als die Dokumentation der Realität.«

Alle zusammen gegen den Islamismus?

»Das religiöse Elend ist in einem der Ausdruck des wirklichen
Elends und in einem die Protestation gegen das wirkliche Elend. …
Die Kritik der Religion ist also im Keim die Kritik des Jammertales,
dessen Heiligenschein die Religion ist.«

(Karl Marx, MEW 1, S. 378)

Nach dem mörderischen Anschlag auf die Satirezeitschrift *Charlie
Hebdo* wird die Debatte über den Islam in allen Medien neu aufgelegt:
Welche Rolle spielt der Islam bei der Rechtfertigung von Terroran-
schlägen? Wird bei einem Anschlag der Islam missbraucht, wenn die
Attentäter als Zeuge und Beistand ›Allah ist groß‹ rufen?

›Islamexperten‹ bevölkern einmal mehr die Talkshows. Es geht wieder und wieder um die Fragen: Gibt es einen moderaten Islam und einen zur Gewalt aufrufenden Islam? Haben die Anschläge etwas mit dem Islam zu tun oder mit anderen, sprich lebensweltlichen Ursachen? Und ganz viel wird vermessen und gestritten, wo die Grenze zwischen dem Islam, gegen den wir nichts haben, und dem Islamismus, den es noch energischer und entscheiden zu bekämpfen gibt, verläuft?

Von Regierung, Think-Tanks und von den Medien wird uns gesagt, dass der Kampf gegen den (gewaltbereiten/fanatischen) Islamismus keine Kriegserklärung gegen den Islam sei. Schließlich habe man nichts gegen Religionen, auch nichts gegen den Islam, solange unter diesem Himmel ein Bett steht, in dem der Westen genug Platz hat.

Zu dieser Selbstverortung werden seitdem erneut und wiederholt alle muslimischen Verbände aufgerufen, sich auf die richtige Seite zu stellen. Sie sollen sich wieder deutlich und glaubhaft vom Islamismus distanzieren. Sie sollten nicht nur Bekenntnisse zu diesem Staat und seiner Verfassung abgeben, sondern auch Zeugnis ablegen, dass diese mehr als Lippenbekenntnisse sind. Man fordert sie auf, in ihren Moscheen nach ›Hasspredigern‹ Ausschau zu halten, ihnen kein Forum zu bieten und eng mit den Polizei- und Verfassungsschutzbehörden zusammenzuarbeiten, wenn sie ›verdächtige‹ Muslime entdecken, die den Rubikon vom (friedliebenden) Islam zum (gewaltbereiten) Islamismus überschreiten.

Wenn Attentäter im Namen Mohammeds morden, erwartet man von allen Muslimen ganz selbstverständlich, dass sie sich distanzieren. Wenn unter Anrufung Gottes Krieg gegen den Irak (»Möge Gott uns jetzt führen«, US-Präsident George W. Bush) geführt wird, dann fragt niemand alle Christen, ob sie sich von Kriegsverbrechen distanzieren oder wie wir uns vor einem gewaltbereiten Christentum schützen können. Genauso wenig kommt jemand auf die Idee, alle Deutschen dazu aufzurufen, sich deutlich und erkennbar vom Terror des NSU zu distanzieren, der im Namen des ›deutschen Volkes‹ begangen wurde.

Wie willkürlich und vordergründig die Unterscheidung zwischen dem *Islam* und dem *Islamismus* ist, verdeutlichen ein paar Beispiele:

Die US-Regierung hat in den 1980er Jahren gegen die sowjetische Intervention in Afghanistan die im Namen des Islam agierenden *Taliban* bewaffnet, finanziert und ihnen zum Sieg verholfen. Ist das der Islam, der auch hier seinen Platz haben soll?

Wenn 2011 im Krieg gegen Libyen ›Gotteskrieger‹ als Bodentruppen unterstützt und bewaffnet werden, die bis heute das Land terrorisieren, wobei es um wenig Göttliches geht, sondern um die Aufteilung der Beute, sind das dann die ›befreundete‹ Islamisten?

Ist der Gottesstaat Saudi-Arabien ein islamischer oder ein islamistischer Staat? Wenn dort Menschen ausgepeitscht, gefoltert und hingerichtet werden, angeblich nach den Gesetzen der Scharia, ist das dann ein trotz allem wohlgelittener Islam, weil der eines verbündeten Staates? Wird in diesem reaktionären, patriarchalen System, das der Westen unter anderem mit Waffenlieferungen (auch von den deutschen Bundesregierungen) unterstützt, genau jener Islam gelebt wird, den wir so vortrefflich vom Islamismus unterscheiden?

Verträgt sich die Bewaffnung eines Teils der syrischen Opposition (auch durch westliche Staaten), die sich mehr als deutlich einem islamischen Gottesstaat verschrieben hat, mit einem Islam, von dem schon mal von höchster Stelle gesagt wurde, er gehöre zu Deutschland?

Auch die israelische Regierung hat kein Problem damit, das politisch und materiell zu unterstützen, was sie ansonsten als islamistischen Terror zu bekämpfen vorgibt:

»Bereits Anfang Dezember 2014 hatten die Vereinten Nationen berichtet, die israelischen Streitkräfte ›interagierten‹ auf den Golan-Höhen mit der Miliz Jabhat al Nusra (›Al Nusra-Front‹), die im August 45 UN-Blauhelme zu Geiseln genommen hatte. Aktuellen Berichten zufolge wird Jabhat al Nusra von Israel durch ›medizinische wie logistische Hilfe‹ unterstützt. Ursache sei, dass die Miliz in Syrien gegen die Regierung von Bashar al Assad und gegen die mit dieser verbündete proiranische Hizbullah kämpft. Jabhat al Nusra, Kooperationspartner gegen Assad und proiranische Kräfte, gehört dem Netzwerk Al Qaida an, dem sich zwei der Attentäter von Paris zugerechnet haben.« (»Feind und Partner«, *german-foreign-policy.com*, 29.1.2015)

Man könnte noch zahlreiche Beispiele anführen, um deutlich zu machen: Den Regierungen im Westen ist es egal, ob jemand den Koran bemüht und zu Mohammed betet. Entscheidend ist, ob jeweilige Organisationen bzw. Staaten als ›Partner‹ nützlich sind, ob man mit ihrer Hilfe eigene Interessen durchsetzen kann. Fundamentalistisch – im ganz wörtlichen und gottlosen Sinne – sind weder der Islam noch das Christentum, sondern die kapitalistischen Herrschaftsverhältnisse, die man damit überwölbt – mit all ihren unterschiedlichen Ausprägungen und Nuancen (Nicht-Trennung von Staat und Religion etc.). Nur darauf kommt es wirklich an.

Ob Herrschaftsverhältnisse also mit der Scharia oder mit dem Bürgerlichen Gesetzbuch exekutiert werden, ist im Sinne hegemonialer Interessen nachrangig. Nicht die Scharia, der Koran, der Terror und die Unterdrückung unterscheiden das Verhältnis zum ›Islamischen Staat‹ (IS) von dem zum saudi-arabischen Regime. Der wirklich ausschlaggebende Unterschied besteht darin, dass der IS, zumindest so er aus dem Ruder läuft – nicht unbedingt die Interessen des Westens verfolgt, das saudi-arabische Regime hingegen sehr wohl. Das hat zur Folge, dass ersterer bombardiert, letzteres hingegen politisch und militärisch aufgerüstet wird. Doch auch das Verhältnis zu der Terrororganisation ist interessengeleitet, wie ein genauerer Blick auf den IS deutlich macht: Was lange ruchbar war, wurde im Mai 2015 durch die Veröffentlichung eines geheimen Pentagon-Papieres aus dem Jahr 2012 bestätigt. Darin wurde in einem »Islamischen Staat« eine »strategische Chance« für den Sturz der Regierung Syriens gesehen:

»Ein … bisher streng geheimer Pentagon-Bericht beweist, dass die USA die Terrormiliz ›Islamischer Staat in Irak und Syrien‹ (ISIS bzw. IS) geschaffen haben. Der IS sollte danach Washington als Werkzeug zum Sturz von Syriens Präsidenten Baschar Al-Assad und als Vorwand für die Rückkehr des US-Militärs in den Irak dienen. Hintergrund: Der konservativen US-Bürgerrechtsorganisation ›Judicial Watch‹ war es gelungen, per Gerichtsbeschluss die Freigabe einer Reihe von US-Geheimpapieren zu erzwingen. Bei deren Analyse entdeckte der US-Journalist Nafeez Ahmed das Dokument des militärischen Nachrichtendienstes des Pentagon (DIA) aus dem Jahr 2012. Es war seinerzeit in Washington u. a. auch an das Außen- und das sogenannte Heimatministerium gegangen. … Aus dem Text [geht] hervor, dass die westlichen Regierungen bewusst Al-Qaida-Gruppierungen und andere islamistische Extremisten (aus denen nach 2012 der IS hervorging) förderten, um Assad zu stürzen. … In dem Papier heißt es: ›Es gibt die Möglichkeit der Schaffung eines sich konstituierenden oder nicht offiziell erklärten salafistischen Kalifats im Osten Syriens, und das ist genau das, was die Unterstützer der Opposition wollen, um das syrische Regime zu isolieren und die schiitische Expansion im Irak durch Iran einzudämmen‹. Der DIA-Bericht prognostiziert den Aufstieg eines solchen ›Islamischen Staats‹ als direkte Folge der US-Destabilisierungsstrategie. … Die Entstehung eines mit Al-Qaida verbundenen ›salafistischen Kalifats‹ wird in dem US-Dokument sogar als ›strategische Chance‹ bezeichnet, um Washingtons Ziele in der Region zu erreichen: Regimewechsel in Syrien und Zurückdrängung der ›schiitischen Expansion‹ beziehungsweise des Iran.«[29]

Es passt ins Bild, wenn der NATO-Staat Türkei zahllose IS-›Kämpfer‹ über die Grenze nach Syrien einsickern lässt – sehenden Auges auch von westeuropäischen und US-Geheimdiensten. Dass aber auch ein zu bekämpfender IS die westlichen Interessen nach weiteren Interventionen noch bedient, bestätigen die Worte von Leon Penetta, ehemaliger CIA-Chef (2009–2011) und US-Verteidigungsminister (2011–2013), der zu Beginn der Luftangriffe auf den IS im August 2014 erklärte: »Ich denke, wir stehen vor einem neuen 30-jährigen Krieg. … dieser Krieg wird über den Islamischen Staat hinausgehen und sich neuen Gefahrengebieten in Nigeria, Somalia, Jemen, Libyen und sonstwo zuwenden.«[30]

Man kann also allen westlichen Regierungen (auch der deutschen Bundesregierung) tatsächlich abnehmen, dass sie weder etwas gegen

---

29 Rainer Rupp: IS-Terror made in USA, in: junge Welt, 26.5.2015.

30 Zit. nach: Michael Lüders: Wer den Wind sät. Was westliche Politik im Orient anrichtet, 3. Aufl., München 2015, S. 83.

den Islam als solchen noch gegen die gewaltsame Durchsetzung einer islamisch begründete Herrschaft haben, wenn damit ihre Interessen geschützt bzw. gewahrt werden. Das belegen sie eindrucksvoll und konsequent mit ihrer Unterstützung und Zusammenarbeit mit Regimen in Katar, in Saudi-Arabien oder in Afghanistan. Nicht im Widerspruch dazu steht eine fortwährend militärisch flankierte Geopolitik, über die Ilija Trojanow und Juli Zeh anmerken: »Ein kriegerisches *perpetuum mobile* also, ein dauernder Ausnahmezustand, der Ausnahmegesetze rechtfertigt.«[31]

Pegida, Legida, Hagida, Fragida, Kagida – ein dankbarer Gegner

> »Haben Sie Angst vor dem Islam? Haben Sie … furchtbare Angst vor dem Islam? Letztes Jahr sind 70.000 Deutsche an Alkohol krepiert. Haben Sie Angst vor Riesling?«
> *(Hagen Rether, Neues aus der Anstalt, ZDF, 16.11.2010)*

Die faktische Abschaffung des Grundrechts auf Asyl wurde 1993 nicht mit den Stimmen der Neonazis erwirkt. Die satte Zweidrittelmehrheit, die sich dafür im Bundestag fand, kam aus der politischen Mitte und spiegelte sich – auch infolge einer beispiellosen Medienkampagne gegen die »Asylantenschwemme« – in der Gesellschaft. Zu dieser Zeit ahnte man an den Stammtischen noch gar nicht, was so mancher Thinktank bereits wusste: dass der Islam auf dem Vormarsch ist.

Seit dem Jahr 2000 sind 20.000 Menschen im Mittelmeer – auch mithilfe von Frontex – ertrunken. Dazu braucht man keine *Pegida* (Patriotische Europäer gegen die Islamisierung des Abendlandes).

Dreizehn Jahre lang wurden Morde an ›Ausländern‹ nicht als rassistische Taten verfolgt. Dazu brauchte man keine *Legida.*

---

31 Ilija Trojanow/Juli Zeh: Angriff auf die Freiheit. Sicherheitswahn, Überwachungsstaat und der Abbau bürgerlicher Rechte, München 2010, S. 33.

Einige parlamentarische Untersuchungsausschüsse zu den NSU-Morden kommen zu dem Schluss, dass es in deutschen Behörden einen manifesten institutionellen Rassismus gibt. Dazu braucht man keine *Hagida.*

Die Anerkennungsquote bei Flüchtlingen, die hier Schutz suchen, liegt bei fünf Prozent. In den entsprechenden Gremien sitzen in der Regel keine *Fragida*-Anhänger.

Nun erreichten *Pegida* in Dresden und *Legida* in Leipzig Anfang 2015 ihren Höhepunkt. Sie brachten bis zu 25.000 Menschen auf die Straße.

Der Nährboden dafür war sorgsam bereitet, die Stimmung wurde aus etablierten Parteien und Medien mit geschürt. Prominente Publizisten wie Thilo Sarrazin, Heinz Buschkowsky, Henryk M. Broder, Udo Ulfkotte, Akif Pirinçci oder Necla Kelek veröffentlichten Schriften in großer Auflage und bekamen ihre Foren. Das Wochenmagazin *Focus* titelte im November 2014: »Die dunkle Seite des Islam – Acht unbequeme Wahrheiten über die muslimische Religion« (Nr. 45/2014). Die *Bild*-Zeitung setzte den damaligen Pegida-Organisator »exklusiv« in Szene (www.bild.de, 1.12.2014). Und noch Ende Dezember 2014 erklärte der ehemalige Bundesinnenminister Hans-Peter Friedrich (CSU): »Ich glaube, dass wir in der Vergangenheit mit der Frage nach der Identität unseres Volkes und unserer Nation zu leichtfertig umgegangen sind.« (www.tagesschau.de, 28.12.2014.)

Doch mit zunehmenden Anti-Pegida-Protesten – zunächst von linken bzw. antirassistischen Gruppen sowie von gewerkschaftlichen und auch konfessionellen Verbänden – und der Sorge um das Deutschland-Bild im Ausland (bei der Fußball-WM 2006 war die Welt noch »zu Gast bei Freunden«) kippte die Stimmung. Und so waren – mit regionalen Unterschieden – auch Regierungsparteien und Wirtschaftsverbände wie die Industrie- und Handelskammer auf den Beinen. Bis hin zu *Bild* schwenkten entsprechend die Medien um. So bringt Pegida zusammen, was ohne Pegida nicht zusammenpasst.

Immerhin: Von einer rassistischen Hegemonie kann vielerorts keine Rede sein. Dementsprechend verhalten reagieren die Regierungsparteien, was die Übernahme von Pegida-Theoremen angeht. Man warnt (vor unnötigem Hass) und versteht (die Sorge vor ideologischer Heimatlosigkeit) zugleich.

Das zeigte sich auch in Frankfurt anlässlich einer Anti-Pegida-Demonstration am 25. Januar 2015, zu der etwa 200 Organisationen aufgerufen hatten: Die Grünen und Jungen Liberalen, das Römerberg-Bündnis und die Kirchenverbände, zahlreiche migrantische Organisationen und antifaschistische Gruppierungen. Zusammen brachten sie rund 15.000 Menschen auf die Straße. Man hatte die Unterstützung der Medien, man hatte die Unterstützung der politischen Mitte. Und Oberbürgermeister Peter Feldmann (SPD) war einer der Redner an diesem Abend. Das gefiel auch der *Bild*-Zeitung: »16.500 brüllen Pegida aus der Stadt.«

Mitunter bleibt jedoch ein fahler Geschmack, wenn in dem Chor für ein tolerantes, weltoffenes Deutschland die Stimmen jener untergehen, die mit weitergehenden Forderungen den Protest gegen Pegida erst angestoßen hatten.

Auch wenn es richtig ist, auf Bündnisse zu setzen: Verhängnisvoll wird es dann, wenn man die politischen Unterschiede unter den Tisch fallen lässt, anstatt sie zu benennen. Mehr noch: wenn man mit den Protesten gegen Pegida zugleich die deutsche Regierungspolitik verteidigt.

Eine politische Analyse müsste genau das Gegenteil machen: Anstatt die gegenwärtigen politischen Verhältnisse vor Pegida zu schützen, ginge es darum, die politisch Mächtigen damit zu konfrontieren, dass Pegida ihr Produkt ist, dass die Große Koalition die Leihmutter all dieser Pegida-Applikationen darstellt. Zu fragen wäre:

Wer hat angefangen, (wahlweise) den Islam, den Islamismus zum neuen Feind zu erklären? Brauchte es dafür Pegida?

Wer spricht denn seit Jahren von ›Parallelgesellschaften‹, die man nicht länger dulden wolle und könne, wenn hier lebende ›Ausländer‹ nicht deutsch genug, nicht angepasst genug, nicht unauffällig genug leben?

Wer macht denn seit Jahrzehnten Jagd auf jene, die trotz politischer und paramilitärischer Abschottung Richtung Deutschland bzw. EU fliehen?

Wer hat denn das Asylbewerberleistungsgesetz ständig verschärft, um Flüchtlingen ›keine Anreize‹ zu liefern, hier zu bleiben?

Wer will denn ›Auffanglager‹ in Afrika errichten, damit man sich die Schikanierung von Flüchtlingen hier im Land (und die gelegentlichen Skandale, die dabei entstehen) ersparen kann?

Der Antiislamismus ist kein originäres Pegida-Problem

Alle Herrschaftsordnungen, die auf Unterdrückung und Ausbeutung basieren, brauchen einen ›äußeren Feind‹, wodurch sich ihre eigenen Herrschaftsansprüche auf Ressourcen und Menschen überschreiben lassen. Waren es in der ersten Hälfte des 20. Jahrhunderts in Deutschland die Juden und Kommunisten (›die jüdisch-bolschewistische Weltverschwörung‹), so blieben nach der militärischen Niederlage des deutschen Faschismus die Kommunisten als Feindbild übrig. Doch auch dieser Feind ging Deutschland (und den imperialen Mächten) mit dem Zusammenbruch des sozialistischen Ostblocks abhanden. Bei der Einverleibung dessen, was Ostblock war, stieß die ökonomische und politische Durchdringungen Anfang des 21. Jahrhunderts an ihre Grenzen.

Mit den terroristischen Anschlägen 2001 in den USA vollzog sich in zweierlei Hinsicht ein Paradigmenwechsel: *Krieg wurde als permanenter Zustand* etabliert (›Krieg gegen den Terror‹). Eine Militärstrategie, die überall auf der Welt zum Tragen kommt, wo vitale Interessen bedroht sind bzw. durchgesetzt werden sollen. Seitdem führt der Westen – mitsamt seiner Verbündeten – in unterschiedlichen Intensitäten und unterschiedlichen Konstellationen, sei es unmittelbar oder durch Bewaffnung von »Rebellen«, Krieg in Afghanistan und im Irak, in Syrien und Libyen, in Palästina und im Libanon. Glenn Greenwald, jener US-amerikanischer Journalist, der 2013 die von Snowden übermittelten Dokumente für die britische Tageszeitung *The Guardian* aufbereitete, brachte das wie folgt auf den Punkt:

»Es ist mittlerweile nicht mehr vorstellbar, dass sich die USA nicht im Krieg befinden. Das wäre eine Sensation, wenn das noch zu unseren Lebzeiten geschehen sollte. Regierungsbeamte sagen es ganz offen: Der Begriff ›endloser Krieg‹ ist keine rhetorische Floskel, sondern eine präzise Zustandsbeschreibung amerikanischer Außenpolitik. Warum, ist nicht schwer zu verstehen. Ein endloser Krieg rechtfertigt Geheimniskrämerei, den Machtzuwachs der Regierung und die Aushöhlung von Bürgerrechten. Gleichzeitig werden Steuermittel in gewaltiger Höhe in die ›Homeland Security‹ und die Waffenindustrie gesteckt.‹‹[32]

Für diesen permanenten Kriegszustand bedarf es eines generalisierbaren Feindes, der geografisch und politisch die gegenwärtigen und zukünftigen Krisen- und Kriegsgebiete abdeckt. Seitdem werden wir stündlich und täglich darin ›gebrieft‹, dass *der Islamismus* die größte Gefahr für ›unsere‹ Freiheit und den ganzen ›freien Westen‹ ist, dass ›wir‹ ihn nicht nur im Land X bekämpfen müssen, sondern auch im eigenen Land. Was über 80 Jahre als Kampf gegen Kommunismus verkauft wurde, wird nun als Krieg gegen den Islamismus etikettiert.

Dass diese Erziehung zum neuen Feindbild auch in Deutschland Erfolg hat und Früchte trägt, belegt eine Studie der Bertelsmann Stiftung aus dem Jahr 2012 auf eindringliche Weise. Aktualisiert wurde sie Anfang 2015 vorgestellt:

Die Behauptung ›Der Islam ist bedrohlich‹ teilten 2012 53 Prozent der Befragten, Ende 2014 waren es bereits 57 Prozent. 2012 stimmten 52 Prozent der Befragten der Behauptung ›Der Islam passt nicht in westliche Welt‹ zu, 2014 waren es bereits 61 Prozent.

In der Analyse dieser Befragung kommt die Bertelsmann Stiftung zu dem Schluss:

»*Islamfeindlichkeit findet sich in der Mitte der Gesellschaft
und ist keineswegs eine gesellschaftliche Randerscheinung*
Differenzierte Analysen zum Zusammenhang zwischen dem Islambild und sozioökonomischen Faktoren zeigen: Weder die politische Orientierung noch das Bildungsniveau üben einen nennenswerten Einfluss

---

32 Zit. nach: Michael Lüders: Wer den Wind sät. Was westliche Politik im Orient anrichtet, 3. Aufl., München 2015, S. 83 f.

auf das Islambild aus. Es zeigt sich zwar, dass sich Deutsche, die sich dem politischen Mitte-links-Milieu zuordnen, ein etwas positiveres Islambild haben – der Unterschied ist jedoch gering. Auch der üblicherweise bei Fremdenfeindlichkeit dämpfende Einfluss der Bildung fällt im Bereich der Islamfeindlichkeit deutlich geringer aus. Lediglich bei Hochschulabsolventen sinkt die Islamfeindlichkeit etwas ab. Aber auch hier sagt jeder Zweite, der Islam sei bedrohlich, und 40 % sind der Meinung, der Islam passe nicht in die westliche Welt. Dies weist darauf hin, dass es sich bei Islamfeindlichkeit um einen ›salonfähigen‹ gesellschaftlichen Trend handelt. Und das, obwohl die große Mehrheit für religiöse Vielfalt grundsätzlich aufgeschlossen ist. Der Islam wird aus der gesellschaftlichen Toleranz somit ausgeschlossen. Es ist davon auszugehen, dass diejenigen, die den Islam trotz prinzipieller Offenheit für religiöse Vielfalt ablehnen, dem Islam eine mangelnde Toleranz unterstellen und so die Ausgrenzung des Islams rechtfertigen.« (Religionsmonitor, Sonderauswertung Islam, 2015, S. 10)

Bemerkenswert still werden diese Ergebnisse zur Kenntnis genommen. Ganz im Gegensatz zu Studien über Antisemitismus und Judenfeindlichkeit in Deutschland, wenn diese wieder einmal zu dem Ergebnis kommen, dass 15 bis 20 Prozent der Befragten ein antisemitisch geprägtes Weltbild pflegen. Zu Recht werden politische Konsequenzen gefordert. Manchmal mündet diese Empörung in politische Projekte, die dem entgegenwirken sollen.

Es stellt sich die Frage: In welcher Verfassung muss eine politische Klasse sein, die antimuslimischen Wahnvorstellungen nicht entgegenwirkt?

Doch ganz offensichtlich ist ihr die zugrunde liegende Verschwörungstheorie durchaus recht. Man darf sogar annehmen, dass dieses Mehrheitsvotum gebraucht wird, um weitere Kriegsbeteiligungen – zumal bei insgesamt spärlichen Zustimmungsraten zu Bundeswehreinsätzen –, um weitere Grundrechtseinschränkungen zu rechtfertigen.

Wenn also Pegida & Co. eine ›Islamisierung des christlichen Abendlandes‹ verhindern wollen, dann hat das zwar nichts mit ihrer Lebensrealität und schon gar nichts mit ihren Lebensnöten zu tun, dafür umso mehr mit der Übernahme dieses Feindbildes zwecks Transformation ihrer eigenen Lebensängste in eine ›konformistische Rebellion‹: Man geriert sich als Opfer und ruft nach (mehr) Herrschaft und Unterwerfung (anderer).

Auch der Versuch, Pegida & Co. politisch als rechtsextrem und wirtschaftlich abgehängt zu qualifizieren, deckt sich nicht im Geringsten mit diesen Studien. Antiislamismus wird seit 9/11 nicht von rechts außen gepredigt und konfiguriert, sondern in der politisch und ökonomisch wohl saturierten Mitte. Antiislamismus ist weder ein Rand- noch ein Außenseiterphänomen, sondern eine Konstituante des ›anständigen‹ Deutschlands.

Dass der Versuch, sich in den Kerntheoremen von Pegida & Co. unterscheidbar zu machen, oft so grandios misslingt, hat einen sehr naheliegenden Grund: Pegida & Co. nehmen ›nur‹ das beim Wort, was seit Jahren auf der Gefahren- und Bedrohungsskala ganz oben steht: der Islamismus, die Hassprediger, die Schlepperbanden, die Armutsflüchtlinge, die kriminellen Ausländer usw. Dass das alles nicht zusammenpasst, dass das allen Fakten widerspricht, stört Pegida & Co. nicht – so wenig wie jene, die damit seit Jahren Politik machen.

Im Namen von Charlie:
Weiterer Ausbau von Überwachung

> »In diesen Tagen zeigt sich übrigens, wie weltfremd die Proteste gegen die Überwachungspraxis der amerikanischen und britischen Geheimdienste – und deren Zusammenarbeit mit dem BND – teilweise waren.«
>
> *(Alan Posener, Die Welt, 10.1.2015)*

Diesem Credo folgte die französische Regierung ›weltnah‹. Man kann auch sagen: Sie nutzte die Gunst der Stunde. Bevor der nationale Taumel wieder abebbt, waren bereits weitere Grundrechte eingeschränkt worden: Am 23. Juni 2015…

»…beschloss der französische Senat … nach minimaler Beratungszeit neue Überwachungsgesetze. 24 Stunden später folgte die Zustimmung der Nationalversammlung. Das Gesetz sieht massive Erweiterungen von Überwachungskompetenzen für Geheimdienste vor. Etwa eine Verpflichtung der Provider, Black Boxen in ihren Rechenzentren aufzustellen, die Kommunikationsmetadaten mitschneiden und mit vorher eingestellten Filtern nach ›auffälligen‹ Mustern suchen. Dazu kommt die Berechtigung, Keylogger auf Rechnern zu installieren sowie Kameras und Aufnahmegeräte bei Verdächtigten zu platzieren. Geändert wurde die Berechtigung, Ausländer in Frankreich ohne jegliche Kontroll- und Aufsichtsinstanz überwachen zu dürfen.«[33]

Wie dünn die politischen Unterschiede zwischen den Parteien sind, dokumentiert das Abstimmungsergebnis ebenfalls: »Republikaner, Sozialisten und Teile der Zentristen votierten für das Gesetz, lediglich von den Kommunisten und Grünen gab es Widerstand.« (ebd.)

Geheimgerichte in Großbritannien

Auch im ›Mutterland der Demokratie‹ weiß man, wie man diese vor dem Islamismus schützt: Man schafft sie an einen geheimen Ort. Das zeigt ein Fall, über den die *Süddeutsche Zeitung* unter der Überschrift »Unheimlich heimlich« am 28. Juni 2015 berichtete.

»Es war einer der aufsehenerregendsten Prozesse der vergangenen Jahre: Ein junger Londoner soll einen islamistischen Terroranschlag in der Stadt geplant haben, mit Bomben und Kalaschnikows. Ermittler fanden bei ihm eine Privatadresse von Tony Blair, dem früheren Premierminister, der Soldaten in den Irak geschickt hatte. Doch eine Jury im Old Bailey, wie der Strafgerichtshof in London heißt, sprach den heute 27-Jährigen vom Vorwurf des Terrorismus frei. Warum? Gute Frage.«

---

33 Doppelmoral par excellence: Frankreich verabschiedet Geheimdienstgesetz und beschwert sich über NSA-Spionage, netzpolitik.org, 25.6.2015

Bis heute weiß man nur, dass der Prozess Ende März 2015 zu Ende ging und dass der Angeklagte Erol Incedal heißt. Mehr wird man vorerst nicht erfahren. Denn das Gericht hatte verfügt, dass über ihn nicht berichtet werden darf. Offensichtlich schadet der Freispruch der Demokratie. Die anwesenden Journalisten wurden gezwungen, ihre Notizen abzugeben. Verwahrt werden diese seitdem beim Inlandsgeheimdienst MI5. Die Ankläger begründeten dies mit der Sorge um die ›nationale Sicherheit‹ und das Gericht drohte den Journalisten, sollten sie dennoch berichten, mit einem Strafverfahren.

Nun klagen die Zeitungen *The Guardian* und *Times* gegen diese Geheimprozeduren. Auch diese Klage wird dann geheim verhandelt. Auf die Idee, ein solch absurdes Verfahren dadurch zu unterlaufen, indem sie über den Prozess und die Gründe des Freispruchs berichten, kommen sie nicht.

Doch damit genug: Bald soll ein neues Gesetz im Parlament verabschiedet werden, mit dem Ziel, zu legalisieren, was der britische Geheimdienst GCHQ bisher unter kriminellen Umständen macht. Dazu der Deutsche Journalisten-Verband:

»Der als Schnüffel-Charta geschmähte Gesetzentwurf sieht vor, dass alle Internetdienste die über sie laufenden Daten speichern und Polizei sowie Geheimdiensten bei Bedarf geben müssen. Verschlüsselte Kommunikation könnte demnach schon bald in Großbritannien verboten werden. Begründet werden die Maßnahmen in der ›Investigatory Powers Bill‹, so der Originaltitel des Regelwerks, mit der Terrorismusbekämpfung.« (djv.de, 16.7.2015)

Der britische Premierminister David Cameron hatte sein Demokratieverständnis – oder vielleicht besser: seinen Marschbefehl ans Parlament – schon vor dieser Entscheidung kundgetan: »Wollen wir in unserem Land Kommunikationsmittel zwischen Menschen erlauben, die wir [als Staat] nicht lesen können? Meine Antwort auf diese Frage ist: Nein, wir dürfen das auf keinen Fall erlauben.«

Beim Thema Überwachung kann man den Gleichschritt der deutschen, französischen und britischen Regierung regelrecht hören.

9.
Guy Fawkes –
Die Wut hat viele Gesichter

»Die momentane Politik verkehrt die von den Philosophen der Aufklärung im ausgehenden 18. Jahrhundert entwickelten Prinzipien in ihr Gegenteil. Der Staat verhandelt im Geheimen (zum Beispiel das transatlantische Freihandelsabkommen TTIP) und belauscht zugleich seine Bürger (NSA), die vor ihm keine Geheimnisse haben sollen (Kryptographieverbot). Das erinnert an die Praxis absoluter Monarchien und Diktaturen. Nur dass die Überwachung heute technisch ausgefeilter ist.«

(Tobias Bevc: Die Illusion der Partizipation[34]*)*

Wer hatte nicht einmal diese Fantasie: *Alles in die Luft jagen!* Nicht länger vernünftig, realistisch, politisch klug sein, sondern nur – und das aus ganzem Herzen – der Wut folgen. Für die einen ist eine Großbank, für andere ein verhasstes Unternehmen, das im wahrsten Sinne des Wortes über Leichen geht. Oder ein Großprojekt, dessen Realisierung, koste was es wolle, durchgezogen wird. Und sicherlich hat sich in den letzten zehn Jahren viel Ohnmacht, also auch viel Wut aufgestaut.

---

34 Tobias Bevc: Die Illusion der Partizipation. Digitale Revolution: Warum das Internet die Gesellschaft nicht demokratisieren kann; in: junge Welt, 18./19. Juli 2015, Wochenendbeilage, S. 6 f., hier S. 7.

Vielleicht auch deshalb hatte der Film *V – wie Vendetta* so großen Erfolg, als er 2006 in die Kinos kam. Im Zentrum der Handlung
steht der gewaltsame Sturz eines diktatorischen Regimes – mit sehr
viel Sprengstoff, einem aus dem Untergrund heraus durchgeführten
Plan, ein wenig Shakespeare und einem märchenhaften Ende, das mit
einem großen Feuerwerk gekrönt wird. Ein ganzes Regierungsviertel
fliegt in die Luft. Doch bevor wir dazu kommen, sollte man die Film-
geschichte erst einmal erzählen.

Der Held der Geschichte ist *V*, das für ›Vendetta‹ steht, also für
Rache. Der Film verlegt die Rebellion gegen die Herrschaft in die
Zukunft, um das Jahr 2030 herum. An diesem Aufstand nehmen ganz
wenige teil, um ehrlich zu sein, ein Einziger, *V* eben, der sich dem
Kampf gegen das ›Empire‹ verschreibt.

V's Gesicht ist aufgrund eines Mordanschlages des Regimes ent-
stellt. Aus diesem Grunde trägt er eine Guy-Fawkes-Maske, die an
einen Aufständischen und ein paar Mitverschwörer im 17. Jahrhundert
erinnert, deren Versuch, die Regierung zu stürzen, verraten wurde.

V meidet öffentliche Plätze, öffentliches Aufsehen, wo er nur kann.
Er lebt im Untergrund, während es an der Oberfläche allem Anschein
nach ganz unterwürfig und demütig zugeht.

Es handelt sich um ein totalitäres Regime – in mancherlei Hinsicht
ähnlich dem des Big Brother in Orwells *1984*. Der Führer einer faschistischen Partei wurde zum ›Großkanzler‹ gewählt. Ein zukunftsträchti-
ger Beleg dafür, dass Wahlen und totalitäre Verhältnisse kein Widerspruch sein müssen. Die Medien im Film erfüllen gesellschaftssanitäre
Aufgaben, so ähnlich wie Antidepressiva und Tranquilizer. Die Phar-
ma-Industrie ist so etwas wie die Armee im Inneren. Sie produziert
tödliche Viren und merzt damit ›abweichendes‹, also dissidentes Verhalten aus … und verspricht gleichzeitig Heil vor Epidemien.

Das Regime verbreitet Angst, dirigiert die Angst und verspricht,
die Menschen davor zu beschützen. Wenn es dunkel wird, herrscht
Ausgangssperre, die über Lautsprecher Tag für Tag verkündet wird,
selbstverständlich zum Wohl und zur Sicherheit der BürgerInnen.

Als erkennbare Sympathisantin hatte *V* gerade einmal eine unfreiwillige Gefährtin. In einer nebligen Londoner Nacht rettet *V* das

junge elternlose Mädchen Evey vor den Schergen des Regimes, deren Eltern einst gegen das Regime kämpften, schließlich gefangen genommen, verschleppt und vermutlich ermordet wurden. Aus Angst vor einem ähnlichen Schicksal folgt sie *V* in den Untergrund. Erst in letzter Sekunde weiht *V* sie in seinen umstürzlerischen Plan ein, den Palast in die Luft zu sprengen.

Anders als im 17. Jahrhundert gelingt es dem Guy Fawkes des 21. Jahrhunderts, seinen explosiven Plan umzusetzen. Stück für Stück stürzt ein Wahrzeichen von Herrschaft und Unterdrückung in sich zusammen. Erst jetzt tauchen aus dem Nichts Hunderte, dann Tausende, schließlich ein Meer von ›Guy Fawkes‹ auf, auf der Straße – auf dem Weg, die Idee der Revolte zu multiplizieren. Tausende von Polizisten, die von Soldaten kaum zu unterscheiden sind, stellen sich dem Aufstand entgegen. Doch es fällt kein Schuss, als die Massen die Polizeiketten überwinden. Aus einer Verschwörung ist eine Revolution geworden.

Die prophetische Aussage von *V* zu Beginn des Filmes ist aufgegangen: »People should not be afraid of their governments. Governments should be afraid of their people.« (»Die Menschen sollten keine Angst vor ihren Regierungen haben. Die Regierungen sollten Angst vor den Menschen haben.«)

So endet ein diktatorisches Regime – im Film. Daran lässt auch der Film keinen Zweifel: »Does it have a happy ending?«, fragt Evey und bekommt als Antwort: »As only celluloid can deliver.«

V, der Protagonist dieses Umsturzes, hatte im Flug die Herzen der ZuschauerInnen erobert – im Kino. Etwas länger dauerte es, bis *V*, der eine Guy-Fawkes-Maske trug, das Kino verließ. Fast mehr als fünf Jahre. Inzwischen taucht die Maske überall auf, in Barcelona, New York, Frankfurt, in Griechenland und Italien, in Mexiko und Brasilien, auf den Straßen und im Fernsehen. Ganz allgemein wird sie als Symbol des Protestes verstanden, als Gegenbild zu den austauschbaren Cyborg-Regierungen mit variablen Silikonanteilen.

Die Botschaften, die mit und hinter der Guy-Fawkes-Maske transportiert werden, sind vieldeutig. Die Internet-AktivistInnen des Netzwerkkollektivs *Anonymous* schützen damit ihr vielfach geachtetes, aber

strafbares Handeln als HackerInnen.[35] Bei Straßenprotesten wird sie
zum notwendigen Schutz vor allgegenwärtiger Überwachung und Erfassung genutzt, als gewitzte Form der Vermummung.

In Spanien verstehen es die *indignados* (die Empörten) auch als
Verweigerung von Prominenz und tradierten Aufmerksamkeiten. Die
Bewegung will sich nicht auf ein Gesicht, auf einen Kopf reduzieren
lassen. Und manche verstehen die Maske als militantes Symbol gegen
jede Unterdrückung, als Zeichen, nicht länger alles hinzunehmen.

Spulen wir den Film noch einmal zurück und halten Sequenz für
Sequenz einen Augenblick inne:

V spricht nicht im Namen der ›99 Prozent‹, doch er hat keine
Mehrheit hinter sich. Er ist alleine, er wartet auf keine Mehrheit. Er
ist also das Gegenteil von den *indignados*, den *Empörten* in Spanien,
das Gegenteil von den Occupy-AktivistInnen in den USA, die mit
dem Slogan ›Wir sind die 99 Prozent‹ reklamieren, all jene zu reprä-
sentieren, die weltweit nicht zu den gefühlten ein Prozent der (Super-)
Reichen gehören.[36]

Wenn *V – wie Vendetta* für Rache steht, dann ist damit kein Wort-
spiel, keine bedeutungslose Aufregung gemeint. Der Protagonist meint
es ernst damit: Es geht um Rache, um Vergeltung. Es geht darum, eine
Entscheidung zu treffen: »There is no certainty, only opportunity.«
(»Es gibt keine Gewissheit, nur eine Gelegenheit, eine Chance.«)

---

35 Seit 2013 betreibt die kriminalpolizeiliche Agentur Europol ein Cyber-Zen-
    trum, das auch gegen so genannten Hacktivismus gerichtet ist. Anfang 2015
    veröffentlichte das BKA eine Studie unter dem Namen »Hacktivisten«, in der
    einleitend zwei Prämissen aufgestellt werden: »1. Hacktivismus (ist) … letztlich
    nichts anderes als die digitalisierte Form von Aktivismus. … 2. Hacktivismus
    ist eine Form von Cybercrime.« Dies verleitete Adrian Haase und Theresa
    Züger auf der Plattform Netzpolitik.org, gegen deren Betreiber Mitte 2015 der
    Vorwurf des Landesverrats erhoben wurde, zu folgender Schlussfolgerung:
    »Aktivismus ist ebenfalls eine Form der Kriminalität. Oder aber: Aktivismus
    wird zumindest dann kriminell, wenn er digital ausgeübt wird.« (Vgl. Adrian
    Haase / Theresa Züger: Hacktivismus = Cybercrime? Eine Replik auf die Stu-
    die des BKA zu Hacktivisten, in: netzpolitik.org, 26.2.2015.)

36 2012 verfügten global 30 Millionen Menschen, also rund 0,5 Prozent der
    Weltbevölkerung, über ein Vermögen von mehr als 1 Million US-Dollar. (Vgl.
    Handelsblatt, 30.11.2012, nach: https://de.wikipedia.org/wiki/Millionär.)

Er widerspricht damit der weitverbreiteten Ansicht, dass man sich einer breiten Zustimmung sicher sein sollte, bevor man etwas wagt, bevor man das Gesetz bricht.

Diese Parole erinnert stark an die Proteste der 1980er Jahre in vielen Ländern Europas: ›Wir haben keine Chance, also nutzen wir sie‹ – eine paradoxe, abwägende, eine aussichtslose und gewagte Haltung zugleich. Eine im besten Sinne ambivalente Haltung, die in der Anerkennung der Überlegenheit ihre Chance ergreift.

Guy Fawkes will nicht mehr diskutieren, überzeugen, abwarten, sich selbst disziplinieren – auch nicht *fragend voranschreiten*, wie Subcomandante Marcos im Lakandonischen Urwald (Chiapas). Er ist ganz damit beschäftigt, eine Entscheidung, einen Plan umzusetzen. Ob er sich dabei nur von seiner Rache leiten lässt oder ob er sehr wohl die ambivalente Haltung der Unentschlossenen berücksichtigt, mit einplant, lässt der Film offen.

Die Botschaft des Filmes ist eindeutig und leichtsinnig: Zur Beseitigung eines totalitären Regimes braucht man viel Sprengstoff, etwas Shakespeare, gute Ortskenntnisse und den unbedingten Willen, unerträgliche Umstände nicht länger auszuhalten.

Zurück in die Jetzt-Zeit: Wenn diese Rezeptur reichen würde, wären die meisten Regierungen auf dieser Erde längst gestürzt. Das wissen sicherlich die meisten ZuschauerInnen, die dem Film einen ungewöhnlich großen Erfolg bescherten und zu zahlreichen Preisen verhalfen.

Woran liegt es, dass so viele im Kino ihr Herz dem Aufstand, der Rebellion öffnen und am nächsten Morgen wieder einer Alltagsroutine nachgehen?

Zweifellos hat der Film viele Realitäten der letzten Jahrzehnte berücksichtigt: Den Thatcherismus der 1980er/90er Jahre in England; die ›Krieg ist Frieden‹-Rhetorik eines George W. Bush; den ausgerufenen ›Krieg gegen den Terror‹ als Antwort auf die Anschläge vom 11. September 2001 in den USA; den permanenten Kriegszustand; die ›Anti-Terror-Gesetze‹, die Grund- und Schutzrechte mit patriotischem Design (in den USA werden sie als ›USA Patriot Act‹ etikettiert) außer Kraft setzen; den religiös-fundamentalistisch angereicherten Kreuzzug in Gestalt der *Allianz der Willigen* gegen das Böse, der weder eine Grenze noch ein Ende kennt; den wachsenden Anteil von staatsterroristischen Aktivitäten wie die weltweiten Drohnen-Einsätze oder die systematische Anwendung der Folter; die bereits ausgeführte Totalerfassung der Bevölkerung sowie die damit einhergehende systematische Desinformation der Öffentlichkeit durch Regierungen und Medien.

Obwohl all dies in parlamentarischen Demokratien geschieht, bemüht sich der Film sehr darum, das Regime so zu zeichnen, dass man es mit Faschismus in Verbindung bringt: Der geifernde und hasserfüllte ›Großkanzler‹, ein Adolf Hitler der Neuzeit, die Geheimpolizei, die an die Gestapo erinnern soll.

Dass der Film die diktatorische Ordnung des ›Empires‹ mit faschistischen Grundzügen ausstattet, hat einen naheliegenden Grund: Gegen Faschismus zu sein, findet schnell breite Zustimmung – fast so etwas wie ein ungeschriebenes Völkerrecht. Auch das Recht auf Widerstand bis hin zum bewaffneten Sturz ist dabei unbestritten.

Wie sieht es hingegen aus, wenn ein totalitäres System beides miteinander verbindet: Die Aufhebung zentraler Schutzrechte, die Anwendung staatsterroristischer Praktiken bei gleichzeitigen Freiheiten im ›privaten Bereich‹, die totale Erfassung menschlichen Tuns und die gleichzeitige Diversifikation von Lebensstilen? Das Abhalten von Wahlen bei gleichzeitiger Unmöglichkeit, eine grundlegende Änderung der Verhältnisse zu wählen? Darf man eine solche Ordnung auch mit Gewalt stützen?

Was machen wir, wenn ein solcher ›Hitler‹ gar nicht kommt, sondern die Welt weiterhin von Staatsoberhäuptern geführt wird, die wahlweise technokratisch, mütterlich oder charmant-eloquent daherkommen? Was machen wir, wenn ein totalitäres Regime gar keinen Faschismus (mehr) braucht, um sich zu behaupten, sondern seine Macht daraus schöpft, dass es in einer parlamentarischen Ordnung eingehegt bleibt, in der jede parlamentarische Opposition von der institutionellen Kontrolle der ›Kernbereiche exekutiver Macht‹ ausgeschlossen ist? Was machen wir, wenn eine totalitäre Ordnung in ihrem Kern nicht mehr gewählt wird, dafür viel Wahlfreiheit in cooler Freizeit gewährt: von bunt bis tolerant, von hetero bis queer?

Was machen wir also, wenn der weniger coole Horst Seehofer Recht hat? Der CSU-Ministerpräsident ließ 2010 mit folgendem Statement aufhorchen: »Diejenigen, die entscheiden, sind nicht gewählt, und diejenigen die gewählt werden, haben nichts zu entscheiden.«[37]

So richtig es ist, vor faschistischen Strömungen und Parteien zu warnen, so wichtig ist es, die gegenwärtigen Regierungen in der EU damit nicht gleichzusetzen. Denn wir berauben uns damit der Notwendigkeit, die gegenwärtigen Herrschaftsverhältnisse genau zu analysieren.

Alleine ein Blick auf die dramatischen Verhältnisse in Griechenland macht dies deutlich: Im Januar 2015 hat die faschistische Partei ›Die goldene Morgenröte‹ dort 6,3 Prozent der Wählerstimmen erhalten und genießt sicherlich auch Sympathien im rechten Lager, die jetzt noch die konservative Nea Dimokratia wählen.

Aber, und das machen die letzten Ereignisse nach dem Referendum vom Juli 2015 sehr deutlich: Man unternimmt in und außerhalb Griechenlands einiges, um sie nicht an die Macht kommen zu lassen. Das zeigt nicht nur die Verhaftung führender Mitglieder dieser faschistischen Partei. Vieles deutet darauf hin, dass auch die Troika auf die alten Machteliten setzt – unter Einschluss einer Syriza, die sich selbst um den politischen Unterschied zum Establishment bringt, indem sie ihren linken Flügel eigenhändig amputiert. Syriza wäre dann nicht mehr länger eine Alternative (zur Troika-Politik), sondern eine Vitaminspitze für eine völlig heruntergekommene Klasse, mit der sie nun gemeinsam die weiteren Verarmungsprogramme durchsetzt.

Griechenland macht aber auch etwas anders sehr schmerzhaft deutlich: Den Wählerwillen zu ignorieren – ja: ins Gegenteil zu verkehren – sowie Wahlen zur Farce zu machen, ist kein Merkmal faschistischer Politik. Die Art und Weise, wie die Politik der Troika durchgesetzt wird, ist dafür ein eindringlicher Beleg. Wahlen und diktatorische Verhältnisse – im Sinne von: Durchsetzung einer Diktatspolitik – schließen einander nicht aus.

---

37 Horst Seehofer bei »Pelzig unterhält sich«, ARD, 20.5.2010.

Guy Fawkes – die Fantasiegestalt der Vereinzelten?

Guy Fawkes ist mit seinem Unternehmen fast allein. Wie wir. Mit einem gewaltigen Unterschied: Er siegt auf ganzer Linie. Es ist eine One-Man-Show. Alles, was wirklich gefährlich ist, was ein Risiko bedeutet, was mit Ungewissheit zu tun hat, überlassen wir *V*, unserem Helden. Erst als alles auf ein Happy End zuläuft, das eigene Risiko gegen Null tendiert, sind wir alle *V*, tragen wir alle eine Guy-Fawkes-Maske.

Entlasten uns nicht solche Helden? Brauchen wir sie, damit wir auf sie warten können?

Helden wie *V* gibt es auch außerhalb des Filmes. In letzter Zeit haben wir einige zu Gesicht bekommen: Den WikiLeaks-Mitbegründer Julian Assange und den US-Soldaten Bradley Manning[38], die Kriegsverbrechen der US-Regierungen ›verraten‹ und veröffentlicht haben. Edward Snowden, ein ehemaliger NSA-Mitarbeiter, der ein globales System der Überwachung öffentlich gemacht hat, das jede Verschwörungstheorie blass aussehen lässt.

Sie werden als Helden gefeiert – und alleine gelassen. Innerlich sind wir an ihrer Seite, da draußen – in der Wirklichkeit – sind sie geliefert. Die Tragik der Helden liegt nicht in ihrem Tun, sondern in der Art, wie wir sie in den Olymp der Sagen verbannen.

Wenn wir alle mit einem *großen* Schritt aus dem Schatten der Projektionen heraustreten, wenn wir alle einen *kleinen* Schritt weiter gehen, als es uns die Angst rät, dann sind wir zwar nicht bei V, aber weit über A hinaus.

---

38 Seit 2013 im Zusammenhang mit der eigenen Geschlechtsidentität »Chelsea Elisabeth Manning«.

10.
Illoyalität als BürgerInnenpflicht

»Gegen jeden, der es unternimmt, diese Ordnung zu beseitigen, haben alle Deutschen das Recht zum Widerstand, wenn andere Abhilfe nicht möglich ist.«

(Art. 20, Abs. 4 GG)

Edward Snowden wird Geheimnis- und Landesverrat vorgeworfen. Es gehört zu den pittoresken Umständen dieser Strafverfolgung, dass die US-Regierung in ihrem Auslieferungsbegehren gegenüber Russland – unbeabsichtigterweise – ihre Missachtung gegenüber ihren eigenen Gesetzen offenbarte. In besagten Auslieferungsverfahren wird der russischen Regierung angeboten, dass Edward Snowden in den USA weder misshandelt noch gefoltert wird. Ein implizites Eingeständnis der amtierenden US-Regierung, was in den USA ansonsten durchaus üblich ist: legal in Gestalt der allgegenwärtigen (tödlichen) Polizeigewalt, illegal in Form von Folter, die nicht nur auf eigenem Territorium praktiziert, sondern auch mithilfe befreundeter Regierungen (›Rendition‹-Programm) weltweit organisiert wird.

Ein Geheimnis zu lüften, das Regierungskriminalität und Staatsverbrechen schützen soll, ist nicht Verrat, sondern die notwendige Bedingung, rechts- und verfassungswidrige Praktiken einer Regierung nicht länger tatenlos hinzunehmen.

Nehmen wir dennoch den Strafparagrafen ›Geheimnisverrat‹ für einige Augenblicke ernst, dann stellt sich doch die Frage, ob die-

ser zu allererst gegen Regierungen anzuwenden ist, die fortgesetzt
ihre BürgerInnen nicht vor Angriffen schützen, sondern sich mit den
Angreifenden gegen die jeweilige Bevölkerung verschworen haben.
Schließlich gehört es zur *Garantenpflicht* einer jeder Regierung, ihre
BürgerInnen vor rechts- und verfassungswidrigen Angriffen zu schützen. Löst sie diese Garantenpflicht nicht ein, kollaboriert sie vielmehr
mit den Angreifern, dann bricht eine solche Regierung den Gesell-
schaftsvertrag zwischen ihren BürgerInnen und der Staatsmacht.

Dann ist es die Pflicht und Aufgabe der BürgerInnen, dieser Regierung nicht länger zu gehorchen, sie an der Fortsetzung ihres Tuns
zu hindern.

Dann geht es nicht mehr um Geheimnisverrat, sondern um die
Verpflichtung und Aufgabe, einer solchen Regierung jede Form von
Loyalität zu entziehen.

Widerstand zwecklos...?

Wenn man schlaglichtartig auf über 30 Jahre zurückblickt, ist eines
recht augenfällig: Als der Überwachungsstaat in seinen ersten Grundzügen zu erkennen war, richtete sich der Widerstand vor allem gegen
die politischen Initiatoren und Institutionen, die mit dessen Umsetzung betraut wurden – wie im Fall der ›Volkszählung‹ oder gegen
den Verfassungsschutz in Hamburg in den 80er Jahren.

Je mehr jedoch der Überwachungsstaat Gestalt annimmt, je mehr
er in jeden Winkel unseres Alltags eindringt, je transnationaler seine Architekten und Projektmanager agieren, je greifbarer das wird,
was oft als unbegründete Angst oder gar als Verschwörungsgespenst
abgetan wurde, desto ›privater‹ wird paradoxerweise der Umgang
damit.

Dennoch: Seit den 1980er Jahren manifestierte sich in Theorie
und Praxis zunehmend Kritik an einem drohenden Überwachungsstaat. So beschrieb der Politikwissenschaftler Joachim Hirsch 1980
einen »modernen Sicherheitsstaat« als ein »umfassendes Über-
wachungs- und Kontrollsystem« mit »dauerhaften sozialen Des-

integrationserscheinungen«.[39] Nachdem sich die Konturen weiter verschärften, verwies Hirsch gut 25 Jahre später auf den Weg »vom Sicherheitsstaat zum totalitären Überwachungsstaat« und machte einen Zusammenhang mit »der neoliberalen Transformation von Staat und Gesellschaft« auf, um folgende Entwicklung aufzuzeigen:

> »War spätestens nach dem deutschen Herbst von der Entwicklung zu einem autoritären Sicherheitsstaat die Rede, so ist das inzwischen Geschichte. Was damals zu einiger öffentlicher Erregung führte, erscheint heute fast harmlos. Es war immerhin der kritischer Radikalität eher unverdächtige Datenschutzbeauftragte der Bundesregierung, der kürzlich festgestellt hat, dass sich Deutschland auf dem Weg in einen Überwachungsstaat befindet und dabei eine Parallele zu totalitären Systemen gezogen hat (Spiegel 38/2007). Schäuble & Co. haben es mit der permanenten Inszenierung von Kriminalitäts- und Terrorbedrohungen so weit gebracht, dass inzwischen praktisch alle rechtsstaatlichen und demokratischen Barrieren beiseite geräumt sind. Es fällt immer schwerer, die permanent anschwellende Flut von einschlägigen Gesetzen und Maßnahmen überhaupt noch zu überblicken.«[40]

Auch der Publizist und Bürgerrechtsaktivist Rolf Gössner stellte – bereits Ende der 90er Jahre – einen Zusammenhang zur neoliberalen Entwicklung fest: »Der »Sicherheitsstaat« scheint in dem Maße aufgerüstet zu werden, wie der Sozialstaat abgetakelt wird.«[41]

Es gibt also durchaus politische Analysen, die nicht von Alarmismus geprägt sind, sondern von begründeten Warnungen und Versuchen, diese staatstheoretisch einzuordnen. Und es gibt verschiedene Formen des Protestes und des Widerstandes gegen die genannten Ent-

---

39 Joachim Hirsch: Der Sicherheitsstaat. Das »Modell Deutschland«, seine Krise und die neuen sozialen Bewegungen, Frankfurt a. M. 1980, hier nach: www.wirtschaftslexikon.co

40 Joachim Hirsch: Vom Sicherheitsstaat zum totalitären Überwachungsstaat, in: www.links-netz.de, Oktober 2007.

41 Rolf Gössner: Auf dem Weg in einen autoritären »Sicherheitsstaat«?, in: UTOPIE kreativ, H. 91/92 (Mai/Juni) 1998, S. 96-108, hier S. 103.

wicklungen. Im Folgenden geht es darum, einige Beispiele herauszugreifen. Diese sollen nicht nur deutlich machen, dass verschiedene
politische Analysen in verschiedene Praxen münde(te)n. Sie zeichnen
auch verschiedene Herangehensweisen nach und rufen uns alle dazu
auf, zu fragen: Welchen Widerstand halten wir heute und morgen für
legitim und notwendig? An wen adressieren wir den Widerstand? An
die jeweiligen Regierung? An uns selbst? An welches Recht halten wir
uns, auf welches Recht berufen wir uns dabei?

Hamburg 1980: Gegenaufklärung aufgrund eines hinreichenden Tatverdachts

Dass auch der Verfassungsschutz in Hamburg mit und ohne Recht
Überwachung betreibt, ganz besonders gern und ausgiebig dort, wo
der Verfassungsschutz seine Feinde vermutete: in den besetzten Häusern der Hafenstraße, in linken Gruppierungen und Kneipen, war
anzunehmen. Das aber einmal live mitzubekommen, Ton für Ton
mitzuschneiden, ist sicherlich etwas ganz anderes. Genau dies wurde
in einer kleinen, etwas verklausulierten Anzeige in der *taz* angekündigt: »Großes Piratenehrenwort. Radio Klabautermann hat ein neues
Schiff geentert und segelt mit voller Kraft in den Äther ... Mit frischem Wind einer gespenstischen Sendung entgegen. Hört sie euch
nicht alleine an!« (*taz*, 11.7.1980)

Zwei Tage später konnte man – wie versprochen – Zeuge einer
ungewöhnlichen Sendung sein. Zu hören war beispielsweise der
Funkverkehr zwischen der Funkzentrale des Hamburger Verfassungsschutzes (*Codename London*) und zwei Spitzeln, die herausbekommen
sollten, wer in einem observierten Haus neu eingezogen war.

»Wir waren mal eben im Haus, London. Es sind da zwei neue Zähler. Da sind die Zähleraustauschkarten noch angeklebt. Die erhalten
Sie morgen Vormittag«, melden die Mitarbeiter der Zentrale. Dort
sollte dann anhand der Daten der HEW (Hamburger Elektricitäts
Werke) festgestellt werden, auf welchen Namen die neuen Stromzähler angemeldet worden waren.

Was man sonst nur in Agententhrillern zu sehen bekommt, ist einer Gruppe in Hamburg gelungen: akribische und sehr professionelle Gegenspionage. Über zwei Jahre, zwischen 1978 und 1980 wurde der Funkverkehr des Verfassungsschutzes und der politischen Polizei (sogenannte Staatsschutzabteilungen) abgehört und ausgewertet. Über zwei Jahre folgte man ihnen, machte Fotos von den bekanntlich lichtscheuen Mitarbeitern, notierte sich die Nummernschilder der zivilen Einsatzfahrzeuge und decodierte ›Ruf- und Decknamen‹.

Im Juli 1980 verschriftlichten sie all ihre Erfahrungen in einer Broschüre, die den schlichten Namen trug: »Die Praktiken von Staats- und Verfassungsschutz am Beispiel Hamburg«. Ein Exemplar davon schickten sie direkt an den Verfassungsschutz, damit dieser die Arbeit wertschätzen konnte. Der Wert der Broschüre wurde später in einer Sozialgeschichte zum Spitzelwesen wie folgt eingeordnet:

»Die Broschüre enthält detaillierte Beschreibungen des Aufbaus und der Arbeitsweise der Staatsschutzabteilung der Hamburger Polizei und des Hamburger Verfassungsschutzes. Die AutorInnen informieren dabei nicht nur darüber, welche Dienststelle für die Bespitzelung der politischen Szene zuständig ist, sie beschreiben auch auf der Grundlage des in zweijähriger Gegenobservation gewonnenen Wissens das Vorgehen der einzelnen Abteilungen sowie Eigenheiten und Aussehen der einzelnen mehr oder weniger verdeckt arbeitenden PolizistInnen.« (Markus Mohr / Klaus Viehmann (Hg.): Das Spitzelbuch. Eine kleine Sozialgeschichte, Berlin 2004.)

Ausgiebig wird in der Broschüre beschrieben, welche Überwachungstechniken von Polizei und Verfassungsschutz eingesetzt werden. Eine prominente Rolle spielte dabei ein im Jargon der Spitzel als ›Dose‹ bezeichneter VW-Bus, aus dem heraus Personen oder Objekte observiert werden können:

»Hinter dem Funknamen ›69‹ verbirgt sich eine Observationsspezialität des Staatsschutzes: Es handelt sich um einen hellgrauen VW-Bus Kombi … Das Heckfenster ist wechselweise mit hellen Holzkisten oder

Pappkartons verstellt. Nun, in ihm ist liegend ein Bulle (ebenfalls ein 60er) versteckt, der auf diese Weise unbemerkt das Haus, in dem eine ›Zielperson‹ wohnt, beobachten kann. Darüber hinaus kann er mit einer eingebauten Kamera von allen Personen, die ein- und ausgehen, Porträtfotos machen.«

Die Veröffentlichung der Broschüre sorgte für Furore: »Polizei enttarnt. Alarmstimmung bei Hamburger Sicherheitsbehörden: Anarchisten haben die Staatsschutzabteilung und den Verfassungsschutz ausspioniert«. Dermaßen aufreißerisch und politisch blindwütig titelte das *Hamburger Abendblatt* vom 18. Juli 1980 über diesen Beitrag zur Gegenaufklärung. Ein Beitrag, der Stunde um Stunde grundsolide protokollierte, was für gewöhnlich als Verschwörungsfantasie abgetan wird.

Das Engagement blieb nicht ohne Folgen: »Kurz nach der Veröffentlichung der Broschüre kündigt die Innenbehörde an, die Kennzeichen der polizeilichen Zivilfahrzeuge auszutauschen, außerdem werde man in Zukunft verstärkt auf Verschlüsselungstechniken setzen.« (ebd.)

»Lass dich nicht erfassen!« – Der Volkszählungsboykott (1980–1987)

Als Anfang der 1980er Jahre öffentlich wurde, dass die amtierende Bundesregierung eine ›Volkszählung‹ beabsichtigte, waren Protest und Widerstand dagegen sehr groß – wenn man dies etwa mit dem vergleicht, was die Snowden-Veröffentlichungen bislang auslösten. Die Boykottkampagne gegen die geplante Volkszählung erreichte damals eine Größenordnung, die sich mit den Antiatom-Protesten oder mit dem Widerstand gegen den NATO-Doppelbeschluss vergleichen lässt. Noch 2011 erinnerte die *FAZ* daran, dass »von dem Boykott-Ratgeber ›Was Sie gegen Mikrozensus und Volkszählung tun können‹ ... bis April 1987 eine Viertelmillion Exemplare verkauft« wurden.«[42]

---

42 Kristina Reymann: Volkszählung 1987: Bürgerprotest und Boykott-Initiativen, in: www.faz.net, 7.5.2011.

Man befürchtete – vollkommen zu Recht –, dass die Behörden, die Zugang zu diesem aktualisierten Material hatten, mitnichten nur das Wohl der BürgerInnen im Auge hatten. Man wusste um die Rasterfahndung. Man wusste also auch, dass diese nur funktioniert, wenn sie auf möglichst viele und aktuelle Daten zugreifen kann. Auch wenn die Bundesregierung diese Verwendung bestritt, waren sich nicht wenige darin einig, dass genau dies auch das Ziel einer Volkszählung ist.

›Lass dich nicht erfassen!‹ oder ›Zählt nicht uns, zählt eure Tage!‹ stand als Parole an vielen Wänden, auf vielen Transparenten. Fast in allen Städten entstanden Gruppen und Initiativen, die zum Boykott der Volkszählung aufriefen. Auf dem Höhepunkt der Kampagne gab es über tausend Initiativen, die sich daran beteiligten. Es gab zahlreiche Aktionen, die für großes Aufsehen sorgten und viel Zustimmung hatten. Eine davon soll hier herausgriffen werden.

»*Tatort Westfalenstadion, Dortmund*
Die Täter kamen in der Nacht zum 15. Mai 1987. Doch sie nahmen nichts mit, sondern hinterließen eine Botschaft – mit weißem Sprühlack und in zwei Meter großen Buchstaben auf den Rasen geschrieben: ›Boykottiert und sabotiert die Volkszählung‹. ... Die Volkszählung, bei der die Bundesrepublik von jedem Bürger per Fragebogen allerlei Daten erheben wollte, war auf breiten Protest in der Bevölkerung gestoßen; Hunderte von Bürgerinitiativen und Aktionsbündnissen wehrten sich gegen den vermeintlichen Schritt in den Überwachungsstaat.

Die Aktion in Dortmund versprach eine gewaltige Wirkung: Am Abend sollte das Spiel zwischen der Borussia und dem HSV stattfinden; ein ausführlicher Fernsehbericht war geplant. Entweder, so werden die Protestler kalkuliert haben, würde das Spiel abgesagt – oder die Fernsehübertragung würde zu einem langen TV-Werbespot für einen Volkszählungs-Boykott.« (*Neue Osnabrücker Zeitung*, 23.1.2010)

Die Verantwortlichen waren also in heller Aufregung, als sie diese Parole wenige Stunden vor Anpfiff des Bundesligaspieles entdeckt hatten. Was tun, um das Spiel nicht abzusagen? Die Parole entfernen war in dieser kurzen Zeit nicht möglich. Schließlich kam jemand auf die pfiffige Idee, die Parole in ihr Gegenteil zu verkehren – indem man sie um drei Worte ergänzte: »Vorangestellt wurde: ›Der Bundespräsident:‹ und am Ende wurde ein ›nicht‹ angehängt – und plötzlich war aus dem Aufruf zum Boykott eine Werbung für das Gegenteil geworden.« (ebd.)

Selbstverständlich hatten sich die Verantwortlichen von Borussia Dortmund rückversichert: »Die Idee, die die rassige Partie erst möglich gemacht hatte, war übrigens vorher im Bundespräsidialamt zur Genehmigung vorgelegt worden. Und auf ›schmunzelndes Einverständnis‹ bei Bundespräsident Richard von Weizsäcker gestoßen.« (ebd.)

Infolge des durchgreifenden Widerstands gegen das für 1983 geplante Volkszählungsgesetz konnte dieses erst 1987 umgesetzt werden. Peter Nowak resümierte: »Obwohl die Boykottbewegung von einigen damaligen Aktivisten als gescheitert bezeichnet wurde, wird von anderen vor allem das Volkszählungsurteil des Bundesverfassungsgerichtes von 1983 als Meilenstein für eine stärker am Datenschutz orientierte Rechtsprechung betrachtet. Es ist unbestritten, dass die Argumente der Kritiker in das Urteil eingeflossen sind. Eine weitere Konsequenz der Proteste war der Verzicht auf weitere Volkszählungen.«[43]

Es gibt sehr viele Gründe, sich nicht an der ›Niederlage‹ zu messen, sondern an dem, was möglich war und ist.

»Keine Verbindung e. V.« (1995) und die Debatte über das WWW: Ein herrschafts- und hierarchiefreies Netz oder ein von Linken geteiltes Phantasma?

1995 sorgte eine Gruppe namens ›Keine Verbindung e. V.‹ sowohl regional als auch bundesweit für Schlagzeilen. An mehreren Stellen rund um den Frankfurter Flughafen durchtrennte sie Glasfaserkabel und störte damit empfindlich den Flughafenbetrieb. Das war ein No-

---

43 Peter Nowak: Neue Volkszählung – wo bleibt der Protest?, in: www.freitag. de, 5.7.2010.

vum und sorgte beim Magazin *Der Spiegel* für eine pralle Geschichte:
»Erstmals in Deutschland schlugen in Frankfurt High-Tech-Terroristen
gegen die Kommunikationsgesellschaft zu.« (*Der Spiegel*, 6/1995) Darin heißt es:

> »Die Täter kamen in der Nacht, irgendwann nach drei Uhr früh. An
> drei Orten nördlich und östlich des Frankfurter Flughafens, Kilome-
> ter voneinander entfernt, wuchteten sie zentnerschwere Betondeckel
> hoch und kletterten in den Orkus der verkabelten Gesellschaft. In den
> Gruben kreuzen sich Telekom-Kabel für Computer- und Datenleitun-
> gen mit Kabeln für Telefon- und Fax-Verkehr wie Nervenstränge. ...
> Um fünf Uhr dann am vergangenen Mittwoch, als im Flughafen die
> Computer angeschaltet wurden, zeigte sich, was die Säger angerichtet
> hatten: Bildschirme flimmerten nur noch, 13.000 Telefone im Süden
> Frankfurts, darunter alle Leitungen der Universitätsklinik, waren tot;
> stumm waren auch viele Außenleitungen der Frankfurter Flughafen
> AG und jene Glasfaseradern, die den Lufthansa-Buchungscomputer in
> Kelsterbach mit dem benachbarten Airport verbinden.«

Wenig später schlug der *Spiegel* einen sehr großen Bogen:

> »Mit dem Blackout im Airport trafen die Terroristen die High-Tech-
> Gesellschaft, wo sie am verwundbarsten ist: Sie demolierten drei von
> insgesamt mehreren Tausend Kabel-Knotenpunkten der Republik, de-
> ren exakte Lage und Bedeutung nur wenigen Experten bekannt sind.
> Fachkundige Attentäter, warnt der Darmstädter Staatsrechtler Alexan-
> der Roßnagel, könnten zentrale Informations- und Kommunikations-
> systeme lähmen sowie ganze Wirtschaftszweige ins Chaos stürzen –
> und damit ›Katastrophen nationalen Ausmaßes‹ auslösen.
>
> Kraftwerke und Chemiefabriken, Militär, Polizei und Nachrichten-
> dienste, Banken und Versicherungen, Krankenhäuser und Verwaltun-
> gen hängen am Computer. Tausende von Milliarden Mark werden
> täglich via Datenelektronik umgeschlagen, lebenswichtige Informa-
> tionen per Kabel lichtschnell durch die Republik und um die Welt
> geschickt.« (ebd.)

Diese Aktion sorgte nicht nur in den Redaktionen der Medien für großes Aufsehen. Auch in linken Zusammenhängen wurde diese heftig und kontrovers diskutiert. Denn sie traf nicht nur das Nervensystem dieser Wirtschaftsordnung, sondern auch das digitale Herz der Linken.

Eine Straße zu blockieren, um einen Naziaufmarsch zu verhindern, ist für viele ein legitimes Mittel. Ebenso – nicht immer gesetzeskonforme – Aktionsformen gegen Megaprojekte, von der Startbahn West bis zu ›Stuttgart 21‹. Auch das »Schottern« eines Gleisbettes, um mit Atommüll beladene Castor-Transporte zu be/verhindern, findet breiteren Zuspruch. Und anlässlich der Blockupy-Proteste gegen die Europäische Zentralbank 2015 kommentierte selbst ein Jakob Augstein, Verleger und Chefredakteur der Wochenzeitung *der Freitag*: »Die Gewalt der Protestierenden wird einhellig verurteilt. Aber die Gewalt des Systems ignorieren wir. Was ist mehr wert: Das Leben eines griechischen Rentners? Oder ein deutscher Streifenwagen?«[44]

Aber etwas zu sabotieren, an dem auch unser Computer-Leben hängt? Das ist bis heute etwas ganz anderes. Stimmt das?

Mit dem WWW sind viele Träume verbunden, die scheinbar oben und unten miteinander teilen: Mit der ganzen Welt verbunden sein, sich austauschen, in Echtzeit. Eine Kommunikation, die es *allen* ermöglicht, mit *allen* in Verbindung zu treten. Wirklich?

Man muss daran erinnern, dass Anfang der 90er Jahre die Computer (als eigenes Arbeits- und Vergnügungsmittel) noch nicht selbstverständlich waren. Auch die Welt des World Wide Web war noch recht jung. Im Allgemeinen herrschte dennoch Begeisterung in der Linken über dieses neue Medium: Man hatte so die Möglichkeit, weltweit – zu bezahlbaren Preisen – zu kommunizieren, sich schnell über Ereignisse und politische Ideen auszutauschen. Zum anderen bot die Internettechnologie die Chance, sich sozusagen live mit der Welt zu verbinden. Man machte eine Veranstaltung, stellte mehrere Kameras auf, die die Veranstaltung live ins Netz stellten und damit in jeden

---

44 Jakob Augstein: Im Zweifel links: Gewalt gegen Gewalt, in: www.spiegel.de, 19.3.2015.

Winkel der Welt übertragen werden konnte. Damit schien das Monopol der Fernsehanstalten aufzubrechen. Hinzu kam die mehrheitliche
Überzeugung, natürlich stark geprägt von den MedienaktivistInnen,
dass das WWW strukturell ein basisdemokratisches Instrument sei,
da man dieses – aufgrund seiner Netzstruktur – nicht kontrollieren
könne, womit auch eine Hierarchisierung von Nachrichten erschwert
werde bzw. das Monopol der Meinungsindustrie gebrochen werden
könnte.

Anstatt es zu boykottieren, solle man es lieber in ›unserem‹ Interesse nutzen. Das war zumindest die überwiegende Position derer, die
sich als NetzaktivistInnen verstanden. Ganz offensichtlich nahmen die
MacherInnen der Broschüre *Der Einstieg in den Ausstieg* von 1997 diese
Debatten und Kontroversen auf, um dem ambivalenten Verhältnis zur
›Kommunikationstechnologie‹ auf den Grund zu gehen. Wenn man
die folgenden Passagen liest, wird man hoffentlich sehr schnell feststellen, dass sich an der Problematik nicht viel geändert hat, dass diese
Diskussion heute mehr denn je geführt werden müsste:

»So mutet die Volkszählung 1987 von heute aus betrachtet altertüm-
lich an, wenn man weiß, dass die (legale und illegale) Verknüpfung
und Vernetzung von ›Datenbeständen‹ (Bewegungs-)Bilder und (Sozi-
al-)Profile von jeder gewünschten, also gesuchten Person ermöglichen,
die klassische Formen der Ringfahndung, Observation, Razzien u. s. w.
mehr und mehr überflüssig machen.

Kurzum, das Wissen ist da, ... um ›Weg damit‹ zu brüllen ... wenn
nicht viele von uns daran hingen: an ihrem PC, an ihrem FAX-Gerät,
an ihrem Layout-Programm, an ihrem Internet und Mailboxan-
schluss ...

Aber auch das ist nichts furchtbar Neues: Auch wir, mögen wir uns
noch so außerhalb dieser Gesellschaft wähnen, profitieren von den
technischen Errungenschaften dieses Systems. Auch wir nutzen diese
Vorteile größtenteils und ganz alltäglich (meistens ein bisschen später
als die anderen), während es uns nur ausnahmsweise gelingt, diese
Vorteile gegen das System selbst zu wenden. Wir bezahlen unsere
Miete, unseren Strom und Telefonanschluss, haben ein Konto auf der

Bank und bezahlen im Supermarkt und unsere Steuern. Dass nun auch noch in vielen WGs und in den letzten Kollektiven Computer stehen, halten wir weder für den Quantensprung noch für die Sollbruchstelle eines militanten Selbstverständnisses. Anders gesagt: Weder sind diese neuen Technologien die 3./4. Revolution, noch halten wir unsere eigene Nutzung für den Verrat an der eigenen. ... Wir kennen kaum jemand unter uns, der/die kein Konto auf der Bank hat, und können uns trotzdem gut an das Grinsen erinnern, wenn Bankscheiben eingeworfen wurden oder Brandsätze den Betrieb dahinter störten. Doch wenn wir heute an den linken Internet-Surfer und die feministischen Netzwerke denken, fällt es uns schwer, uns die Begeisterung vorzustellen, die die Nachricht vom ›Anschlag auf die Kommunikationsgesellschaft‹ *(Der Spiegel)* ausgelöst hat. Wir vermuten einfach einmal, dass ein Konto auf einer Bank nicht dasselbe ist wie ein Internet-Zugang zur Datenautobahn der Telecom. Nutzen tuen wir beides, doch die Rechtfertigungs- und Verteidigungshaltung im zweiten Fall ist doch auffallend groß. Mehr noch. Wenn wir die Texte von linken und feministischen Netzwerkbetreiberinnen lesen ..., verwundern uns die visionären (An-)Klänge, die geradezu euphorische Beschreibung all der darin eröffneten Möglichkeiten. Lobgesänge, die weit über eine pragmatische Nutzung neuer Möglichkeiten hinausgehen. Mit diesen Texten tauchen wir in eine virtuelle Gemeinschaft ein, in der Herkunft, Geschlecht, Klasse und Nation egal werden, zu der alle egalitär und geradezu herrschaftsfrei Zugang haben. Manches könnte direkt aus der Marketing-Agentur der Telekom kommen, ›Marktsegment linke Opposition‹ – ganz nach dem wirklichen Telekom-Slogan: ›Alles ist möglich‹ ...

Wir sitzen selbst auch am Computer und können trotzdem viele dieser Positionen nur ganz schwer nachvollziehen. Was uns bleibt, sind Fragestellungen und Thesen, der Wunsch nach einer wirklichen Auseinandersetzung: Inwieweit verleitet die Auseinandersetzung über die Konstruktion der Geschlechter (sex/gender) zu dem Kurzschluss, mann/frau müsse nur deren Konstruktion durchschauen, um sich dann frei für eine neue Identität (im Internet und auch anderswo?) entscheiden zu können? Inwieweit schafft erst das Absehen von kapitalistischen, patriarchalen und rassistischen Gewaltverhältnissen die Voraussetzung dafür, sich in der (virtuellen) Welt endlich frei zu bewegen – ganz ohne Straf- und Repressionsandrohung, ganz ohne persönliches Risiko, bei vollem Lohnausgleich? Was ist von solchen friedlichen Revolutionsfantasien zu halten? Wie viel Prozentpunkte der Weltbevölkerung dürfen sich daran beteiligen? … Wie viel Wissen brauchen wir eigentlich noch, um etwas verändern zu wollen?«[45]

Kein ›Angriff auf die Freiheit‹ – oder: Von Paraguay lernen

Noch bevor Edward Snowden das Gespenst von einem Überwachungsstaat in harte Fakten transformierte, sorgte eine von Ilija Trojanow und Juli Zeh verfasste Streitschrift für kurzes mediales Aufsehen: *Angriff auf die Freiheit – Sicherheitswahn, Überwachungsstaat und der Abbau bürgerlicher Rechte* (2009).

Zu Recht, so der freundliche Kommentar der *FAZ*, »denn die Gefahr geht von einer Technik aus, von deren Kontrollpotenzial Orwell nur träumen konnte: Payback-Karten, DNA-Datenbanken, Mautsysteme, biometrische Ausweise und eben grassierende Videoüberwachung.« (*FAZ*, 15.9.2009).

Trojanow und Zeh erhofften sich von ihrer Intervention, dass der im Windschatten von 9/11 erfolgte Ausbau des Überwachungsstaates nicht länger als Schutz unserer Freiheit verstanden und hingenommen wird, sondern als deren Beerdigung. Zu Beginn des eindringlich geschriebenen Textes heißt es:

»Wie jeden Morgen rufen Sie Ihre privaten E-Mails ab. Die sind schon überprüft worden – nicht nur von Ihrem Virenscanner. Sie haben noch ein paar Minuten Zeit, bevor Sie zur Arbeit müssen, also rufen Sie die eine oder andere Webseite auf – die Kripo weiß, welche, wenn sie möchte … Sie nehmen noch schnell eine Überweisung vor, die Ihnen

---

45 Aus der Broschüre: Der Einstieg in den Ausstieg, 1997, S. 22-25.

gerade eingefallen ist – die zuständigen Behörden wissen, an wen. Zum Glück heißen Sie Müller, das schützt ein wenig. Bei Ihrem Kollegen Tarik al-Sultan, der neulich zum Bergsteigen in Kaschmir war, verschickt der Computer gerade den gesamten Inhalt der Festplatte an den Verfassungsschutz. Greifen Sie etwa gerade nach dem Telefon, um mit Tarik etwas Vertrauliches zu besprechen, das nicht in Büro gehört? Lassen Sie es lieber sein. Besuchen Sie ihn zu Hause, wenn Sei ungestört reden wollen. Es sei denn, Tarik wurde als Gefährder eingestuft, weil er regelmäßig Geld an seinen arbeitslosen Cousin nach Pakistan schickt. Dann ist seine Wohnung ohnehin verwanzt.

Sei eilen zur Haustür. Die Überwachungskamera Ihres Wohnkomplexes beobachtet jeden Ihrer Schritte. Auch beim Betreten der U-Bahn-Station werden Sie gefilmt, ebenso auf dem Bahnsteig und in der Einkaufspassage, wo sie eine Zeitung kaufen. ... Warum sind Sie so nervös? Laut Ihrer Patientenkarte bekommen sie seit neuestem Beruhigungsmittel verschreiben. Und die Paybackkarte verzeichnet einen erhöhten Alkoholkonsum. Sie haben am Bankautomaten wieder 1000 Euro abgehoben. Wozu brauchen Sie so viel Bargeld. Außerdem ist Ihr Stromverbrauch im letzten Monat um 12,4 Prozent gestiegen. Verstecken Sie jemanden? In der Stadtbibliothek leihen Sie sich in letzter Zeit merkwürdige Bücher aus, über zivilen Ungehorsam und die Pariser Kommune. ... Haben Sie neulich gegen den G8-Gipfel demonstriert? Dann verfügt die Polizei sogar über Ihre Geruchsprobe.«[46]

Die Schrift endet mit den Worten:

»Wir sind dabei, unsere persönliche Freiheit gegen ein fadenscheiniges Versprechen von ›Sicherheit‹ einzutauschen. ... Ein autoritärer Staat kann jeden Protest im Keim ersticken, mit Hilfe von Gesetzen, die heute verabschiedet werden, um uns angeblich zu schützen. Wehren Sie sich. Noch ist es nicht zu spät.« (S. 138f.)

---

46 Ilija Trojanow/Juli Zeh: Angriff auf die Freiheit. Sicherheitswahn, Überwachungsstaat und der Abbau bürgerlicher Rechte, München 2009, hier nach: Lizenzausgabe, München 2010, S. 7-9.

2015 erinnerte Harald Welzer, Professor für Transformations-
design an der Universität in Flensburg, an diesen Appell und seine
Wirkung:

> Als im Jahr 2009 prominente Schriftsteller um Ilija Trojanow und Juli
> Zeh in der Kampfschrift ›Angriff auf die Freiheit‹ gegen Sicherheits-
> wahn und den Überwachungsstaat protestierten, ist das der Politik –
> mit Verlaub – komplett am Arsch vorbeigegangen. Das hat niemand
> interessiert.« (»Die Okkupation der Privatsphäre«, *FR*, 11./12.4.2015)

Mit »der Politik« sind hier sicherlich die etablierten Parteien gemeint.
Glücklicherweise nahmen nicht alle diesen Appell stumm zur Kenntnis. Außerhalb der Parlamente regte sich unter der griffigen Parole »Freiheit stirbt mit Sicherheit« sehr wohl Widerstand. Mehrere
Demonstrationen fanden unter diesem Motto statt – die wohl größte
im Oktober 2008 in Berlin, an der nach unterschiedlichen Angaben
zwischen 30.000 und 100.000 Menschen teilnahmen (Angaben der
Polizei bzw. Veranstalter). Im Zentrum der Kritik stand der allgemeine
»Überwachungswahn«, der an der beabsichtigten Einführung der Vorratsdatenspeicherung und der elektronischen Gesundheitskarte kon-
kretisiert wurde. Aufgerufen hatte ein breites Bündnis rund um den
Arbeitskreis Vorratsdatenspeicherung, getragen von der Freien Ärzte-
schaft über den Chaos Computer Club bis hin zu Antifa-Gruppen.
Damit flackerte auf, was auch der Menschenrechtsanwalt Eberhard
Schulz 2014 einforderte:

> »Es stellt sich aber die Frage, warum es gegen die hier skizzierte Ent-
> wicklung des Überwachungs- und Sicherheitsstaates zwar viel Protest,
> eine Reihe von Initiativen und sozialen und demokratischen Forde-
> rungen, aber keine breite radikal-demokratische, antifaschistische Fun-
> damentalopposition gibt. Ist doch offensichtlich, dass nur ein breites
> Bündnis mit demokratischen Bewegungen, Bürger- und Menschen-
> rechtsorganisationen, fortschrittlichen Gruppierungen innerhalb der
> Verbände und Parteien sowie Einzelpersonen gegen den autoritären
> Sicherheitsstaat und für das Menschenrecht auf Privatsphäre und in-

formationelle Selbstbestimmung, für die individuellen Freiheitsrechte und die sozialen Menschenrechte diese bedrohliche Entwicklung aufhalten und verhindern kann.«[47]

Dass breit angelegte Kampagnen auch erfolgreich sein können, zeigt eine Meldung von Juni 2015, die der Blog *digitalcourage.de* unter der Überschrift »Paraguay macht's vor: Vorratsdatenspeicherung verhindert« verbreitete:

»In Zeiten von NSA-Skandal, BND-Affäre und Vorratsdatenspeicherung muss man sehr weit über den Tellerrand schauen, um positive Nachrichten mitzubekommen. Ein Beispiel ist die Verhinderung der Vorratsdatenspeicherung in Paraguay. ... Die Kampagne der drei NGOs in Paraguay gegen die Vorratsdatenspeicherung fand großen Anklang in der Bevölkerung. Paraguay war bis 1989 eine Militärdiktatur und das Gefühl, ausspioniert zu werden, ist vielen Menschen noch präsent. In Anlehnung an die Spione der Diktatur, den sogenannten Pyragües, wurde das Gesetz zur Vorratsdatenspeicherung ›pyrawebs‹ genannt. Als nach der Diktatur tonnenweise Akten gefunden wurden, in denen es auch um das Ausspionieren der Bevölkerung ging, sprach man vom ›Archiv des Terrors‹. Ein neues Archiv des Terrors wollten die ParaguayerInnen unbedingt verhindern – mit Erfolg. ... Global betrachtet ist die Wiedereinführung der Vorratsdatenspeicherung in Deutschland ein verheerendes Signal. Grundlegende Prinzipien unseres Rechtsstaates wie die Unschuldsvermutung und das Trennungsgebot von Geheimdienst und Polizei sollten jetzt nicht aufgegeben werden. Staaten mit weniger fester demokratischer Tradition warten nur darauf, ihre eigene Bevölkerung auszuspionieren, um dann mit dem Finger auf Deutschland zu zeigen und zu sagen: ›Ihr macht das doch auch!‹ – schauen wir lieber nach Paraguay und sagen: ›So wollen wir das auch!‹.«[48]

---

47 Eberhard Schulz: Vorwand »Terrorismus«, in: Susann Witt-Stahl / Michael Sommer (Hg.): Antifa heißt Luftangriff!, hier nach: Vorabdruck aus: junge Welt, 20.6.2014

48 »Paraguay macht's vor: Vorratsdatenspeicherung verhindert«, www.digitalcourage.de, 12.6.2015.

»Bitte nicht stören!« –
Der Heuhaufen singt sich ins Wachkoma

Was wir vor der Veröffentlichung geheimer NSA-Dokumente durch den ehemaligen Systemadministrator Edward Snowden wussten, war oft bruchstückhaft und meist an ein konkretes Ereignis geknüpft. Wer davon nicht direkt oder indirekt betroffen war, konnte sich sagen bzw. sich damit beruhigen, dass es wahrscheinlich die ›Richtigen‹ getroffen hat: die Anderen. Alle, die tatsächlich oder vermeintlich in Widerspruch zu dieser politischen Ordnung stehen, die im Verdacht stehen, gegen bestehende Gesetze verstoßen zu haben.

Diese Gewissheit und Selbstberuhigung wurde mit den veröffentlichten Unterlagen zur globalen Überwachung ab 2013 zerstört. Diese zeigen, dass dieses System gerade einen gegenteiligen Ansatz verfolgt: Es zielt auf *alle* ab. Im Fokus steht also die große Masse der Unverdächtigen, also jene, die sich bisher recht sicher wähnten. Um sie geht es, um die systematische Erfassung *aller* BürgerInnen, um die Inbesitznahme des ›Heuhaufens‹, um dort die berühmte ›Stecknadel‹ zu finden. Damit ist die Vorstellung in Gänze zerstört, man müsse sich nur nichts zuschulden kommen lassen, um nicht in die Fangnetze der Polizei und der Geheimdienste zu geraten.

Obwohl Freunde von Edward Snowden selbst zwei Jahre nach der begonnenen Veröffentlichung geheimer NSA-Unterlagen davon ausgehen, dass bislang nur *ein* Prozent der Dokumente an die Öffentlichkeit gelangte, die dieser sichergestellt hatte, übersteigt das bereits jetzt Bekannte jede Vorstellungskraft. Und wer sich den düsteren Film *1984* in Erinnerung ruft, wird feststellen müssen, dass nicht mehr die dort gezeigte totalitäre Präsenz von Verfolgern und Überwachern das wirkliche Problem ist.

Das System der Überwachung und Erfassung lebt heute nicht mehr von ›Schlapphüten‹, die im Dunklen nach dem Rechten sehen. Die physische Überwachung ist so gut wie überflüssig geworden, denn unsere physische Präsenz an irgendeinem Ort sagt meist viel weniger als unsere Datenspuren, die wir mit unserem Dasein produzieren und hinterlassen – auch wenn wir uns dabei noch so verkleiden oder maskieren.

Verfolgte früher die offene Überwachung durch ›Zivile‹ das Ziel, der ›Zielperson‹ zu signalisieren, dass man sie ihm Visier hat, dass sie sich der Überwachung nicht entziehen kann, so wirkt die heutige Form der Überwachung nicht durch ihre physische Präsenz, sondern durch ihre Unscheinbarkeit. Man spürt nicht den Atem der Verfolger, man kann sie nicht – schnellen Schrittes – abschütteln, indem man einen unbekannten Hinterausgang benutzt oder als letzter in die U-Bahn einsteigt.

Angesichts des Wissens, dass die Grundlage dieser totalitären Überwachung die Unbescholtenen sind, hätte man einen Sturm der Entrüstung erwartet, ein politisches Erdbeben. Das Gegenteil ist weitgehend der Fall.

Bitte nicht stören ist ein Beitrag, den Dirk Pilz, Autor der *Berliner Zeitung* und der *Neunen Zürcher Zeitung*, 2013 für die *Frankfurter Rundschau* verfasste. Darin heißt es:

> »Sie überwachen uns also. Sie lesen meine Mails, hören meine Anrufe ab, kennen meine Vorlieben und Freunde. Sie werden wissen, warum ich kürzlich zwei Mal die oberitalienische Stadt Brixen aufgesucht habe und einen Freund in Norwegen nach einer kleinen Hütte in der Nähe von Trondheim befragte. Aber das macht nichts. Sie hindern mich ja nicht, zu tun, was ich will. Noch nicht, wahrscheinlich nie.« (*FR*, 17.8.2013)

Dann folgt der Autor dem Wirrwarr vieler Abkürzungen, von NSA, GCHQ, CSIS bis BND, deutet kurz an, dass sich dahinter vermutlich mehr verbirgt, um uns dann alle ganz scheinheilig zu fragen:

> »BND, ja gut, kennt man, aber was tun die BND-Menschen eigentlich? Warum? Und will man es wirklich wissen? Wozu? … Die Frage, die sich stellt, seitdem der Name Edward Snowden die Weltgeschichte betreten hat, lautet: Ist es schlimm, in einer total überwachten Welt zu leben? Und wenn es schlimm wäre, was ließe sich dagegen tun? Nichts vermutlich. Deshalb lohnt auch die Aufregung nicht. … Natürlich ist das alles empörend. Grauenvoll, sich die Folgen dieser Totalüberwachung vorzustellen. Sie werden, wenn sie wollen, jeden meiner

Gedanken und alle meine Klicks gegen mich verwenden können. ...
Hans Magnus Enzensberger hat darauf hingewiesen, dass die Geheimdienste ein politisches Parallel-Universum bildeten, in dem die Demokratie keine Rolle mehr spiele. Abgesehen davon, dass diese Volks-
beklagungen wie Trauernachrufe auf eine Welt klingen, in der man
sich von derlei Wachrüttelpropheten noch beeindrucken ließ, gehen
sie schlicht an der vorherrschenden Bewusstseinslage im Land vorbei.
... Freiheit braucht es in dieser Welt nicht länger. ... Deshalb klingt
die Nachricht vom Ende der Freiheit für die meisten auch wie eine
Pressemitteilung des Verbandes der Historischen Anthropologie. ...
Vielleicht, so ließe sich gemeinsam sinnieren, ist das die wahre Freiheit: zu wissen, dass man überwacht wird, auch wenn man nicht weiß,
was daraus folgen soll? Was bleibt, außer abwarten? ... Es erscheint
als der sicherste Weg, in Ruhe gelassen zu werden. Von den Bedräng-
nissen des Alltags, der Welt und der Geheimdienste. ... Bescheiden
sind wir geworden, so pragmatisch, so konsumfromm, so furchtsam
auch.« (ebd.)

Als ich diesen Beitrag zum ersten Mal gelesen hatte, hatte er mich
wütend gemacht. Anstatt alles zu mobilisieren, was man dieser le-
thargischen Gewissheit entgegenstellen kann, gesteht er die Hilflosig-
keit, die Ohnmacht ein, nicht nur aller anderen, sondern auch die
eigene.

Nach mehrmaligem Lesen spürte ich, dass die Wut, die in mir
hochkroch, gar nicht dem Autor galt, sondern dem Aussprechen einer
Gefühlslage, die eben nicht nur die der ›Anderen‹ beschreibt, sondern
auch meine, vor der ich mich schützen möchte.

Denn mit dem Erkennen dieses globalen Überwachungssystems,
mit dem Versuch, die Systematik zu begreifen, wächst ja nicht die Bereitschaft, sich dem entgegenzustellen, sondern zuerst die Vorstellung
von einem ›Godzilla‹, in dessen Fußstapfen wir stehen. Genau dies
drückt Dirk Pilz in dem schlichten Satz aus, der eine Frage nur vor-
täuscht: »Und will man es wirklich wissen?«

Zu jenen, die es durchaus wissen wollen, zählt seit längerem der
Chaos Computer Club.

Der Chaos Computerclub (CCC)

Der Chaos Computer Club ist ein ehrwürdiger Verein, der 2014 sein 30-jähriges Bestehen feierte. In der Präambel ist festgehalten:

>»Die Einsatzmöglichkeiten der automatisierten Datenverarbeitung und Datenübermittlung bergen Chancen, aber auch Gefahren für den Einzelnen und für die Gesellschaft. Informations- und Kommunikationstechnologien verändern das Verhältnis Mensch-Maschine und der Menschen untereinander. Die Entwicklung zur Informationsgesellschaft erfordert ein neues Menschenrecht auf weltweite, ungehinderte Kommunikation. Der Chaos Computer Club ist eine galaktische Gemeinschaft von Lebewesen, unabhängig von Alter, Geschlecht und Abstammung sowie gesellschaftlicher Stellung, die sich grenzüberschreitend für Informationsfreiheit einsetzt und mit den Auswirkungen von Technologien auf die Gesellschaft sowie das einzelne Lebewesen beschäftigt und das Wissen um diese Entwicklung fördert.«

Der CCC ist ein Sammelbecken ganz unterschiedlicher Anliegen und Interessen. Da sind die Computer-Nerds, die einfach nur (ungestört) spielen wollen. Da sind Mitglieder, die das Phantasma vom herrschafts- und hierarchiefreien Netz verteidigen wollen. Zum CCC zählen aber auch Menschen, die verstehen, dass all das, was im WorldWideWeb passiert, nichts mit unserer Privatsphäre zu tun hat, sondern mit einer Technologie, die sich in den Händen weniger Konzerne befindet, die ihre NutzerInnen gleichsam als unbezahlte Mitarbeiter führen.

Immer wieder machen der Chaos Computer Club bzw. einzelne seiner Mitglieder medienwirksam darauf aufmerksam, dass das ›Netz‹ nicht sicher ist, dass unsere Daten schon lange nicht mehr ›privat‹ sind, unsere Datenspuren mitunter mehr über uns ›verraten‹, als wir über uns selbst wissen (wollen).

Immer wieder decken sie auf, dass die Behauptung der Konzerne, unsere Daten seien bei ihnen sicher und vor ›unerlaubten‹ Zugriffen geschützt, eine Farce ist. Das liegt nur zum Teil daran, dass es keine technischen Möglichkeiten gibt, sie besser zu schützen. Schließlich sind jene, die ›Datenschutz‹ versprechen, dieselben, die mit ihren technischen Möglichkeiten dafür sorgen, dass staatliche Behörden Zugriffe auf ›unsere‹ Daten bekommen. Dabei machen gerichtliche Anweisungen, die einen konkreten Verdacht einer strafbaren Handlung einer bestimmten Person belegen müssen, den geringsten Teil aus. Das allermeiste, was ›abgefischt‹ wird, bedarf keiner richterlichen Zustimmung, sondern einzig und allein der Zusammenarbeit von IT-Firmen mit den jeweiligen Geheimdiensten bzw. Polizeibehörden.

Die Loyalität entziehen

Der CCC versammelt sicherlich viel technisches Wissen. Nicht umsonst bieten einzelne Mitglieder als Firmenbesitzer ihre Dienste zum Beispiel im Bereich der Verschlüsselung von Daten an. Aber geht es fortan nur darum, sich zu schützen – wie ein Fahrradfahrer mithilfe eines Helms oder ein Skater mit Ellenbogen- und Knieschonern?

Warum verteidigen wir uns nur? Warum finden wir uns damit ab, dass alle, die sich nicht ›verteidigen‹ können, auf der Strecke bleiben? Warum machen wir uns die bewährte Fußballregel nicht zu eigen: *Angriff ist die beste Verteidigung*? Warum gehen wir nicht in die Offensive, anstatt uns hilflos vors eigene Tor zu stellen?

Das setzt Debatten voraus, den Wunsch und die Absicht, dass es an der Zeit ist, sich nicht einzuigeln, nicht länger um die besseren ›privaten‹ Lösungen zu wetteifern. Das setzt eine offene Diskussion darüber voraus, ob es darum geht, das System besser, sicherer zu machen – oder ob es darum geht, dieses ›System‹ grundsätzlich in Frage zu stellen.

Dass es dabei kein ›Außen‹, keinen heilen Ort gibt, sollten uns die vielen gescheiterten Aussteigerbewegungen lehren. Im Gegenteil: Wir sind mittendrin, wir füttern das System jeden Tag, wir sind eine wichtige Ressource in diesem und für dieses System. Und genau dies sollten wir nutzen. Gerade weil wir mittendrin sind, es kein Außen gibt, das Netz über alle gespannt ist, also von überall aus angreifbar ist, müssen wir nicht auf einen Edward Snowden warten, einen Insider, der ausstieg, und bis heute viel riskiert.

Wir könnten Edward Snowden am besten unterstützen, indem wir ihn nicht alleine lassen, indem wir ihn nicht zum Symbol einfrieren, sondern sein Tun als Ermutigung begreifen, selbst zu handeln. »Denn wie sagte Edward Snowden: Bei Missbrauch von Macht ist ›Verräter‹ keine Beleidigung.« (*SZ*, 30./31.5.2015). Um zu vermeiden, dass »die Welt real versklavt« wird, »braucht es aber noch viele integre Whistleblower.« (ebd.) Am ›Snowden-Potenzial‹ sollte und kann es nicht liegen, wenn man die vielen Menschen vor Augen hat, die sich mit seiner Tat identifizierten. Insofern stehen die Chancen auf einen breiteren Widerspruch gar nicht so schlecht. Anlässlich der Verleihung der Carl-von-Ossietzky-Medaille an Edward Snowden und andere erklärte die Internationale Liga für Menschenrechte 2014:

>»Die Liga hält ... zivilen Ungehorsam und insbesondere Whistleblowing ... für geboten und gerechtfertigt. ... Gerade im digitalen Zeitalter und in einer globalisierten Welt hat Whistleblowing sowohl individuell für jeden Bürger und jede Bürgerin als auch kollektiv für die Bevölkerung ganzer Nationen existentielle Bedeutung gewonnen. ... Um die Verantwortlichen für die geheimdienstliche Massenausforschung der Bevölkerung, wie sie das ausgezeichnete Aufklärungsteam um Snowden aufgedeckt hat, zur Rechenschaft zu ziehen, hat die Liga zusammen mit anderen Organisationen schon vor zehn Monaten Strafanzeige gegen Bundesregierung und Geheimdienstverantwortliche erstattet. Der zuständige Generalbundesanwalt zögert – trotz der erdrückenden Fülle an Belastungsbeweisen und -zeugen – bis heute, ein offizielles Strafermittlungsverfahren einzuleiten.« (www.ilmr.de)

Landesverrat nach Maaßen: Das bekannt Unbekannte

Man hätte die Fragen nach Bedeutung, Sinn und Notwendigkeit zur Illoyalität – unter umgekehrten Vorzeichen – nicht besser ›krönen‹ können. Dieses Verdienst kommt Hans-Georg Maaßen vom Bundesverfassungsschutz und der Bundesanwaltschaft zu, Institutionen, die sich in Sachen ›Strafvereitelung im Amt‹ bis hin zu ›Landesverrat‹ bestens auskennen.

Über 13 Jahre lang befand sich der deutsche Inlandsgeheimdienst mit den irreführenden Namen ›Verfassungsschutz‹ im künstlichen Wachkoma, als es darum ging, die Mord- und Terrorserie des NSU zu verhindern bzw. aufzuklären. Dass es auch ganz anders geht, stellte diese Institution unter Beweis: Der Chef dieser Behörde, Hans-Georg Maaßen, stellte im Frühjahr 2015 Strafanzeige gegen ›Unbekannt‹. Der Vorwurf lautet in aller Bescheidenheit: Landesverrat. Darauf steht im günstigsten Fall ein Jahr, im schlechtesten Fall lebenslängliche Haft.

Vorschnell könnte man sagen: Endlich! Bereits Anfang Mai 2015 ging das Magazin *Der Spiegel* diesem Vorwurf in einem langen Artikel nach. Auf dem Cover des Magazins heißt es: »Der Verrat: BND und Bundesregierung gegen deutsche Interessen«. Das Titelbild zeigt ein ›Trio‹: Bundeskanzlerin Angela Merkel, BND-Chef Gerhard Schindler und Innenminister Thomas de Maizière.

Gegenstand dieser publizistischen Anzeige war und ist der Umstand, dass dieses ›Trio‹ maßgeblich dazu beigetragen hat, dass mit ›unseren ›Freunden‹, gemeinsam, global und verdachtsfrei die Totalüberwachung betrieben wurde und wird.

Doch bevor tatsächlich jemand glaubt, das Naheliegende würde auch passieren, dem sei versichert: natürlich nicht. Tatsächlich zielt die Anzeige des Inlandgeheimdienstes auf eine kleine Internetplattform namens *netzpolitik.org*, die sich der »digitalen Freiheitsrechte« verschrieben hat. Der Vorwurf lautet, dass die Macher mehrere Dokumente ins Netz gestellt hatten, die geheim bleiben sollten. Arbeitspapiere des Inlandsgeheimdienstes zum Ausbau und zu Verschärfungen von Überwachungsmaßnahmen im Internet.

Willig hatte die Bundesanwaltschaft diese Strafanzeige zum Anlass genommen, Ermittlungsverfahren gegen *netzpolitik.org* einzuleiten. Dieselbe Bundesanwaltschaft, der »ansonsten die Hände zittern, wenn (sie) die Buchstaben NSA liest« (Heribert Prantl: Martialisches, äffisches Machtgehabe, *SZ*, 1.8.2015)

Lassen wir einmal beiseite, ob der Generalbundesanwalt Harald Range aus Angst oder aus Überzeugung mit den transatlantischen Freunden kollaborierte.

Wer verrät wen und was?

Der Protest gegen dieses Ermittlungsverfahren artikulierte sich schnell. Am 1. August 2015 gingen in Berlin über 2.000 Menschen auf die Straße – im Internet protestierten über 50.000 gegen dieses wahnwitzige Verfahren.

Das veranlasste den Geheimdienstchef Maaßen immerhin dazu, sich zu den politischen Gründen der Anzeigen zu äußern. Gegenüber *BILD am Sonntag* vom 2. August 2015 erklärte er: »Um die weitere Arbeitsfähigkeit meines Hauses im Kampf gegen Extremismus und Terrorismus sicherzustellen, war es notwendig, gegen die Herausgabe von als vertraulich oder geheim eingestuften Dokumenten des BfV juristisch vorzugehen.«

Diese Begründung ist an Dummheit und Dreistigkeit nicht zu überbieten. Die ›Arbeitsfähigkeit‹ dieses Geheimdienstes wurde in den letzten 15 Jahren (man möchte sagen, seit der Gründung) doch nicht durch Veröffentlichung von geheimen Dokumenten gefährdet, sondern durch den Umstand, dass diese Behörde ihren Arbeitsauftrag vorsätzlich hintergangen hat. Dazu gehört unter anderem, neonazistischen Terror zu verhindern, anstatt ihn auszustatten und vor Verfolgung zu schützen!

Letzteres hat der Inlandsgeheimdienst über Jahrzehnte getan: Hätte es Beamte und Mitarbeiter im Verfassungsschutz gegeben, die das Gewährenlassen, Bewaffnen und die Ausstattung eines neonazistischen Untergrundes öffentlich gemacht hätten, wäre die Terror- und Mordserie des NSU zu verhindern gewesen.

Gerade weil alle in dieser Behörde selbst kriminelle Handlungen deckten bzw. mit durchführten, blieb der NSU dreizehn Jahre ›unentdeckt‹. Um diesen Staatsanteil am neonazistischen Terror zu vertuschen, mussten Hunderte von Akten von V-Leuten vernichtet, Falschaussagen gemacht, Ermittlungen sabotiert und Zeugen eingeschüchtert werden – bis heute.

Hätte es alleine in dieser Zeit nur ein paar Beamte in diesem Geheimdienst gegeben, die dies nicht länger mitgetragen hätten, könnten heute über zehn Menschen und mehr als drei Zeugen noch leben.

Offensichtlich spürte der SPD-Justizminister Heiko Maas, dass mit diesem Ermittlungsverfahren ein Fass aufgemacht werden könnte, in das man nicht wirklich reinschauen möchte. Obwohl er als oberster Dienstherr der Bundesanwaltschaft in das Ermittlungsverfahren eingeweiht war, distanzierte er sich von seinem Untergebenen und feuerte Generalbundesanwalt Range – in den goldenen Ruhestand. Kurz darauf wurde das Ermittlungsverfahren gegen *netzpolik.org* eingestellt – mit einem kleinen Hinweis, den man nicht übersehen sollte: Man erhoffte sich, über die Verfolgung der Maus (*netzpolitik.org*) zur Katze (die Quelle des Lecks) zu gelangen. Nun sucht man direkt nach denen, die angeblich Geheimnisverrat begangen haben.

Was als Geheimnisverrat verfolgt werden soll, ist nichts anderes als das Innenleben eines staatseigenen Untergrundes

Kaum ist das Verfahren wegen Landesverrats vom Tisch, folgt das nächste Ermittlungsverfahren. Dieses Mal geht es um angeblichen ›Geheimnisverrat‹ – wieder gegen ›unbekannt‹. Bekannter ist der Gegenstand dieses haarsträubenden Verfahrens:

> »Das Ermittlungsverfahren war initiiert worden, nachdem diese Zeitung aus einer nicht öffentlichen Sitzung des NSU-Untersuchungsausschusses berichtet hatte, in der die Vernehmung von zwei Polizisten beantragt worden war. Sie sollen Kontakte zu dem 2000 verbotenen Neonazi-Netzwerk Blood-and-Honour gehabt haben. Ein deshalb durchgeführtes Ermittlungsverfahren hatte die Vorwürfe allerdings nicht bestätigt. Der Verfassungsschützer Andreas Temme soll damals in die Ermittlungen eingebunden gewesen sein. Temme war auch nach Überzeugung der Bundesanwaltschaft am 6. April 2006 am Tatort, als Halit Yozgat erschossen wurde. Die Einbindung Temmes in die Ermittlungen gegen die Polizisten ist nach Überzeugung der Linken jenes Geheimnis, wegen dessen ›Verrat‹ jetzt ermittelt wird.« (*wiesbadenerkurier.de*, 8.8.2015)

Dass der hessische Geheimdienstmitarbeiter Andreas Temme auf Biegen und Brechen – bis heute – gedeckt wird, ist hinlänglich doku-

mentiert. Dass jene, die diese Sabotage der Aufklärung nicht hinneh-
men wollen, nun wegen ›Geheimnisverrat‹ verfolgt werden sollen, ist
schon lange kein Skandal mehr, sondern Arbeitsmethode.

Der beste Schutz gegen Repressionen ist, solche Geheimnisse öffentlich zu machen und Mut zu machen, all dies nicht länger schweigend hinzunehmen.

La vita suspecta

Unvollständige Chronik eines überwachten Lebens

Das Thema des Buches verlockt gerade dazu, einen Perspektivwechsel vorzunehmen, den Autor mit den Augen des Geheimdienstes zu betrachten. Schließlich kommt es nicht so sehr darauf an, was man von seinem eigenen Leben in Erinnerung hat, was man getan, was man nicht getan hat – sondern was ›andere‹ aus dem eigenen Leben machen, was sie in dieses Leben hineinlegen.

Folgen wir also diesem zweiten, von anderen geführten Leben. Dass auch dieses recht umfänglich und zum Teil geradezu penibel dokumentiert ist, kann man erfahren, wenn man von seinem ›Datenauskunftsrecht‹ Gebrauch macht oder einen Whistleblower hat, der dieses gesammelte Wissen verrät. In meinem Fall half der ›glückliche‹ Umstand, dass ich seit fast dreißig Jahre Auskunft über das beim Geheimdienst (ein-)gepflegte Leben haben wollte – mittels Datenschutzabfragen, um in Erfahrung zu bringen, was dort über meine Person gespeichert ist. Selbstverständlich bekommt man dabei keine vollständige Auskunft, sondern nur das, was man wissen soll, was sie bereit sind, preiszugeben. In der Summe ergibt sich dennoch eine ›Biografie‹, von der man selbst – ein ums andere Mal – überrascht ist. Denn es ist nicht nur interessant, was Geheimdienste nicht mitteilen. Ganz besonders sind auch jene unterschwelligen Botschaften, die einen wissen lassen, dass der Geheimdienst eigentlich gar nichts sagen müsse – um dann genau dies sehr platziert zu tun. So geschehen auf meine Anfrage an das Bundesamt für Verfassungsschutz aus dem Jahr 2014:

»Obwohl Sie keine weiteren Sachverhalte vorgetragen haben und deshalb kein weitergehender Auskunftsanspruch besteht, können wir Ihnen im Wege des Ermessens noch folgende Informationen mitteilen, die das BfV im Rahmen seiner gesetzlichen Aufgabenerfüllung i.S.d. § 3 Abs.1 Nr. 1 BVerfSchG zu Ihnen gespeichert hat.«

Dazu zählen unter anderem Überwachungen bzw. Bespitzelungen von Veranstaltungen, zu denen ich als Referent des Buches ›Der NSU-VS-Komplex‹ eingeladen wurde:

- »Sie wurden am 13. Mai 2013 als Redner zu einer Veranstaltung im Veranstaltungszentrum ›Paradox‹ in Bremen mit anschließender Diskussion eingeladen. Ihr vorstehend angesprochenes Buch konnte dort ebenfalls erworben werden.«
- »Am 27. Mai 2013 erfolgte in der Lounge-Bar ›LOMO‹ am Ballplatz in Mainz die Vorstellung des o. a. Buches sowie eine sich anschließende Diskussion mit Ihnen als Autor vor ca. 50 Teilnehmern.«

***

Das hier zusammengetragene und dokumentierte Material ist also nur ein Teil dessen, worüber Polizei- und Geheimdienste verfügen. Ob es nur die Spitze des Eisberges ist, oder mehr, können die zuständigen Verfolgungsbehörden sicher kompetenter beantworten.

Mit ›Mandant‹ bzw. ›W. W.‹ ist im Folgenden jeweils der Autor gemeint.

1977 – 2014: Über 35 Jahre Bespitzelung, Observation, Telefon- und Postüberwachung

1977
- Am 25. Februar 1977 wurden »die Personalien Ihres Mandanten festgestellt, da er einem entsprechenden Verbot zuwider die JVA Frankfurt/Main Preungesheim fotografiert hatte.«
- »Im September 1977 wurden in seinem Kfz Personen des terroristischen Umfeldes festgestellt, die zur Personenbeobachtung ausgeschrieben waren.

1982
- »Am 16. August 1982 beobachtete Ihr Mandant nach Feststellung der Polizei aus seinem Kfz mit einem Fernglas einen Raketenstützpunkt im Raum Montabaur.«

1983
- »Ein gegen [W. W.] am 17. Dezember 1983 wegen des Verdachts der Verunglimpfung des Staates und seiner Symbole durch die Staatsanwaltschaft Frankfurt/Main eingeleitetes Ermittlungsverfahren (Aufkleber ›Hessenlöwe‹) wurde eingestellt.«
- [W. W.] »nahm darüber hinaus an zahlreichen Demonstrationen und Aktionen der linksextremistischen Szene teil.«

- »Am 13. August 1983 beteiligte sich [W.W.] in Frankfurt/Main an einer Demonstration unter dem Motto: ›Stoppt den US-Imperialismus in Nicaragua‹, in deren Verlauf es zu gewalttätigen Ausschreitungen kam.«

1984

- »Im Zusammenhang mit Aktionen gegen den Bau der Startbahn West des Frankfurter Flughafens nahm [W.W.] am 13. August 1984 an einer Demonstration teil und wurde in polizeiliche Verwahrung genommen.«
- »Am 23. September 1984 beteiligte sich [W.W.] an einer nicht angemeldeten Demonstration in Hanau, in deren Verlauf es zu Sachbeschädigungen und Tätlichkeiten gegenüber Polizeibeamten kam.«
- »Ebenfalls in Hanau beteiligte er sich am 25. September 1984 an einer nicht angemeldeten Demonstration, die sich gegen die NATO und die Nuklearbetriebe in Hanau richtete. Auch hier kam es im Verlauf der Demonstration zu Sachbeschädigungen und Ausschreitungen gegenüber der Polizei. Das in diesem Zusammenhang gegen Ihren Mandanten eingeleitete Ermittlungsverfahren wurde am 22. April 1985 eingestellt.«

1986

- »Am 6. Juli 1986 nahm [W.W.] erneut an einer nicht angemeldeten Demonstration in Wackersdorf teil. Die Staatsanwaltschaft stellte das Ermittlungsverfahren wegen Verdachts des Verstoßes gegen das Versammlungsgesetz am 5. Januar 1987 gemäß § 170 Abs. 2 StPO ein.«

1987

- »Im Jahre 1987 wurde [W.W.] im Zusammenhang mit öffentlichen Versammlungen und Aufzügen in einer *Kartei der Polizei als militanter Störer* geführt.«
- Ein Observationsbericht über eine Veranstaltung am 19.11.1987 hält folgende Erkenntnisse fest: »Weiter lehnte er etwa die tödlichen Schüsse auf zwei Polizisten an der Startbahn West auf einem Forum am 19.11.1987 in einem Grundsatzreferat ab, diese beruhten nicht auf dem Widerstandskonzept, das er vertrete, betonte aber weiterhin die Notwendigkeit des militanten Widerstands, aber offenbar auf einer darunter liegenden Stufe der Gewaltausübung.«

1988

- W.W. gilt als »Gründungsmitglied der ARMK [autonome Rhein-Main-Koordination, d.V.]. Dem lag eine Einschätzung der Landesbehörde für Verfassungsschutz Hessen von 1988 zugrunde, die sich ihrerseits wiederum auf Observationen stützt.«

1991

• »Am 23. Januar 1991 beteiligte sich [W.W.] an einer Demonstration vor dem Ordnungsamt in Frankfurt/Main, die sich gegen die polizeilichen Maßnahmen anlässlich des Golfkrieges richtete.«

1992

• »Am 13. Juni 1992 wurde sein Kfz im Zusammenhang mit einer Demonstration im Bereich der Sammelunterkunft für Asylbewerber in Mannheim/Schönau festgestellt.«

1993

• »Als … Vertreter [der autonomen L.U.P.U.S.-Gruppe, d.V.] nahm er an einem ›Konkret-Kongress‹ teil, der vom 11. – 13. Juni 1993 in Hamburg stattfand. Dem BfV sind zahlreiche von dieser Gruppe stammende oder diese betreffende Veröffentlichungen bekannt.«
• Die autonome L.U.P.U.S.-Gruppe bekannte sich »1993 in einem Redebeitrag (›Der Faschismusvorwurf – oder die linke Illusion vom bürgerlichen Staat‹) eindeutig zur Militanz als Mittel der politischen Auseinandersetzung.«

1995

• Aufgrund von Observationsmaßnahmen des BfA gegen andere mutmaßliche ARMK-Mitglieder wurde Wolf Wetzel »bei Kontaktaufnahmen identifiziert«.

1996

• »Darüber hinaus nahm [W.W.] am 27. September 1996 an einer Veranstaltung im Café ›Exzess‹ teil, bei der der Film *Gefahr für das Datennetz – Attentat auf Glasfaserkabel am Frankfurter Flughafen* vorgeführt wurde.«
• »An der Vorführung des Films *Gefahr für das Datennetz, Attentat auf Glasfaserkabel am Frankfurter Flughafen* nahm [W.W.] zweimal teil.«

2001

• Am 1. Mai 2001 in Frankfurt befand sich W.W. anlässlich eines Neonazi-Aufmarsches »im Kreis der Gegendemonstranten.«

2002

• »Die nach eigenen Angaben marxistische Tageszeitung ›junge Welt‹ (jW) veröffentlichte am 21. Januar 2002 einen Beitrag Ihres Mandanten mit dem Titel: *Just-in-time Produktion – Die Globalisierung der Märkte und die Latenz zum Weltkrieg. Die NATO im Kriegszustand.*«

- »Hier liegt in Auszügen das im Jahre 2002 von Ihnen veröffentlichte Buch *Krieg ist Frieden* vor. Im Vorwort wird zu Ihnen als Autor ausgeführt: ›Wolf Wetzel setzt nach die *Hunde bellen – von A – RZ* seine Zeitreise durch die deutsche Geschichte und Linke der letzten zehn Jahre fort. Der als Antwort auf die Anschläge vom 11.9.2001 ausgerufene (Welt-)Krieg hat nicht das Geringste mit einem ›Kampf gegen den Terror‹ zu tun ... Ein Monopol auf Terror und Zerstörung, das Voraussetzung dafür ist, imperiale und kapitalistische Interessen auch ganz ›friedlich‹ durchzusetzen‹.«
- Am 30. April 2002 wurde W. W. von der Staatsschutzabteilung im PP Frankfurt (K41/42) im Rahmen einer ›Gefährderansprache‹ davor gewarnt, Straftaten im Rahmen einer antifaschistischen Demonstration am 1. Mai 2002 zu begehen bzw. dazu aufzurufen.

2005

- »Ein von (W. W.) etwa 2004/2005 erstellter Text mit der Überschrift: *Skizze einer politischen Plattform* dient linksextremistischen Gruppierungen als Diskussionsgrundlage.«
- 2005 wurde ein Ermittlungsverfahren wegen Nötigung eingeleitet und ein Jahr später eingestellt. Der Vorwurf lautete, zur *Stürmung eines Rathauses* aufgerufen zu haben.

2007

- »Sie führten in der zweiten Jahreshälfte 2007 eine Informationsveranstaltung in Erfurt und Weimar durch. Dabei stellten Sie die gewalttätigen Ausschreitungen bei der ›internationalen Großdemonstration am 2. Juni 2007‹ in Rostock als legitime Aktionsform dar.«

2008

- Mit dem Schreiben vom 13.2.2008 wird W. W. als Zeuge im Rahmen eines Ermittlungsverfahrens wegen ›Abhören von Nachrichten gemäß §89 TKG (Telekommunikationsgesetz)‹ geladen. Vorausgegangen war eine journalistische Anfrage an das PP Frankfurt, in der darum gebeten wurde, ein Polizeifunkprotokoll auf seine Echtheit hin zu überprüfen.

2010

- »In dem von Ihnen verfassten Internetbeitrag vom 25. Januar 2010 bei ›indymedia.org‹ zu den bevorstehenden antifaschistischen Aktivitäten gegen den Aufmarsch von Rechtsextremisten am 13. Februar 2010 in Dresden verwiesen Sie auf Polizeieinsätze im Zusammenhang mit in Frankfurt und anderen Städten erfolgten ›antifaschistischen Verhinderungsaktionen gegen Naziaufmärsche‹ und folgerten, für rechte Regierungen, wie in Hessen, sei ›die größte Herausforderung‹ nicht Neonazis, sondern der Antifaschismus.«

- »Sie nahmen am 2./3. Juli 2010 in Frankfurt/Main am ›1. Treffen der Aktionsgruppe Georg Büchner‹ von ca. 50 – 60 Personen teil und begrüßten die Teilnehmer. In der Diskussion wurde über geeignete ›Angriffsziele‹ aus dem Bankenspektrum für Aktionen gesprochenen.«
- »Sie erklärten als ›Sprecher‹ der ›Frankfurter Aktionsgruppe Georg Büchner‹ in einem Artikel der sozialistischen Tageszeitung ›Neues Deutschland‹ Nr. 197 vom 25. August 2010 zu ›Aktionen in der Finanzmetropole‹ Frankfurt, man wolle ›den Widerstand ausweiten und den nächsten Schritt gehen‹. Statt ›wirkungsloser Freizeit Demonstrationen von A nach B durch menschenleere Straßen‹ sollten Aktionen mitten in einem Knotenpunkt der Finanzwelt stattfinden.«

2011

- »Auf der Internetseite ›wolfwetzel.wordpress.com‹ veröffentlichten Sie am 30. April 2011 einen umfangreichen Beitrag über ›Autonome – eine Spurensuche‹, in dem u. a. die Geschichte der ehemaligen autonomen L.U.P.U.S.-Gruppe im Kontext mit dem Häuserkampf in den 1970er bzw. 1980er Jahren und dem Widerstand gegen den Bau der Startbahn West am Frankfurter Flughafen angesprochen wurde. Im ersten Abschnitt des Beitrags führten Sie aus: ›Autonome sind alle, die nicht friedlich von A nach B demonstrieren‹.«
- »Sie nahmen an dem vom 17. bis 19. Juni 2011 in Köln-Kalk durchgeführten ›Autonomenkongress‹ (Changing Realities) teil und hielten die Eröffnungsrede.«

2012

- »Die Publikationen ›autonomes Blättchen‹ (Nr. 9) sowie ›zeck‹ (Nr. 168) veröffentlichten im April bzw. Mai/Juni 2012 Ihren Beitrag *Capitalism is crisis – Fast schlimmer als die Schreie…* u. a. zu den Protesten gegen den Neubau der Europäischen Zentralbank in Frankfurt. Die erfolgten Proteste kommentierten Sie mit der Aussage: ›Die Steine und Farbbeutel, die während der Demonstration auf Banken und Luxusgeschäfte, auf Polizeiwachen und Job-Center geworfen wurden, sind so alternativlos, wie die Billionen Euros, die die deutsche Bundesregierung zur Verstaatlichung von Kapitalverbrechen aufzubringen bereit ist‹.«
- »Im Juli 2012 wurde auf der auch von Linksextremisten genutzten Internetplattform ›indymedia‹ der … Text *Der dritte Mann in der NSU* eingestellt, in dem Sie u. a. zum öffentlich bekannten Sachstand zum Themenkomplex NSU ausführen, dass ›Untersuchungsausschüsse belogen,

Referatsleiter des BfV Falschaussagen machen‹ und ›… das Bundesamt
für Verfassungsschutz/BfV … an der Operation Rennsteig beteiligt war.
… Die Frage also, ob die beteiligten Geheimdienste problemlos den drei
Mitgliedern der NSU in den ›Untergrund‹ folgen konnten, ob eine/r
von ihnen gar zu den erfolgreichen Werbungsmaßnahmen zählte, könnten die Akten beantworten, die nun vernichtet wurden‹.«

2013
• »Die Wochenzeitung ›Jungle World‹ veröffentlichte in der Ausgabe
  Nr. 15 vom 11. April 2013 den von Ihnen verfassten Kommentar *Das
  Problem heißt nicht nur Rassismus – Im Zusammenhang mit der NSU fehlt der
  radikalen Linken vor allem eines: eine Staatsanalyse.*«
• »Die Wochenzeitung ›Jungle World‹ enthielt in der Ausgabe Nr. 16 vom
  18. April 2013 eine Anzeige zu dem von Ihnen verfassten Buch mit dem
  Titel *Der NSU-VS-Komplex.*«

Dass all das nicht alles ist und dass mich der Rest nichts angehe, steht – mit
einem Zahlen- und Buchstabensalat garniert – am Ende des Schreibens des
BfV aus dem Jahr 2014:
    »*Eine weitergehende Auskunft zu diesem Komplex muss unterbleiben,* da die
betreffenden Daten nach einer Rechtsvorschrift, nämlich nach § 4 Abs. 1
Sicherheitsüberprüfungsgesetz (SÜG) in Verbindung mit der ›Allgemeinen Verwaltungsvorschrift des Bundesministeriums des Innern zum ma-
teriellen und organisatorischen Schutz von Verschlusssachen‹ (VSA) geheim zu halten sind (§ 15 Abs. 2 Satz 1 Nr. 4 BVerfSchG). Darüber hinaus
scheidet die erbetene Auskunft gemäß § 15 Abs. 2 Satz 1 Nr. 3 BVerfSchG
aus. *Einer weitergehenden Begründung hierzu bedarf es* gemäß § 15 Abs. 4 Satz 1
BVerfSchG *nicht,* da ansonsten der Zweck der Auskunftsverweigerung gefährdet würde. *Die Geheimhaltungsinteressen des Verfassungsschutzes überwiegen*
vorliegend Ihr geltend gemachtes Auskunftsinteresse, zumal die hier gespeicherten Daten *weitgehend* offengelegt wurden.«

Quellen:
• Schreiben des Polizeipräsidiums in Frankfurt vom 18.7.2002
• Datenschutzabfrage anlässlich einer ›Gefährderansprache‹ 2002
• Schreiben des Bundesamtes für Verfassungsschutz/BfV vom 7.9.2007 als
  Antwort auf die datenschutzrechtliche Eingabe vom 16. März 2007
• Schreiben des BMI vom 16. September 2009
• Akten zum G-10-Verfahren (2007 – 2009)
• Schreiben des BfV vom 27. Mai 2014

Quellen | Literatur | Anstiftungen

Sachliteratur (Print und Online)

»Ich bin in Schuld verstrickt«, Interview von Giovanni di Lorenzo mit Ex-Kanzler Helmut Schmidt, in: Die Zeit, Ausgabe 36/2007, www.zeit.de.

Nazi-Spitzel, in: der rechte rand, Nr. 150/2014 (Die ›V-Leute-Spezialausgabe‹ porträtiert 28 Neonazis, die als V-Leute geführt wurden / werden).

»Wir leben in einem Polizeistaat.« Über den Überwachungswahn der US-Geheimdienste, ›Burnbags‹ und die totalitären Tendenzen in der US-Politik, Interview mit William Binney, www.hintergrund.de, 19.5.2014. (Der Whistelblower Binney hatte 30 Jahre für den NSA gearbeitet.)

Brückner, Peter u. a.: 1984 schon heute – oder: wer hat Angst vor dem Verfassungsschutz?, Frankfurt a. M. 1976.

Buback, Michael: Der zweite Tod meines Vaters, München 2009.

CIA-Studie über ›High Value Targets‹ (HVT) assassination programm, 2009. (The report weighs the pros and cons of killing ›insurgent‹ leaders in assassination plots, http://wikileaks.org/cia-hvt-counterinsurgency).

Cobler, Sebastian: Die Gefahr geht vom Menschen aus. Der vorverlegte Staatsschutz, Berlin 1976.

Cobler, Sebastian: Herold gegen alle. Gespräche mit dem Präsidenten des Bundeskriminalamtes Horst Herold, in: TransAtlantik, H. 11, Nov. 1980.

Deiseroth, Dieter: Nachrichtendienstliche Überwachung durch US-Stellen in Deutschland, in: Zeitschrift für Rechtspolitik, 7/2013, S. 194-197.

Der Einstieg in den Ausstieg, Gefahr für das Datennetz, Broschüre, 1996.

Förster, Andreas (Hg.), Geheimsache NSU. Zehn Morde, von Aufklärung keine Spur, Tübingen 2014.

Foschepoth, Josef: Überwachtes Deutschland: Post- und Telefonüberwachung in der alten Bundesrepublik, Göttingen 2014.

Ganser, Daniele: NATO-Geheimarmeen in Europa. Inszenierter Terror und verdeckte Kriegsführung, 6. Aufl., Zürich 2014 (Original: NATO's Secret Armies: Operation Gladio and Terrorism in Western Europe: An Approach to NATO's Secret Stay-Behind Armies. London 2005).

Gross, Dominik / Jirát, Jan: Der überwachte Überwacher, in: WOZ. Die Wochenzeitung, Nr. 49/2013, 5.12.2013, www.woz.ch.

Landgraeber, Wolfgang u. a.: Operation RAF. Was geschah wirklich in Bad Kleinen, München 1995.

Lüders, Michael: Wer den Wind sät. Was westliche Politik im Orient anrichtet, 3. Aufl., München 2015.

Lührssen, Hinrich: Sprengstoffanschlag des Verfassungsschutzes: ›Feuerzauber‹ mit dunklen Figuren. Widersprüche beherrschen die Untersuchung des Celler Lochs, in: Die Zeit, 12.6.1987.

Maiworm, Joachim: Drohnenkrieg. Das Kriegsrecht als Bestandteil der Friedenssicherung. ›Kriegsrauschen‹ – Der Drohnenkrieg und die Entgrenzung staatlicher Gewalt, in: BIG 3/2014 (Zeitschrift des Vereins Business Crime Control e.V.).

Mausfeld, Rainer: Warum schweigen die Lämmer? Psychologie, Demokratie und Empörungsmanagement, https://free21.org.

Mellenthin, Knut: Teamwork nach der Folter. Die CIA speist ausgewählte Journalisten gezielt mit Informationen, in: junge Welt, 12.12.2014.

Michel Foucault: Überwachen und Strafen. Die Geburt des Gefängnisses, Frankfurt a. M. 1976.

Mohr, Markus / Viehmann, Klaus (Hg.): Das Spitzelbuch. Eine kleine Sozialgeschichte, Berlin 2004.

Pommrenke, Sascha: Staatsterrorismus, Tyrannei und Folter, Der Terrorismus der westlichen Welt, Teil 1: 18.1.2015, Teil 2: 8.2.2015, www.heise.de.

Rheinheimer-Chabbi, Elisa / Bettina Röder: Der ferngesteuerte Krieg Kampfdrohnen. Was Politik und Wirtschaft wirklich wollen, in: www.publik-forum.de, 23.7.2014.

Schulze, Udo: Das Horrorkabinett des Dr. Herold. Terrorfahndung bis zum Bruch des Grundgesetzes, Telepolis, www.heise.de, 20.10.2009.

Tokmetzis, Dimitri: Metadaten. Wie dein unschuldiges Smartphone fast dein ganzes Leben an den Geheimdienst übermittelt, 29.7.2014, www.netzpolitik.org.

Wetzel, Wolf: Der NSU-VS-Komplex. Wo beginnt der Nationalsozialistische Untergrund – wo hört der Staat auf?, 3. Auflage, Münster 2015.

Audio- und Videobeiträge

Das Celler Loch ist kein Einzelfall. Extra 3 deckt die geheimsten Spreng-
stoffanschläge der GSG 9 auf. Ein Bericht vom 16.5.1986 (www.ndr.de).

Der Kampf um die Wahrheit, 3SAT-Dokumentation von Clemens Riha/
Katja Riha, 6.7.2015 (Im Mittelpunkt dieser Dokumentation stehen die
massiven Zweifel an den offiziellen Verlautbarungen von Todesursachen im Kontext des NSU: Selbstmord des NSU-Zeugen Florian Heilig
2013, Tod durch Lungenembolie der Zeugin Melissa Marijanovic und
die behaupteten Selbsttötungen von Uwe Böhnhardt und Uwe Mundlos
in Eisenach 2011).

Die Nato und ihre Geheimarmeen. Vortrag an der Universität in Basel,
14. September 2009, als Video-Beiträge mit zwölf Kapiteln verfügbar:
http://edvan.fadeout.ch.

Gladio – Geheimarmeen in Europa, ARTE-Dokumentation, 2010, www.
youtube.com/watch?v=RKn27C9XVh8.

Krieg der Lügen – Curveball und der Irak-Krieg, ARD-Dokumentation,
9.6.2015 (aus dem Ankündigungstext: »›Die Quelle ist ein Augenzeuge.
Ein irakischer Chemieingenieur, der eine dieser Anlagen betreute. Er
war tatsächlich anwesend, als biologische Kampfstoffe hergestellt wurden.‹ US-Außenminister Colin Powell vor der UN-Vollversammlung
am 5. Februar 2003 mit der Begründung für ›Operation Iraqi Freedom‹.
Heute weiß man: Der Krieg basierte auf einer Lüge. Der Lüge von der
Existenz mobiler Massenvernichtungswaffen im Irak. Der Mann, von
dem Colin Powell spricht, lebt heute in Deutschland. Er heißt Rafed
Ahmed Alwan, auch bekannt als ›Curveball‹.«)

Land unter Kontrolle – Die Geschichte der Überwachung der BRD, 3Sat-
Dokumentation: www.youtube.com/watch?v=1y55-xrH5Mk.

Nazis im BND – Neuer Dienst und alte Kameraden, Dokumentation von
Christine Rütten, ARTE-Dokumentation, 2012 (aus dem Ankündi-
gungstest: »Die Dokumentation schildert, wie Männer von SS und Gestapo den Geheimdienst in den ersten Jahren der Bundesrepublik präg-
ten. (…) Für die Dokumentation sichtete Christine Rütten zahlreiche,
zum Teil bislang nicht zugängliche Akten, und zeigt, wie sogar Massen-
mörder auf die Gehaltsliste des BND kamen und wie sie aus ihrem
speziellen Wissen auch nach dem Krieg Kapital schlagen konnten.«)

Oktoberfestattentat – Spurensuche geht weiter, Bayerisches Fernsehen,
Die Story, 28.1.2015 (www.br.de).

Schweig Verräter! Whistleblower im Visier, ARTE-Dokumentation, James Spione, 16.12.2014. (aus dem Ankündigungstext: »Leben wir bereits in einer technologischen Diktatur, die eine Bedrohung für die Demokratie darstellt und unsere Vorstellungen von Privatleben und Intimsphäre für immer verändern wird? Wem nutzen diese enormen Datenmengen, die unter dem Begriff ›Big Data‹ gesammelt werden?«).

Stay-behind: Der Staat als Pate, Bayern 2, Radio Feature (mp3 unter: http://cdn-storage.br.de).

Terrorgefahr! Überwachung total?, ARTE-Dokumentation von Alexandre Valenti, 24.3.2015.

V-Mann-Land – Spitzel im Staatsauftrag, Die Story im Ersten, ARD-Dokumentation von Clemens Riha / Katja Riha, 20.4.2015.

Zugriff – wenn das Netz zum Gegner wird, ARD-Dokumentation von Diana Löbl / Peter Onneken, 7.7.2014, www.mediathek.daserste.de.

(Spiel-)Filme | Theater | Romane

Birdy, von Alan Parker, 1984, USA.

Der Circle. Roman von Dave Eggers, Köln 2014.

Der Staatsfeind Nr. 1, Originaltitel: Enemy of the State, Actionthriller von Tonny Scott (Der Film kam 1998 in die Kinos. Unterhaltsamer Actionkrimi, der ungewollt eine cineastische Vorwegnahme dessen geworden ist, was nach den Terroranschlägen 9/11 in den USA praktiziert wurde: Die totale Überwachung. Der Film zeigt anschaulich, wie mithilfe der Datenschatten, die alle hinterlassen, ›unerwünschte‹ Personen persönlich, finanziell und politisch in den Ruin getrieben werden können – ohne dass dabei (unbedingt) Blut fließen muss. Und er hat auch Trost für die ZuschauerInnen: Die Verfolgten drehen den Spieß um, und wenden die Techniken der Überwachung erfolgreich gegen ihre Überwacher – von der NSA und dem CIA – an.).

Die Anstalt, Satire-Sendung, ZDF, 26.5.2015, www.zdf.de/ZDFmediathek (Die Sendung widmete sich dem Ge-Heim-Dienstwesen in und mit der BRD – exzellent in Szene gesetzt, mit Wortwitz, bitterer Ironie und mit einem Gespür für Details.).

Drohnenkrieg. Tod aus der Luft, ZDF, 27.7.2015 (aus dem Ankündigungstext: »Gezielte Tötungen« durch Kampfdrohnen – gesteuert von Soldaten, die zehntausende Kilometer entfernt sitzen. Auch die Bundesrepublik plant, bewaffnete Drohnen zu beschaffen. Unter Präsident Obama bauten die USA ein Netz von Stützpunkten aus, von denen Drohnen in Krisengebiete starten und Terrorverdächtige angeblich gezielt töten. Eine Schlüsselfunktion soll dabei auch die US-Airbase im rheinland-pfälzischen Ramstein spielen.).

Drohnenland. Kriminalroman von Tom Hillenbrand, Köln 2014.

Good Kill – Tod aus der Luft, von Andrew Niccol, USA, 2014 (Trailer vgl. www.zdf.de, aus dem dortigen Ankündigungstext: »Major Thomas Egan … steuert von Las Vegas aus Kampfdrohnen über Afghanistan. Als die CIA sich einmischt und die Spielregeln ändert, trifft er eine tödliche Entscheidung.«).

How to come through, 1996 (Videofilm über das How-to-do und Who-is-who der Dateninfobahn im Weltformat).

Supernerds, Theaterstück von Angela Richters, 2015 (›Supernerds‹ widmet sich der Geschichte der digitalen Dissidenten in einem multimedialen Mix aus Schauspiel, Einspielern und Live-Schalten. In Wort und Bild sind auch die Whistleblower selbst dabei: Edward Snowden, Julian Assange oder Daniel Ellsberg. ›Supernerds‹ verdeutlichen im Laufe des Stücks unmissverständlich, wie leicht es ist, in die Privatsphäre anderer Menschen einzudringen. Dabei erlebt das Publikum vor allem eines hautnah mit: Die Grenze zwischen Überwachtem und Überwacher ist in vielen Fällen aufgehoben. Vgl. auch: »Supernerds – Ein Überwachungsabend«, WDR, 28.5.2015).

Anstiftungen

Ausgeschnüffelt. Verfassung schützen – Geheimdienst abschaffen, Humanistische Union: www.verfassung-schuetzen.de.

BND an die Kette, https://bnd-an-die-kette.de (Eine gemeinsame Aktion von: Amnesty International, Digitalcourage, Humanistische Union, Internationale Liga für Menschenrechte, Reporter ohne Grenzen, Whistleblower-Netzwerk, #wastun gegen Überwachung).

digitalcourage.de (aus der Selbsterklärung: »Ob wir 1 Million Aufkleber verteilen, die Asyl für Edward Snowden fordern, in Berlin gegen Überwachung auf die Straße gehen, gegen ELENA Unterschriften sammeln oder auf dem Kirchentag eine Resolution für besseren EU-Datenschutz durchboxen: Ein Großteil unserer Arbeit besteht darin, Aktionen zu organisieren und thematische Kampagnen durchzuführen.«)

Disconnect! Keep the Future unwritten, Hefte zur Förderung des Widerstands gegen den digitalen Zugriff, 2015.

Freiheit statt Angst, www.freiheitstattangst.de.

Initiative 6. April, Kassel: www.initiative6april.wordpress.com.

Initiative ›Keupstraße ist überall‹, Köln: www.keupstrasse-ist-ueberall.de.

Kampagne Blackbox Verfassungsschutz der Naturfreunde Berlin: www.
blackbox-vs.de.

Nebenanklage NSU-Prozess, Prozessbericht aus Sicht der Nebenklage
im Prozess gegen Verantwortliche des ›Nationalsozialistischen Untergrund‹: www.nsu-nebenklage.de.

Netzpolitik.org (jene Plattform für digitale Freiheitsrechte, gegen die 2015
wegen Landesverrats ermittelt wurde).

Prism Break, www.prism-break.org/de, Programme zum Verschlüsselung
(dortiger Aufruf: »Hilf mit, die Massenüberwachung ganzer Bevölke-
rungen unwirtschaftlich zu machen! Wir alle haben ein Recht auf Privatsphäre!«).

Rechtsanwälte gegen Totalüberwachung: www.rechtsanwaelte-gegen-total-
ueberwachung.de (zum eigenen Selbstverständnis führt das Bündnis von
Hamburger AnwältInnen ein Snowden-Zitat an: »Ich will nicht in einer
Welt leben, in der alles, was ich sage, alles was ich mache, der Name
jedes Gesprächspartners, jeder Ausdruck von Kreativität, Liebe oder
Freundschaft aufgezeichnet wird.«).

Tails – Anleitung zur Nutzung des Tails-Live-Betriebssystems für sichere
Kommunikation, 2. erw. Auflage, 2015, htttp://capulcu.blackblogs.org.

#wastun gegen Überwachung!, https://wastun.jetzt.

Zum Autor

Wolf Wetzel war Autor der ehemaligen autonomen L.U.P.U.S.-Gruppe, die seit Mitte der 80er Jahre von folgenden Ereignissen geprägt war: Startbahnbewegung (1980–1991), Libertäre Tage in Frankfurt/M. (1986), Anti-Repressions-/Anna- und Arthur-Kampagne (1987–1990), Anti-Golfkriegskampagne (1991), Bundestagsblockade gegen die Abschaffung des Asylrechts (1993), Aufruf zur Verhinderung des grünen Sonderparteitags zum Krieg gegen Jugoslawien (1999).

Seit 2011 Vorstandsmitglied von Business Crime Controll/BCC Frankfurt.

Buchveröffentlichungen

Geschichte, Rassismus und das Boot. Wessen Kampf gegen welche Verhältnisse, Berlin 1992.

Lichterketten und andere Irrlichter. Texte gegen finstere Zeiten, Berlin 1994.

Die Hunde bellen… Von A bis (R)Z. Eine Zeitreise durch die 68er Revolte und die militanten Kämpfe der 70er bis 90er Jahre‹, Münster 2001.

Krieg ist Frieden. Über Bagdad, Srebrenica, Genua, Kabul nach…, Münster 2002.

Tödliche Schüsse. Eine dokumentarische Erzählung, Münster 2008.

Krise des Kapitalismus und krisenhafte Proteste, Münster 2012.

»Wir wollen alles« – Häuserkampf von 1970–1985, Bibliothek des Widerstandes (DVD/Buch), Band 21, Hamburg 2012.

Der NSU-VS-Komplex. Wo beginnt der Nationalsozialistische Untergrund – wo hört der Staat auf?, 3. Auflage, Münster 2015.

Buchbeiträge

Die Kritik an der RAF-Politik ist zugleich eine Kritik an uns selbst, in: Ihr habt unseren Bruder ermordet. Die Antwort der Brüder des Gerold von Braunmühl an die RAF. Eine Dokumentation, Reinbek bei Hamburg, 1987, S. 117-124 (der Beitrag erschien unfreiwillig und unautorisiert).

Doitschstunde. Originalfassung mit autonomen Untertiteln, in: Metropolen(gedanken) & Revolution? Texte zur Patriarchats-, Rassismus-, Internationalismus-Diskussion, Berlin 1991.

Gegen die völkische Mitte, in: Wohlfahrtsausschüsse (Hg.): Etwas Besseres als die Nation. Materialien zur Abwehr des gegenrevolutionären Übels, Berlin 1994, S. 32-36.

Vom linken Bellizismus zum anti-deutschen Befreiungsimperialismus, in: Gerhard Hanloser (Hg.): »Sie warn die Antideutschesten der deutschen Linken.« Zu Geschichte, Kritik und Zukunft antideutscher Politik, Münster 2004, S. 105-129.

Global kämpfen, lokal aussetzen, in: Rolf Engelke / Thomas Klein / Michael Wilk (Hg.): Soziale Bewegungen im globalisierten Kapitalismus. Bedingungen für emanzipative Politik zwischen Konfrontation und Anpassung, Frankfurt 2005, S. 29-36.

Teuflische Enge. Prekäre Arbeits-, Lebens- und Protestwelten, in: ebd., S. 113-121.

Sozio-Publishing, in: Mönkediek, Rainer / Rolf, Uwe (Hg.): Süßes für Konsumenten – bittere Last für die Dritte Welt, Belm-Vehrte 2007.

Theorie/Praxis, in: ak wantok (Hrsg.): Perspektiven autonomer Politik, Münster, 2010, S. 18-35.

Die Angst des Antifaschismus vor seiner eigenen Idee, in: Susann Witt-Stahl / Michael Sommer (Hrsg.): Antifa heißt Luftangriff – Regression einer revolutionären Bewegung, Hamburg 2014, S. 167-180.

Blog und Homepage

Der Blog *eyes wide shut open | Texte, Bilder und paradoxe Utopien* findet sich hier: www.wolfwetzel.wordpress.com.

Dort können Lob und (verschmerzbarer) Tadel, Nachrichten und Informationen – wenn gewünscht – auch verschlüsselt hinterlassen werden.

Weitere Texte zum Thema des Buches und ggf. aktuelle Ergänzungen finden sich hier: https://wolfwetzel.wordpress.com/category/01-der-rechts-staat-im-untergrund-2015.

Anfragen …

… für Buchlesungen, Diskussionen etc. bitte an folgende Mail-Adresse: wolfwbox-mail@yahoo.de.